"新文科"建设背景下
智能财务专业实验教学改革与实践

会计学院"智能财务"教改论文撰写组　主编

天津社会科学院出版社

图书在版编目（CIP）数据

"新文科"建设背景下智能财务专业实验教学改革与
实践 / 会计学院"智能财务"教改论文撰写组主编.
天津 ： 天津社会科学院出版社，2024. 10. -- ISBN 978-
7-5563-1022-7

Ⅰ. F232

中国国家版本馆 CIP 数据核字第 2024C2U336 号

"新文科"建设背景下智能财务专业实验教学改革与实践
"XINWENKE" JIANSHE BEIJINGXIA ZHINENG CAIWU ZHUANYE
SHIYAN JIAOXUE GAIGE YU SHIJIAN
责任编辑：付聿炜
装帧设计：高馨月
出版发行：天津社会科学院出版社
地　　址：天津市南开区迎水道 7 号
邮　　编：300191
电　　话：（022）23360165
印　　刷：高教社（天津）印务有限公司
开　　本：710×1000　　1/16
印　　张：23.25
字　　数：320 千字
版　　次：2024 年 10 月第 1 版　　2024 年 10 月第 1 次印刷
定　　价：78.00 元

目　录

智能财务课程体系建设探索

——基于企业智能财务转型现状的问卷调查

尹卓菲[①]

摘　要:在数字经济高速发展的背景下,智能财务的发展需要高素质财会人才的支持。作为培养高质量人才的摇篮,高校应充分关注财会专业教育与财务智能化技术的紧密融合。本文针对企业智能财务转型相关问题进行问卷调查,通过所收集的数据结合相关理论分析了企业对智能财务人才的需求,对智能财务人才角色进行重新定位,并据此为高校智能财务课程体系建设指明了方向。本文有助于缓解数字经济发展中高质量劳动力需求困境,并为我国高校人才培养体系的建设与改革提供了一定的借鉴作用。

关键词:智能财务;数字经济;课程建设

一、引言

数字经济推动了现代财务模式的变革,智能财务的智能化、智慧化对财务人员的专业技能提出了更高的要求[1]。国家在为会计智能化改革提供成长环境,外部市场环境的需求是会计数字化转型的重要推手。2022 年度国内数字经济规模占国内生产总值的比重达到了 41.5%,2012—2022 年数字

---

①　尹卓菲,天津商业大学会计学院教师,管理学博士。

经济实现跨越式增长。数字经济对经济增长的带动能力对企业产生冲击，财务管理专业作为企业重要资源和数据的核心领域，将成为企业数字化转型的突破口。外部市场需求的转型对实务界会计人员的职业技能提出了更高的要求，就业市场也逐渐青睐能够将数字化运用到财务领域的人才，社会对于智能财务人才需求较高，人才市场中缺乏符合要求的人才，数据分析显示用人单位普遍认为高校培养的人才没有很好满足企业财务智能化转型需求[2]，这对高校培养智能财务人才提出了新要求。

数字经济对人才的新要求推动了高校会计学科的改革。目前高校会计学教育更着眼于应用型会计人才，记账、算账、报账等初级会计知识无法与综合分析的财务需求相匹配，比起基础技能，智能财务人才应该更加侧重于利用理论和技术为企业决策和价值创造提供支持，数智化时代财务人才的能力框架亟待重构，培养方式急需变革，但是智能财务人才培养的课程体系建设仍存在智能财务课程的设置缺乏理论与实践课程相结合、智能财务课程展开不够深入[3]、智能财务专业在校生对职业发展不了解等诸多问题。

因此，本文以数智技术的发展为契机，结合专业人才培养实践，对创新智能财务专业课程体系建设进行探究。本文在分析了智能财务的发展现状与理论界相关研究成果后，基于对企业财务转型意愿与人才能力需求现状的问卷调查结果，总结了智能财务专业背景下人才的角色定位，并据此为智能财务专业课程体系建设指明了方向，有助于缓解数字经济发展中高质量劳动力需求困境，为我国高校人才培养体系的建设与改革提供一定的借鉴。

二、企业智能财务转型现状

(一)数智时代智能财务的发展

随着数字技术的快速发展，智能财务的应用范围已经扩展到企业财务管理的各个环节，智能财务和智能会计也受到越来越多的企业和财务人员的重视。《2022年中国企业财务智能化调查报告》中显示，超过78%的被调查者认为自动化和智能化二者均是从业人员处理财务信息时应选择的方式。德勤、普华永道等会计师事务所也在会计核算、费用报销等领域通过智能财务机器人等新型技术的运用,实现高水平智能化的突破。

智能财务的广泛应用使得现阶段企业对财务人员职能的要求正在悄然发生转变。财会行业中传统核算工作如今大多数能够依靠智能化技术完成,对普通核算和基础会计人员的需求大幅减少。会计工作不再局限于传统的事后核算,而是正逐渐向事前决策、事中控制的方向发展。数字化技术的应用还衍生出了诸多智能财务应用的新场景,如智能核算、智能分析、智能预测、智能控制、智能税务、电子票据、财务共享、数字化决策、数字化风控等,为会计领域的发展提供了前所未有的巨大机遇。这也令会计人员的工作更多地从生成事后报告向提供事前预测和实时决策支持转型,为会计人才的价值创造能力提升带来了新的巨大机遇与挑战。

借助互联网、人工智能之势迅猛发展的小鹏汽车发生了产业变革与财务职能的碰撞。2017年之前,该公司处于起步阶段,业务构成单一。财务部主要发挥传统会计职能,即完成成本费用的核算、财务报表编制等工作。从2018年底开始,随着企业发展和壮大,小鹏汽车从全局打造支撑财务的信息系统,提升数据收集自动化程度,通过智能化的运用对账务处理提供技术支持,解放财务部门的生产力,逐渐完善财务职能转变,其作用的发挥从会计核算向前端和后端渗透。前台不仅负责制造、门店的账务处理,更扮演着业务合作伙伴的角色,为营销、研发、制造、供应链等业务提供财务支持,对制度流程制定进行把控,协助公司开展诸如经营计划制定、分解、执行控制与改善等各项工作业务。前台主动积极参与各项目组有助于将信息高效传递给各专项部门并利用其财务专业技能对信息进行解读,辅助各部门提高决策有效性。与此同时,更为深刻的业务了解有利于业务流程各环节中提升公司整体成本费用管控的精细化水平,并把风险防范渗透到一线业务的各个环节,符合外界监管要求的同时还能够降低后台的管控压力。小鹏汽车信息系统一体化建设的方案提升了财务运作效率,同时映射出企业对财务专业人才所具备专业能力需求的转变。

在"数智"技术要素升级的背景下,针对会计职能的转变与企业对智能财务人力资本需求,理论界学者们也展开了一定的探究。唐大鹏等[4]针对

"数智"时代会计教育的重构进行研究,认为"数智"时代信息技术正在颠覆性地改变人力资本的市场供给结构,高校作为社会人力资本供给与升级的摇篮,必须主动迎合"数智"时代的人才需求与人才培养的变革。靳庆鲁等[5]通过对会计改革的国家政策学习与解读和研究智能化有关理论和应用后发现,面对会计教育发展的新技术环境,会计人才培养应立足中国本土商业实践需要,基于学科自身特色,逐步探索出一条符合数智化环境的人才培养路径。

(二)企业智能财务转型问卷调查的数据支持

根据国家政策要求,为全面推进新文科建设,创立符合世界水平、中国特色的文科人才培养课程体系,教育部于2021年设立首批新文科研究与改革实践项目。在新文科的大背景下,针对以上会计职能转变的现象,作者以天津市会计学会和用友集团客户服务联盟为媒介,对京津冀地区不同行业企业进行线上问卷随机发放,并在确保调研对象相关性和调查结果可靠性的基础上①,探究了智能财务的转型与应用现状。问卷调查对象涵盖了1376家不同产权性质②、12个不同行业的京津冀地区企业③。问卷针对企业智能财务转型意愿,转型的发展状况以及智能财务人才能力需求状况等方面进行了调查与探索。

1.探究企业智能财务转型意愿

(1)职员层级与智能财务了解程度

在所有受访者中,高层管理层人数为113人,约占总人数的8.21%;中层管理层人数为615人,约占总人数的44.70%;基层管理层人数为326人,约占总人数的23.69%;普通员工人数为289人,约占总人数的21%;实习生人数为33人,约占总人数的2.40%。

---

① 在收回问卷时,本报告对前后矛盾、重复度高、答卷有效时间短的问卷进行剔除,确保问卷数据的有效性和准确性。

② 其中,国有企业459家,私营企业516家,合资企业115家,外资独资企业286家。问卷设计时每家企业的多名受访者均需明确所处的岗位性质。

③ 其中包含制造业、信息技术产业、房地产业、金融业、批发和零售业、节能环保产业、新能源产业及其他行业。

表 1　各级职员对智能财务的了解程度分布

	高层管理者	中层管理者	基层管理者	员工	实习
非常了解	57.52%	6.34%	7.06%	3.11%	9.09%
了解	24.78%	30.73%	18.71%	9.34%	15.15%
基本了解	11.50%	46.34%	53.99%	30.45%	39.39%
不了解	6.19%	13.50%	16.56%	49.83%	27.28%
非常不了解	0.01%	3.09%	3.68%	7.27%	9.09%

如表 1 所示,企业职工对智能财务的了解程度随着职位级别的降低而呈递减趋势。具体情况为:高层管理者中有超过一半(57.52%)的人对智能财务"非常了解";中层管理者中"了解"和"基本了解"居多(合计占比77.07%);基层管理者以"基本了解"为主(占比53.99%);普通员工和实习生对智能财务以"基本了解"和"不了解"为主。

企业的最高层管理者的主要工作是负责制定和参与组织的重大决策,决定企业发展和转型的方向,对新技术的出现和应用有较高的敏感度与关注度,因此对智能财务的了解程度也最高;同样的,企业中层管理者在整个组织中起着承上启下和纽带作用,因此他们对智能财务也会有一定的了解;而企业基层管理者和普通员工,特别是非财会部门的职员,受所属部门和工作内容的限制,如果不是个人对智能财务方面有较大兴趣,基本不会对其有更多的了解。

(2)企业性质、行业类型与智能财务转型情况

表 2　企业性质与智能财务转型情况的交叉分布

	私营企业	合资企业	外资独资企业	国有企业
未进行智能财务转型	267	48	117	118
已进行智能财务转型	249	67	169	341

受访者所在企业类型以私营企业和国有企业居多,各占受访者总体的37.50%和33.36%;其次是外资企业,占受访者总体的20.78%;合资企业最少,占受访者总体的8.36%。

如表 2 所示,在国有企业中,进行了智能财务转型的企业占国有企业总

数比重较大,为74.29%,未进行智能财务转型的占25.71%;而在私营企业中,进行智能财务转型的和未进行智能财务转型的企业占私营企业总数比相对均衡,分别为48.26%、51.74%;在合资企业与外资企业中,进行智能财务转型的企业与未进行智能财务转型的占比差距较小。在进行了智能财务转型的企业中,国有企业占比最大。国有企业具有规模大、顺应政策倡导和政府支持力度大等特征,企业智能财务转型因此得以顺利实施和发展,而其余类型企业在资金、政策背景等方面有所欠缺,进行智能财务转型的意愿和能力均不足。

表3　私营企业的行业类型与智能财务转型情况的交叉分布

	制造业	新能源产业	节能环保产业	批发和零售业	金融业	房地产业	信息技术产业
未进行智能财务转型	21.41%	17.61%	14.29%	8.87%	30.69%	12.50%	14.36%
已进行智能财务转型	11.59%	19.01%	28.57%	22.58%	18.52%	30.86%	15.90%

本文进一步对私营企业样本进行了分析。如表3所示,金融企业转型率最高,进行转型的样本数据占样本私营企业总数比为30.69%,其次是制造业占比21.41%。批发和零售业仅占比8.87%,排名最后。原因如下:

首先,金融业具有较强的智能财务转型的转型意愿、扎实的理论基础、人员配置和资金优势。其次,进行智能财务转型的企业中,制造业行业占比最大,但是由于该行业未达成智能财务转型共识以及管理软件的功能不够健全,导致制造业私营企业未能迅速推进变革转型。最后,由于批发和零售业的业务流程简单、行业企业对于智能财务转型未达成共识和资金不足等导致私营企业智能财务转型仍存在一些困难。

2.探究企业智能财务转型的发展情况

(1)行业类型与智能财务转型情况

如图1所示,在进行智能财务转型的行业中,排名前三的为金融业(占问卷调查总体样本的67.72%)、信息技术产业(占问卷调查总体样本的67.18%)和制造业(占问卷调查总体样本的66.50%)。

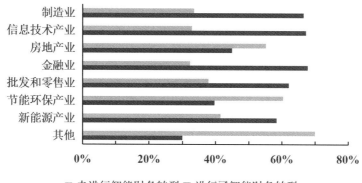

图 1　行业类型与智能财务转型情况的交叉分布

首先,这三种行业都是资金、技术密集型行业,本身就对财务工作有较高的要求。其次,金融业对资源配置效率有较高的要求,并强调建立一套风险管理机制,因此其需要智能财务的加持;而信息技术产业对技术创新有非常高的敏感度,每次大的技术创新都会对其产生深远的影响;对于制造业,目前已经进入工业 4.0 时代,大部分需要利用信息化、智能化技术促进产业变革,因此需要利用智能财务为企业发展赋能,所以大多数企业也进行了转型。

(2)行业类型与智能财务应用环节

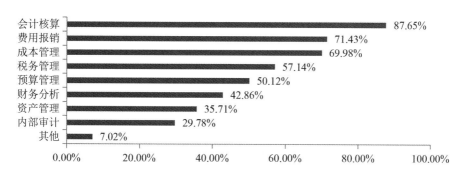

图 2　智能财务应用环节的情况分布

如图 2 所示,各行业均以会计核算、费用报销和成本管理环节为偏好应用智能财务,分别有 87.65%、71.43%、69.98% 的被调查企业选择了这三个环节。整体样本的偏好具有高度一致性,主要由于这三个环节是企业财务工作的基础,应用技术成熟,试错成本较低。

进一步交叉比对发现,金融行业相较其他行业的偏好有所不同,其对预算管理环节较为关注,可能的原因在于金融行业肩负着主动防范化解系统性风险任务的重任,统筹兼顾"量、价、险、费、税"金融业五要素,有赖于优化预算指标体系,科学测算资本性支出预算,持续优化经营性支出预算,依据"无预算不开支、无预算不投资"原则,严格管控预算外经济行为,关注预算执行结果考核评价,保障刚性约束,实现闭环管理。

3.探究企业智能财务人才能力需求情况

企业转型发展需要智能财务技术人员主要具备智能财务能力(占问卷调查总体样本的 82.62%)、财经专业知识能力(占问卷调查总体样本的 76.00%)、沟通能力(占问卷调查总体样本的 69.53%)及风险管理能力(占问卷调查总体样本的 63.71%),由此结论可知,培养复合型智能财务人才可以着重从专业理论、基本素质、沟通管理等能力展开。

三、智能财务人才的角色定位

财务与会计专业立足于资金活动的管理规划,主要研究管理学、经济学、金融学等方面的基本知识和技能,培养学生独立从事财务管理等相关专业的工作。智能技术的发展与应用,对财务管理与会计专业教育的影响越来越大。一方面,从财务分析工具上看,新技术的发展助推在实务中运用机器学习、数据挖掘等新技术,利用大数据资源改进原有的财务信息系统,使之变得智能化,这个改造过程需要智能财务与数据分析相结合的综合知识体系。会计人员需要具备利用财务信息系统生成的海量数据进行分析的能力,并结合企业的具体业务模式,构建模型控制并参与企业风险管理,助力企业数智化转型。另一方面,从工作内容上看,伴随智能技术的广泛应用,企业财务工作中涉及到的业务场景也在发生变化,这使得财务人员的工作从账目核算、简单财务分析向优化决策、事件结果的预测等内容转换,如何具备财经专业、智能财务、风险管理等多项能力是关键问题。这些智能技术的应用带来的影响最终会传导到财务管理专业人才的培养环节,使得企业对于人才的引进不只是关注传统财务专业人才,更多的是引进具备多方面素质技能的复合型人才。

在智能财务日益发展与应用的影响下,财务专业毕业生需要胜任的工作角色正在发生转变,传统的计量、记录、真实且准确地反映资金运动等工作已经被智能设备所替代。通过调查制造业、金融业、信息技术产业等多家国企和非国企的财务部门,作者发现企业对多种智能财务相关岗位的人才需求较大,会计核算、费用报销和成本管理部门最偏好应用智能财务,主要原因是这三个环节是企业财务工作的基础,应用技术成熟,试错成本较低。

上述岗位设置与岗位职责的变化,表面上是数智化技术被广泛应用,但实质上仍然离不开专业的人与专业的思维。大规模的智能财务知识和技术的应用,需要根据实际的业务场景,不断更新财务知识,构建智能化财务团队。在财务信息系统的运行和评估过程中,仍然需要专业人士运用自身的知识和判断提供财务信息。因此,需要具备智能财务管理思维的专业人士介入。从未来发展的角度来看,"人-机"系统运营方案仍然是依托于数智化的财务信息系统顺利运行的关键。并且恰恰是这一关键,推动了智能财务专业课程体系建设革新。

四、智能财务课程体系建设

(一)通过开设核心素养通识课完善智能财务人才所需知识体系

核心素养通识课是指以培养学生核心素养为目标,以跨学科知识为内容,以问题导向为方法,以学生主体性为原则的通识教育课程。首先仍要保证智能财务专业学生掌握扎实的财务专业通用的基础知识,故需要对现有财务管理专业核心课程进行筛选和精练。传统专业课程中开设管理学原理、会计学、经济学类、审计学及税法等学科基础课程。结合微观企业会计实务中涉及到的新型业务项目,还应考虑开设投资学、项目融资等课程。其次,结合数智化背景开设应用数据挖掘、大数据技术的原理和方法类课程,如会计信息系统分析、大数据与财务决策、Excel 在财务会计中的应用等课程,以培养学生利用新技术进行财务数据处理与分析的能力为目标,鼓励学生将互联网会计思维与现代信息技术有机融合,具备处理商业数据、完成财务分析的能力,以适应数智化时代的需求。此外,数智时代不仅需要数据收集和分析的能力,还要求会计人才培养模式的兼具智能管理型会计的能力,此类课程模块设置应包含大数据财务管理、企业财务 ERP 理论与应用、新业态财务管理模式等课程。通过开设这些核心素养通识课,可以完善智能财务人才所需的知识体系,为后续的专业教育打下坚实的基础。

(二)革新课程体系实施多目标分类施教

在人才培养课程需重新审视这一背景下,智能人才培养的过程中应实施多目标分类施教,培养数字化与智能化思维兼具型人才。可从应用型、专业型和管理型三个角度细化课程体系,培养能够应用数字化技术工具开展业务场景、能够开发数字化技术工具提供数字化服务、能够拥有基于数字技术思维创造性解决问题的能力的管理人才。

具体地,按照智能财务人才类型可细分为以下三个培养方向:数字化应用人才、数字化专业人才与数字化管理人才。每个方向实施差异化人才培养目标,并设立相应的课程体系,如表 4 所示。

表4 三种智能财务人才培养方向、培养目标及课程设置

人才类型	数字化应用人才	数字化专业人才	数字化管理人才
问题	发生了什么? 为什么发生?	将来可能发生什么? 为什么要发生?	如何使其发生? 如何做得更好?
分析工具	数据可视化、业务报告、仪表盘、记分卡、数据仓库	数据挖掘、文本挖掘、网络/媒体挖掘、预测	最优化、模拟、决策模型、专家系统
人才培养目标	明确业务问题和存在的机遇	对未来事件和结果进行正确预测	做出最佳的商务决策和行动
课程设置	Excel 在财务会计中的应用、数据可视化技术	Python 程序开发与财务应用	数据型思维
知识领域	商务智能	高级分析	

数字化应用人才方向。此类人才能够通过阅读业务报告发现问题、应用财务管理理论归纳和分析问题并找到问题发生的原因,应用数据可视化

技术工具解决问题,开展业务场景数字化规划、实施、运营。针对数字化应用人才,高校应重点培养其查找业务问题,并善于把握其中存在机遇的能力。此类人才还应具备运用数智化技术实现业务、财务相融合的素质技能。因此,在课程设置中应包含 Excel 在财务会计中的应用、数据可视化技术等商务智能技术应用课程。

数字化专业人才方向。此类人才具备开发数字化技术能力、能够提供数字化服务。此类人才能够利用数据挖掘、文本挖掘等技术对未来将要发生的业务及其结果进行有效预测。这类人才应既懂财务又了解企业的业务,并具备一定计算机技术,不但能帮助企业搭建智能财务体系架构,还能结合财务、业务、技术为企业提供综合性的咨询服务。针对数字化专业人才,高校不仅要培养学生智能财务自动化系统的技能,使其能够利用数智化技术完成对传统财务工作的改进、开发与创新;还要培养学生将多方知识融会贯通解决综合性问题的能力。因此,在课程设置中应包含 Python 程序开发与财务应用等高级智能技术分析课程。

数字化管理人才方向。此类人才具备数智化思维,能够不断拓展现有财务管理工作的内涵与外延,利用人工智能、大数据技术,将企业与其所处环境结合后提供最优化决策信息。他们一般拥有坚定的信念,具备智能化会计核算、进行财务预算以及分析决策的能力,有助于提升企业财务管理决策的效率和有效性,是持续推进企业数字化变革的管理人才。针对数字化管理人才,高校应有针对性地培养其利用大数据做出智能化核算、预算、分析决策等方面服务的能力,以及协助企业制定数智化转型方案,并最终助力企业实现财务数智化转型升级。因此在课程设置中应包含数据型思维等高级智能技术分析课程。

(三)以质量检测为抓手对智能财务培养课程建设效果展开
　　动态追踪评价

以质量检测及用人单位评价为抓手对智能财务人才培养达成效果展开动态跟踪评价旨在建立一种科学合理有效可持续的人才培养评价体系,实现课程体系建设过程和结果的优化管理和持续改进。

首先应建立完善的学生评价体系。根据智能财务课程培养目标和内容,制定出具有可操作性、可衡量性、可比较性、可反馈性等特点的综合学生素质考核指标体系。除传统的期末考试测试,还加入参与项目评估、"互联网+"等比赛参赛获奖情况、就业情况追踪等,对智能财务人才培养理论及实践课程的各个环节和各个方面进行全面的质量检测,并将评价结果进行汇总、分析、归纳、总结等工作,形成智能财务人才培养质量检测报告。

其次,还需要对人才培养体系进行阶段性复盘,建立完善的反馈改进机制,有依据地对下一阶段人才培养体系进行调整。根据学生评价体系报告,对智能财务课程教学及实践过程中存在的问题和不足进行深入的剖析和诊断,并根据复盘出的问题提出具有针对性、可行性、创新性等特点的改进措施和建议,并将改进措施和建议及时地反馈给相关的教学管理部门、学生群体与教师团队,督促其落实执行,并在执行过程中进行跟踪监督和评估考核,确保改进措施和建议能够有效地实施和执行。

参考文献

[1] Milana, Carlo, and A. Ashta. "Artificial intelligence techniques in finance and financial markets:A survey of the literature", Strategic Change, 2021, 30(3), 189-209.

[2] 张敏, 贾丽, 史春玲. 数字经济背景下的智能财务人才需求研究——基于调查问卷数据的实证分析[J]. 厦门大学学报(哲学社会科学版), 2023, 73(02):56-68.

[3] 姚守宇, 同嘉睿, 李胜楠. 数智时代的会计人才培养模式研究:挑战与未来[J]. 天津大学学报(社会科学版), 2023, 25(05):442-448

[4] 唐大鹏, 王伯伦, 刘翌晨. "数智"时代会计教育重构:供需矛盾与要素创新[J]. 会计研究, 2020(12):180-182.

[5] 靳庆鲁, 朱凯, 曾庆生. 数智时代财会人才培养的"上财模式"探索与实践[J]. 中国大学教学, 2021(11):28-34+45.

智能财务产教融合新型教学模式的探索与研究

姚泳西[①]

摘　要:在全球经济一体化,大数据快速发展的当今世界,财务行业面临着巨大的变革和挑战。传统的财务教育模式已经无法满足复杂多变的人才市场需求,亟须一种新型的教学模式来培养适应未来大数据时代财务领域要求的专业人才。智能财务产教融合教学模式的提出,旨在通过整合产业和教育资源,利用先进的人工智能技术手段,实现财务教育方式的创新与升级,为培养适应未来大数据时代的高素质人才提供理论和实践支持。本研究将探讨智能财务产教融合模式在教育体系中的具体实施,分析其在提高学生综合素质、拓展职业发展渠道等方面的影响。最后将分析教学模式不断优化与升级的方向和趋势,以应对不断变化的财务领域的需求。

关键词:大数据;智能财务;产教融合

一、前言

随着大数据 AI 技术的迅猛发展,全球经济增长模式正受到其直接的影响,传统财务领域也因不断适应新需求而产生日新月异的变化。因此,传统的财务教育模式也面临来自这一变革的冲击,这使得我们必须重新审视并

---

①　姚泳西,天津商业大学会计学院教师,会计学博士。

改善现有的教学方法以适应新的需求。在这个背景下,提出智能财务产教融合新型教学模式是财务教育方式的创新和升级,是为培养适应未来大数据时代的高素质人才做出的必要准备,有助于财务教育未来的发展革新。

在当今大数据时代,每时每刻都有成百上千次的交易活动,产生了大量的数据,传统的财务已逐渐难以满足大量的数据处理和及时的报表生成需求,而作为传统财务管理未来发展方向的智能财务融合了人工智能、大数据分析、机器学习等先进技术,为传统的财务教育带来了全新的挑战和机遇。在这一大数据时代的背景下,及时构建适应时代潮流的财务教育体系,培养能适应信息时代发展的多维财务人才应该成为教育工作者亟须探索和解决的问题。

本文将提出并深入探讨智能财务产教融合新型教学模式,说明其设计与实施流程,旨在为培养适应未来财务领域需求的高素质多维财务人才提供有效的教育策略和方法。本文将分为三个部分,第一部分介绍智能财务产教融合模式的理论基础。第二部分重点说明智能财务产教融合新型教学模式的设计与实施流程,这一部分将分为五个小节:详细介绍在教学工作实践中如何将智能技术引入智能财务教学中,对行业需求进行分析与调研,如何使用创新教学方法,整合产业资源,建设实践基地,定期评估与调整。通过这五个方面的分析具体阐述智能财务产教融合新型教学模式的设计与实施,从而推动财务教育的升级和变革。第三部分是本文的总结和展望。这一研究不仅是对财务教育现状的反思,更是对未来创新模式的探索。相信智能财务产教融合模式的实施,将不仅能提升学生的学科素养,更能培养其在数字时代所需的实际操作技能和创新能力。同时,通过与产业的深度合作,学生将能够更好地适应职业生涯,迎接财务领域的新挑战。

在本文的研究中,将深入探讨智能财务产教融合模式在教育体系中的具体实践,分析其在提高学生综合素质、拓展职业发展渠道等方面的潜在影响,关注教学模式的不断优化与升级,以应对不断变化的财务领域需求。本研究将为财务教育模式创新注入新的活力和动力,为财务人才提供更加与时俱进的学习体验。

二、智能财务产教融合模式的理论基础

智能财务产教融合模式的理论基础涉及多个领域,其中包括教育与产业融合理论、智能技术在财务领域的应用等。以下是这一模式的主要理论基础:

(一)教育与产业融合理论

党的二十大报告指出,要深化产教融合的教学模式。教育与产业融合是一种教育与产业界资源有机融合的教育模式[1]。这一理论强调学校与企业、学校与市场之间建立的紧密联系,通过校企良好合作互动的关系,使学生能够更好地适应实际工作环境。在智能财务产教融合模式中,教育与产业融合理论为整合产业资源、建立产学合作提供了理论支持,促使学生能够更好地融入财务产业[2]。为了能够顺应教育发展趋势,帮助学生更快、更好地融入社会,智能财务产教融合的重点是如何将财务工作智能化,如何帮助从业者适应智能化的财务工作,这将使财务教学更能适应智能化时代的发展。

(二)共生理论

共生理论源于生物学,由德国生物学家德贝里(De Bary)提出,其基本概念是指不同种类的生物在共生环境下形成的彼此协调、共同发展的共生关系,这一概念在生物学领域中得到了广泛应用[3]。基于事物普遍联系的哲学思想,共生理论不仅适用于生物学领域,同样适用于社会学以及经济学等领域。在教育学领域,共生理论同样可以得到很好的应用,即强调共生单元互利合作,共生关系一体化发展以及共生环境的正向优化等[4]。随着当前教育办学由"单一主体"转向"多元主体",更加注重社会力量参与的新理念、新主张,共生理论与实践教学在底层逻辑上高度契合,将这一理论应用于产学研融合新型教学模式的建设不仅必要且具体可行。

(三)系统化教学设计理论

泰勒(Taylor)在其研究中认为教学设计可以扮演一个"中间人"的角色[5]。系统化教学设计就是基于具体教学目标的一种教学设计,在设计过

程中,设计者要回答三个问题:第一,要到哪里去(教学目标是什么)。第二,如何达到目标(即需要什么样的教学策略与方法)。第三,如何评判目标的达成效果(如何检测,评估与教学调整)[6]。系统化教学设计理论强调树立明确的教学目标并通过采用多元有效的教学方法,例如案例分析、项目实践、团队合作等,激发学生学习兴趣,提高他们在财务领域的创新能力和实践能力,并设计良好的评估机制对过程和结果质量进行把控监督。在智能财务产教融合模式中,这一理论基础为创新性的教学方法提供了支持。

通过以上理论基础的支持,智能财务产教融合模式能够更好地满足财务领域对人才的多元化需求,使学生具备更全面的素质和实际操作能力,为未来财务领域的发展培养更具竞争力的人才。

三、智能财务产教融合模式的设计与实施

智能财务产教融合模式的设计与实施是一项复杂而关键的任务,它要求教育和产业之间建立紧密联系,相互融合。通过在课堂教学中应用现有的现代智能技术,利用大数据、AI智能技术、共享财务平台软件等应用以培养适应大数据时代的新时代财务领域需求的高素质多维人才。以下是智能财务产教融合模式的设计与实施的关键要素:

(一)将智能相关技术融入智能财务教学中

智能财务产教融合模式的核心在于引入先进的智能技术,包括人工智能、大数据分析和挖掘技术、机器学习技术等。通过融合智能化技术的教学内容,使学生能够充分认识到当今先进技术在财务领域的应用,并进而掌握和应用这些先进技术解决财务问题,从而提高学生在新时代财务领域的市场竞争力[7]。

1. 创新设计智能财务课程

制定包含展示、应用智能技术的专业课程,涵盖人工智能、大数据分析、数据挖掘技术,机器学习等方面的内容。通过设计包含智能软件应用、智能平台展示的智能财务课程,全面覆盖智能财务的核心概念和实际应用。整合智能软件和工具,例如:财务共享平台的展示,让学生在学习中亲身体验

智能技术在财务领域的应用和发展前景。这可以包括智能财务软件、数据分析工具、机器学习平台等,以提高学生的技术操作能力。也可以引入在线学习资源,利用在线学习平台,提供与智能财务相关的学习资源,如在线课程、视频教程、虚拟实验室、虚拟教室、模拟沙盘等。这样可以支持学生在不同时间和地点学习,并促使他们更主动地参与学习。

2. 邀请业内实务专家举办讲座

在邀请业内专家之前,先明确该讲座的目的和意义。根据课程内容,有目的地邀请相关领域专家进行实务经验的分享。比如:在对财务共享平台的课程内容讲解时可以邀请国内知名财务共享平台的管理人员对平台进行介绍,在介绍数据挖掘技术对企业内控流程优化的作用时也可以邀请相关的数据挖掘技术人员或产品经理对这一技术进行介绍。在选择讲师时,应选择在智能财务领域有丰富经验、成就显著的专业人士,包括企业高管、研究机构专家、业内顶级学者等,确保专家的背景与讲座主题相匹配。与此同时,教师也应及时了解学生对于讲座内容的需求域,以确保讲座内容紧密贴合学生需求。在讲座前向学生提供一些背景知识,帮助他们更好地理解讲座内容。鼓励学生主动提出问题,积极参与讨论。在讲座中设置互动环节,例如问答时间、小组讨论等。同时建立反馈机制,收集学生对讲座的反馈意见,评估讲座的效果,为今后邀请专家提供改进的建议。

(二)对行业需求进行分析与调研

优化智能财务产教融合的新型教学模式,也需要进行市场需求分析,了解财务领域的最新趋势和企业对财务人员的需求。本部分将介绍以下几方面的内容,通过了解企业对财务人才的需求,从而更好地调整教育培养计划,提高学生在就业市场的竞争力。

1. 行业报告和研究

对行业的需求分析可以通过查阅财务领域的行业报告和研究达成。行业报告可以提供关于行业发展趋势、未来预测以及对人才的需求方面的详细信息,也可以通过参与专业会议,专业论坛和学术研讨会达到了解行业未来发展趋势和人才需求的信息。利用丰富的校友关系网,增加与财务领域的行业专家、从业者和企业人士的交流,并为学生创造交流机会,通过与业内专业人士的面对面交流可以获取实时信息,并深入了解智能财务发展的动态。此外,学生实习和教师参与实际项目也是获取财务领域最新信息的途径。通过与企业合作,学生能够亲身感受企业的运作方式,了解实际业务需求。

2.调查就业状况

调查财务领域的就业趋势,可以通过对校友或在校学生进行问卷调查,了解他们在财务领域的就业状况和遇到的困难和挑战。此外,也可以通过浏览企业的招聘信息,搜索招聘网站以及社交媒体平台上的企业招聘信息了解不同公司对财务人才的具体需求。在教学中以市场需求为导向,以培养高素质的应用型人才为根本,通过学校与企业的深度合作,让学生学习理论知识时,摆脱固有思维,提倡进行跨学科、跨专业的多元化学习,积极参与企业的生产实践,进一步推动产教融合战略的深入发展。

(三)创新教学方法

设计新型的教学方法,如案例分析、项目实践、团队合作、课堂展示、翻转课堂等。通过这些创新性的教学方法,激发学生的学习兴趣,培养学生们的实际操作能力和解决问题的能力。

1.案例分析与实际项目

设计智能财务案例并进行分析,要求学生运用智能技术解决真实的财务问题。通过对案例的分析,帮助学生更好地理解智能技术在当代财务问题中的应用,并善于运用智能技术解决财务问题。

2.组织实践活动

定期组织实践活动,包括财务数据挖掘比赛、智能投资模拟比赛,财务沙盘等。这不仅能够激发学生的学习兴趣,还提供了锻炼实操能力的机会,从而激发学生的学习兴趣,明确学习目的。

3.开展产学研项目研究

鼓励学生参与智能财务领域的产学研合作项目,可通过学生小组的形式或个人独立研究的形式进行。通过研究项目的开展,与企业合作解决实际问题,提高学生的创新能力和解决实际问题的能力。

4.课堂展示与翻转课堂

鼓励学生主动学习,通过搜集资料,整理资料,展示自我,加深对所学财务知识的印象,并通过对智能技术的应用展示加深对智能财务发展的理解,从而更好地将知识应用于未来的财务实践中。

(四)整合产业资源,建设实践基地

对于产教融合新型教学模式的实践阶段,应该着眼于整合整个产业资源,包括企业提供的实际案例、技术支持、实习机会等。建立与企业的合作平台,搭建学校和企业之间的桥梁,使学生能有更多接触实际工作场景并了解智能技术在财务领域的实际运作的机会。建立学校与产业的合作关系,确定合作方向和具体合作计划,确保教学内容与实际产业需求相契合。实践基地不仅为学生提供实际工作经验,还为教师和企业搭建了更紧密的联系,促进产学合作更为深入。在具体实践中主要包括以下几步:

1.明确培养目标与定位

在建设实践基地之前,明确实践基地的目标和定位。结合专业课程的教学目标、学科特点,确保实践基地的建设符合教学需求和学生培养目标。

2.与行业或企业建立紧密联系

选择与课程相关的行业或企业建立紧密的联系。与企业签订合作协议,确保实践基地能够为课程提供相适应的场景,例如提供常用的智能财务软件,智能财务设备。根据实践基地的特点,设计与之紧密结合的实践课程。课程内容可以包括案例分析、实地考察、模拟操作、实习等,以提高学生的实际操作能力。

3.引入实践导师并推动学生参与产学研项目

邀请相关领域的专业人士担任实践导师,为学生提供实践项目的指导。导师可以帮助学生理解行业要求,提供实践经验和行业见解。在实践基地中开展实践项目,让学生参与真实的问题解决和项目实施。鼓励学生参与

产学研合作项目,与企业合作解决实际问题。这有助于提高学生的解决实际问题的能力和实际操作水平,培养学生的创新精神和实际应用能力。

(五)定期评估与调整

在实施过程中,建立起定期的评估机制,包括学生综合素质、毕业生就业情况等方面的评估和跟踪。根据评估结果,及时调整教学计划,不断优化产教融合模式,确保其持续适应智能财务领域的快速变化。

1.设定明确的评估指标

在开始教学改革时,明确需要评估的指标和目标。这些指标可以包括学生学业成绩、参与度、技能提升、综合素质提升、教学满意度、就业率提高度、企业满意度等。

2.探索全面的评估方法

为全面评估教学改革的成果,及时通过匿名调查、问卷调查等方式,收集学生对教学改革的反馈。关注学生对新教学模式、教材、教学方法的看法,以及他们在学习中的体验;进行课堂观察,对改革后的课堂进行观察,评估教师的教学方法、互动方式以及学生参与程度,通过质量督导的观察可以提供直观的反馈,帮助识别教学改革的亮点和不足之处;分析学生成绩,比较改革前后学生的学业成绩。这可以包括考试成绩、项目评估、课程完成情况等。通过数据分析,评估教学改革对学生学业表现的影响;与学生、教师和其他相关方进行小组讨论和焦点小组会议,听取他们对教学改革的看法、建议和意见,从不同角度获取全面的评估信息;引入专业评估机构,考虑邀请独立的专业评估机构对教学改革质量进行评估。这些机构可以提供中立、客观的评价,帮助学校更全面地了解改革的效果;监测学生就业和职业发展,对毕业学生进行追踪,了解他们的就业情况和职业发展。这可以作为评估教学改革是否满足职业需求的一项重要指标。

通过以上步骤,智能财务产教融合模式能够更好地融合理论与实践,为学生提供更实用、具有前瞻性的财务教育,使他们更好地适应未来财务领域的发展需求。这一模式的设计与实施将为培养具备财务智能和实际操作能力的高素质人才提供坚实基础。

四、结论与展望

智能财务产教融合模式的提出与实施为财务教育的改革注入了新的活力。通过整合产业资源、引入智能技术，这一模式有望培养更符合市场需求的高素质财务人才。然而，要取得更好的效果，仍需不断完善和创新教学内容与方法，同时注重产学合作的深度和广度。希望本研究能够为财务教育的发展提供一定的理论和实践参考，推动智能财务产教融合模式在更广泛范围内的推广与应用。

展望未来，智能财务产教融合模式将继续发展壮大，更多企业将积极参与到教育过程中，为培养高素质财务人才提供更多的机会和支持。同时，随着科技的发展，智能技术在财务领域的应用将不断深化，为教育模式的创新提供更多可能性。

参考文献

[1]吕敬煌.新文科背景下工艺美术专业"产教融合"教学改革创新方法研究[J].湖北开放职业学院学报,2024,37(02):12-14.

[2]冷虹雨.基于共生理论的开放型区域产教融合实践中心建设框架与路径研究[J].中国职业技术教育,2023(31):41-46+73.

[3]廖忠明.共生理论视域下高职院校产学研协同创新模式与路径研究——以江西环境工程职业学院为例[J].现代职业教育,2023(25):1-4.

[4]邵文琪,王刚,刘晓.共生理论视角下职业启蒙教育资源整合的困境与突破[J].教育与职业,2021(07):5-11.

[5]GAGNE R M.,WAGER W W,GOLAS K C,ET AL. Principles of Instructional Design[M].Belmont:Wadsworth Publishing Company,Inc.,2005.

[6]黄莉萍.基于系统化教学设计理论的对分课堂教学研究——以"大学创新英语"课程为例[J].韶关学院学报,2021,42(05):89-93.

[7]杨旭辉.市域产教联合体的政策要义、理论逻辑与行动策略[J].职业技术教育,2023(25):6-13.

智能财务背景下财务分析课程思政建设研究

付龑钰①

摘　要:随着科技的快速发展,特别是信息技术的革新和人工智能的广泛应用,财会类专业面临着前所未有的变革。在这种背景下,高等院校财会类专业课程体系中融入新技术已成为形势所趋,是财会类教育改革的必由之路。本文选取高校本科财务管理专业的核心课程财务分析作为研究对象,结合该课程的教学实践经验,探究智能财务背景下财务分析课程的思政建设,以期为其他高校在财会类课程建设上提供有益参考。

关键词:智能财务;财务分析;课程思政

信息技术的飞速发展,人工智能已成为引领新一轮科技革命和产业革命的重要驱动力。2019 年,习近平总书记在国际人工智能与教育大会上明确强调了中国对人工智能与教育融合的重视,为我国的教育改革指明了方向。2021 年,随着《会计改革与发展"十四五"规划纲要》(简称《纲要》)的发布,会计行业也迎来了变革与发展的新机遇。《纲要》中明确提出了"变革融合、提质增效"的中心任务,强调了信息技术在财会工作中的重要作用[1]。财会工作与经济业务的深度融合、财会智能化的发展趋势,不仅改变了传统会计的工作模式,还对财会人才的能力结构提出了新要求。如今,既精通专业又熟悉信息技术,既具备战略思维又富有创新能力的复合型财会

---

①　付龑钰,天津商业大学会计学院教师,管理学博士。

人才成为了市场的迫切需求。因此,高校需要调整教学内容,加强信息技术和财会专业的融合,培养学生的创新能力和实践技能。同时,还要与企业紧密合作,共同探索人才培养的新模式。本文基于智能财务背景下探讨财务分析课程思政建设的路径,在一定程度上丰富了该领域教学改革研究,具有重要的实践指导意义。

一、财务分析课程思政的定位

财务分析作为财会类专业的重要基础课程,其核心价值不仅在于传授财务报表的基本知识,培养学生运用科学方法分析财务数据的能力,更在于通过这些知识点和技能的传授,为学生构建一个全面、深入的企业经营状况与财务政策评估框架。在这一过程中,财务分析课程思政的定位显得尤为重要。

首先,财务分析课程应当承担起培育学生社会主义核心价值观的责任。在讲授如何解读和分析财务报表、评估企业能力的同时,教师应有意识地将社会主义核心价值观融入课堂,引导学生从正确的价值观出发,分析企业的财务状况,发现存在的问题并提出解决方法。这不仅能够帮助学生形成正确的职业道德观念,还能够培养他们在未来职业生涯中坚持原则、服务社会的能力。

其次,财务分析课程思政的定位体现在对学生综合素质的培养上。除了专业技能的学习,学生还需要在课堂中培养批判性思维、团队协作能力、沟通表达能力等多方面的综合素质。这些素质道德培养可以通过案例分析、小组讨论、角色扮演等多样化的教学方法来实现[2]。同时,教师也需要在这些活动中融入思政元素,让学生在实践中感受和理解社会主义核心价值观的内涵和要求。

最后,财务分析课程思政的定位体现在教学考核上。传统的财务分析课程考核往往侧重于对知识点的掌握和技能的运用,而在思政视角下,考核还应包括对学生政治素养、职业道德等方面的评价。这可以通过设置与思政相关的案例分析题、讨论题等方式来实现,让学生在考核中反思自己的价值观和行为准则。

二、财务分析课程思政教学的意义

(一)财务分析课程思政教学的政治意义

在当前的高等教育体系中,思政教学不仅是培养学生个人品德和价值观的关键环节,更是关乎国家未来发展和长治久安的重要基石。财会专业作为与国家经济命脉紧密相连的学科领域,其思政教学的政治意义尤为突出。

财会专业的课程不仅是传授给学生知识和培养学生的能力,更肩负着培养学生正确价值观念和社会责任感的使命。财会人员在处理财务数据和财务报表时,需要具备高度的诚信意识和法律意识,这是对国家经济秩序和社会稳定的直接贡献。因此,在财会专业课程中融入思政元素,将国家理想、社会责任与个人品质、专业素养相结合,显得尤为重要。

财务分析课程作为财会专业的核心课程之一,其教学内容涉及企业的经营状况、财务状况以及未来的发展趋势。在分析财务报表和财务能力时,学生需要深刻理解企业的社会责任和经济效益,这不仅是对企业负责,更是对国家经济安全和长远发展负责[3]。因此,财务分析课程中的思政教学,能够帮助学生建立起正确的经济观念和国家观念,为国家的政治和经济生活提供有力的支撑。

此外,财会专业课程中的思政教学还能够帮助学生更好地理解和把握国家的政治方向和经济政策。在解读财务报表和分析财务能力时,学生需要紧密结合国家的宏观经济政策和产业政策,从而更加准确地判断企业的财务状况和发展趋势。这不仅能够提高学生的专业素养,还能够培养学生的政治敏锐性和国家责任感。

综上所述,财会专业课程的思政教学具有重要的政治意义。通过将国家理想、社会责任与个人品质、专业素养相结合,不仅能够培养学生正确的价值观念和社会责任感,还能为国家的政治和经济生活提供有力的支撑和保障,也为培养具有高尚品德和专业技能的财会人才作出积极的贡献。

(二)财务分析课程思政教学的教育意义

随着新经济时代的来临,财会专业的学生面临着日益复杂和多变的经济环境和金融市场。在这样的背景下,财会专业课程的思政教学显得尤为重要,它不仅有助于培养学生的专业素养,同时还具有深远的教育意义。

首先,思政教学有助于增强学生的法律意识和法治观念。在财务分析课程中,涉及《会计法》《公司法》《证券法》和《企业财务通则》等各项财务法规。通过在专业课程中加入相关的法治教育,可以帮助学生形成正确的法律思维,明确遵守财务法规的重要性。同时,通过分析违反财务法规的案例,让学生深刻认识到违纪行为的严重后果,从而引导学生自觉遵守法律法规,维护财经法律的严肃性和权威性。

其次,思政教学有助于培养学生的社会责任感和职业道德。财会专业作为经济领域的重要一环,承担着为社会提供准确的财务信息、保障经济秩序正常运行的重要职责。通过思政教学,可以引导学生深刻认识到自己的社会责任和使命,自觉遵守职业道德规范,维护公众利益。

此外,思政教学还有助于提高学生的综合素质和创新能力。在财务分析课程中,不仅需要学生掌握扎实的专业知识,还需要具备市场洞察力、分析判断能力和创新思维能力。通过思政教学,学生能够拓宽视野、开阔思路,锻炼自己跨学科的思考能力和创新能力,为未来的职业发展奠定坚实的基础。

综上所述,财会专业课程的思政教学具有重要的意义。不仅能够增强学生的法律意识和法治观念,培养学生的社会责任感和职业道德,还可以提高学生的综合素质和创新能力。因此,在财会专业课程的思政教学中应注重法律教育、职业道德教育以及综合素质和创新能力的培养,为学生的全面发展提供有力的支持。

(三)财务分析课程思政教学的社会意义

财会专业学生在未来的职业生涯中,将广泛参与社会的经济活动,他们的职业素养和思想道德对于维护社会经济秩序、保障社会公众利益具有至关重要的作用。因此,财会专业课程的思政教学不仅关乎学生的个人成长,更承载着重要的社会意义。

首先,思政教学有助于构建诚信的社会经济环境。保持诚信应摆在财会工作的首要位置,因此财务数据的真实性和准确性直接关系到企业的声誉、投资者的利益以及整个社会的经济秩序。然而,财务造假、偷税漏税等违法违规行为时有发生,严重破坏了市场的公平竞争和公众对财会行业的信任。通过财会专业课程的思政教学,可以引导学生树立诚信意识,明确职业道德的底线,从而在未来的工作中坚守诚信原则,维护良好的社会经济环境。

其次,思政教学有助于保障公众利益和社会经济安全。财会人员作为企业和公众之间的桥梁,承担着提供准确财务信息、保障公众知情权的重要职责。如果财会人员缺乏职业道德和责任感,就可能为企业谋取私利而损害公众利益,甚至引发严重的经济风险。因此,通过财会专业课程的思政教学,培养学生的社会责任感和使命感,引导他们在未来的工作中积极维护公众利益和社会经济安全具有十分重要的意义。

最后,思政教学有助于提升财会行业的整体形象和社会声誉。由于一些财务造假等负面事件的影响,财会行业在一定程度上遭受了信任危机。通过加强财会专业课程的思政教学,培养出一批具备高尚职业道德和专业素养的财会人才,为行业树立正面形象,提升财会行业的社会声誉和公众认可度。

综上所述,财会专业课程的思政教学具有重要的社会意义。不仅有助于构建诚信的社会经济环境、保障公众利益和社会经济安全,还可以提升财会行业的整体形象和社会声誉。因此,应高度重视财会专业课程的思政教学,将其作为培养学生职业素养和思想品德的重要途径,为社会培养出更多德才兼备的财会人才。

(四)财务分析课程思政教学的发展意义

随着信息技术的迅猛发展,网络成为了大学生获取信息、交流思想的重要平台。然而,网络信息的多样性和复杂性也使得大学生容易受到各种思潮和观点的影响,进而产生价值观的偏离。在这一背景下,财会专业课程的思政教学显得尤为重要,它对学生个人的未来发展具有深远的意义。

首先,思政教学有助于培养大学生全面且辩证的思维能力。在网络乱象之下,大学生容易受到片面信息的影响,缺乏全面、客观、深入的思考。财会专业课程的思政教学通过引导学生分析复杂的经济现象和财务问题,培养学生的逻辑思维能力、批判性思维能力和辩证思维能力,使他们能够更好地认识和理解社会热点问题,形成正确的价值观和世界观。

其次,思政教学有助于提升大学生的职业素养和综合素质。财会专业的学生作为未来的财经人才,需要具备高度的专业素养和职业道德。通过财会专业课程的思政教学,帮助学生树立正确的职业观念,明确自己的社会责任和使命,提升职业素养和综合素质,为未来的职业发展奠定坚实的基础。

最后,思政教学还有助于实现全过程育人的目标。传统的思政课程往往只设置在大一、大二学年,而对于大三、大四学生则缺乏持续的教育和引导。然而,这两个年级的学生正处于价值观和职业素养形成的关键时期,需要更多的教育和引导。财会专业课程的思政教学可以与专业课程相结合,实现全过程育人的目标,使学生在整个校园学习过程中都能接受到思政教育的熏陶和影响。

综上所述,财会专业课程的思政教学具有重要的发展意义。不仅有助于培养大学生全面而辩证的思维能力、提升职业素养和综合素质,还有助于实现全过程育人的目标。因此,在财会专业课程的思政教学中,应注重培养学生的思维能力、职业素养和综合素质,为学生的全面发展和未来的职业发展提供有力的支持。

三、财务分析课程在智能财务背景下存在的问题与优化

智能财务的崛起,使得传统的财务分析方法和工具受到了挑战。数据量地剧增、分析维度的多元化、分析方法的智能化等都对财务分析课程提出了新的要求。高校作为财会人才的培养基地,其课程设置和教学目标必须紧密对接社会的实际需求。然而,在当前的财务分析课程建设中,存在一些

问题,如何使学生掌握新时代财务分析的核心技能,成为课程优化的首要任务。这些问题在一定程度上影响了课程与社会需求的有效衔接。

(一)课程教学目标与社会需求的不匹配

传统的财务分析课程往往侧重于学生对专业知识和技能的掌握,如财务比率分析、财务趋势分析等。然而,在智能财务的背景下,社会对财会人才的要求已经不仅仅局限于这些传统的知识和技能。现代企业更加注重财会人才的数据分析能力、技术工具应用能力以及商业决策支持能力[4]。因此,财务分析课程的教学目标需要进行相应的调整,以更好地满足社会的实际需求。

(二)缺乏对新技术和新工具的融入

当前的财务分析课程在内容上往往还停留在传统的财务分析方法和工具上,缺乏对新一代信息技术和人工智能技术地融入。这不仅使得课程内容显得过时,也限制了学生掌握新技术和新工具的机会。为了解决这个问题,财务分析课程需要积极引入新的教学内容和方法,如大数据分析、云计算、人工智能等,以便学生能够更好地适应未来的职业发展。

(三)实践教学环节的不足

财务分析作为一门应用型课程,其实践性非常强。然而,在当前的课程建设中,实践教学环节往往被忽视或轻视,导致学生在学完课程后往往只能掌握理论知识,而缺乏实际的应用能力。为了解决这个问题,财务分析课程需要增加实践教学环节,如案例分析、模拟实训等,以便学生能够更好地将理论知识应用于实践中。

基于上述存在的问题,笔者认为财务分析课程可以在以下几个方面进行适时优化。

1. 课程教学内容与现实应用领域相衔接

传统的财务分析课程往往过于注重传授理论和分析财务数据,而忽视了技术应用和非财务数据。为了加强课程与现实应用领域的衔接,教学内容应作出以下调整:

第一,增加技术应用的比重。引入大数据分析、云计算、人工智能等新一代信息技术,让学生了解如何运用这些技术工具进行高效的财务分析。

第二,融合非财务数据。强调非财务数据在财务分析中的重要性,教授学生如何收集、整理和分析非财务数据,以提供更全面的分析视角。

2. 拓展教学资源

当前财务分析课程的教学资源相对匮乏,限制了学生的学习效果。为了提升教学质量,需要拓展教学资源。不仅要引入真实生产环境数据,通过与企业合作,获取真实的生产环境数据,供学生分析和实践,还要建立虚拟实验室,利用仿真软件和技术,构建虚拟的财务分析环境,让学生在接近真实的环境中进行实践操作。

3. 改进课程考核方式

课程考核应更加注重对应用效果的考核,以真实评价学生的综合分析能力和解决实际问题能力。建议采取以下措施:

第一,撰写案例分析报告,要求学生针对真实企业或行业进行深入分析,并提交详细的案例分析报告,以检验其分析能力和解决问题的能力。

第二,实际操作考核,要设置实际操作环节,让学生在虚拟实验室或真实环境中进行财务分析操作,以检验其技能掌握情况。

4. 更新教师知识结构

专任教师知识结构的单一性限制了课程的教学质量和深度。为了提升教学质量,需要更新教师的知识结构:

第一,加强教师培训,组织教师参加相关培训和学习,提升其数据化和智能化等新技术知识。

第二,引入外部专家,邀请具有丰富实践经验和深厚技术背景的外部专家参与教学,为学生提供更广阔的视野和更深入的分析。

在智能财务的背景下,虽然财务分析课程的技术性和实践性日益增强,但这并不意味着可以忽视其中的思想政治内容。相反,思想政治内容在财务分析课程中仍然具有重要的作用。通过调整教学内容、拓展教学资源、注重思政建设以及更新教师知识结构等措施,培养出既具备扎实财会专业能力又掌握新一代信息技术应用能力的复合型人才。

四、财务分析课程的教学内容与思政元素的融合

财务分析作为财会类专业的基础课程,其教学内容丰富多样,从分析财务报表到评估财务能力,再到识别财务报表,每一个环节都为学生提供了深入了解企业财务状况的机会。然而,仅仅掌握这些技能是不够的,专业教师在授课过程中还需要有意识地融入思政元素,以培养学生的职业道德、价值观和法治观念。

在财务报表分析的教学中,首先教师可以选取真实案例,让学生分析这些事件的后果和影响,从而深刻理解诚信在企业财务中的重要性。这样的教学不仅能帮助学生掌握分析技巧,更能树立他们正确的职业道德观,明白作为财会人员坚守诚信底线的重要性。其次,可以通过引导学生对不同行业上市公司的财务指标进行计算和对比,让他们看到不同企业在经营策略、风险管理等方面的差异。这样的教学不仅有助于培养学生的分析能力和批判性思维,还能让他们形成正确的价值观,明白企业的成功不仅仅取决于财务指标的高低,更取决于企业的社会责任感和可持续发展能力。最后,教师还可以引入财务报表造假被罚的案例,让学生深入剖析粉饰报表的危害和后果,以及会计师事务所在其中的责任和作用。这样的教学不仅能让学生掌握识别粉饰报表的技巧,更能帮助他们树立正确的法治观念,明白遵守法律法规、维护市场秩序是每个财会人员的责任和义务[5]。

综上所述,财务分析的教学内容与思政元素的融合是完全可行的。专业教师只需在授课过程中稍加调整,就能让学生在掌握专业知识的同时,也得到思政教育的熏陶和启迪。这样的教学方式不仅有助于培养学生的综合素质和职业道德,还能激发学生社会责任感与求知欲。

五. 总结

在智能财务的背景下,财务分析课程仍然需要重视思想政治内容的教学。这可以通过在课程中融入相关的财经法规、职业道德规范、社会责任等

内容,引导学生树立正确的价值观和职业观,为培养高素质、具有社会责任感的财务分析人才打下坚实基础。未来,随着信息技术和人工智能的进一步发展,财会行业将迎来更多的变革和挑战。高校和企业需要继续深化合作,共同探索人才培养的新模式,为财会行业的持续发展提供有力支撑。同时,政府和社会各界也应给予更多的关注和支持,为财会人才培养创造更加良好的环境。

参考文献

[1]冯丽艳,段姝,王世文.融入思政元素的"财务报表分析"课程教学内容体系[J].中国管理信息化,2021,24(23):187-189.

[2]姚蕾."立德树人"背景下思政元素融入财务分析课程教学创新研究[J].会计师,2022(01):121-123.

[3]邸砧.课程思政融入"财务分析"课程教学改革的研究[J].辽宁科技学院学报,2021,23(06):72-75.

[4]刘慧佳."财务大数据分析"课程思政建设研究[J].大学,2023(09):116-119.

[5]宗婷婷.财务分析课程思政建设研究[J].会计师,2021(22):116-117.

智能财会背景下校企协同育人的理论框架与实践路径^①

富钰媛[②]

摘　要:在会计信息化的大环境下,开展产学合作教育是一项重要的研究课题。在理论层次上,学校与企业合作培养是"价值观—制度—科技"三者的有机整体,其内在的逻辑是"螺旋式"的。在现实中,会计电算化环境下的校企合作教育,其特点是教育主体多元化、教学过程动态化和质量协同化。在智慧会计环境下,通过多主体联合协同、多要素融合协同、多主体反馈协同等途径,可以达到协同育人的目的。其主要的实现途径有:创建多主体参与的体制,搭建协同育人的平台。要充分利用政府的政策,完善学校与企业之间的关系;加强学校与企业的产学研结合,加强学校与企业之间的联系。

关键词:智能财务;校企合作;协同育人

一、引言

2017 年国务院印发的《新一代人工智能发展规划》指出,到 2030 年我

---

①　基金项目:天津市教委科研计划项目"智能财务人才培养生态体系研究:理论框架与实施效果";天津商业大学本科教育教学改革项目"智能财会背景下校企协同育人的理论框架与实践路径"。

②　富钰媛,天津财经大学会计学博士、讲师,现任天津商业大学会计学院财务系教师。

国要建成世界主要人工智能创新中心。智能财会作为人工智能在会计领域的应用,在新一轮技术革命和产业变革背景下,将不断地颠覆财会教育理念、人才培养模式和教学内容。从当前社会的发展趋势来看,财会领域的智能化正在成为一种不可阻挡的潮流。以"智能财会"为代表,在会计信息化、自动化、智能化的大环境下,企业对会计工作提出了智能化、人性化、柔性化等新的要求。

面对智能财会背景下企业对会计人才的多元需求,传统的人才培养模式已无法满足企业的实际需要,校企协同育人已成为培养高素质、复合型会计人才的重要途径。但是目前我国校企协同育人存在着一些问题:一是校企协同育人缺乏顶层设计。目前我国已经出台了一系列推动校企协同育人工作的政策文件,但这些政策文件仅仅局限于对校企协同育人工作进行宏观指导和规范,缺乏对相关政策之间逻辑关系的研究,缺乏对相关政策实施效果进行评估。二是校企协同育人缺乏长效机制。现阶段我国关于支持校企协同育人工作的政策文件中,鲜有涉及校企合作长效机制相关规定,导致校企协同育人工作难以持续开展。当前我国高校普遍存在着校企合作松散、深度不够、合作层次较低等问题。为解决上述问题,高校要充分利用智能财会这一机遇和契机,从校企协同育人的内涵、价值、特征和实现路径等方面深入探讨智能财会背景下校企协同育人问题,从而推动校企合作向纵深发展。因此,深化产教融合,构建适用于智能财会人才培养的校企协同理论框架与实践路径具有重要的理论价值以及现实意义。

二、制度背景与文献综述

(一)制度背景

我国高校与企业之间的合作办学和实践历史悠久,合作模式也经历了从"校企合一"到"校企融合"再到"校企协同育人"的变化过程。21世纪以来,伴随着我国经济结构调整和产业转型升级,我国企业对技术技能人才的需求发生了深刻变化,对人才培养质量的要求也从"技术导向"转为"能力导向"。2017年,国务院办公厅印发《关于深化产教融合的若干意见》(国办发〔2017〕95号),要求深化产教融合改革,鼓励校企合作育人。[①] 2019年2月发布的《国家职业教育改革实施方案》(简称《方案》),提出要建立产教融合型企业认证制度,到2022年,培育不少于500家产教融合型企业。这表明国家已经将校企合作作为促进产教融合的重要方式。

(二)文献综述

1. 智能财会人才培养

现有关于智能财会人才培养的研究主要集中于两个方面,一方面研究聚焦于对智能财会人才类型进行划分,包括将未来产业结构与职业分工变化作为划分依据(王道俊等,2016),伴随数智能化技术进步而区分智能财会系统设计、智能财会运营、智能财会分析以及智能审计等多方位智能人才类型(张敏等,2021;张敏等,2022);另一方面研究则致力于对智能财会人才培养模式进行探析,包括重构智能财会人才培养目标(李世辉等,2020;彭茶芳,2019;王加灿等,2017),以及结合培养目标创建智能财会人才专业能力框架(张敏等,2022)并从课程体系重构(周守亮,2019)、课程模块改革(张敏等,2021)、教学方法创新(Morais等,2021;施婷等,2021)等多个方面构建智能财会人才培养实施路径。

2. 校企合作协同育人

现有关于校企合作协同育人的研究主要围绕两方面展开,一方面是基于校企双方主体出发探讨多元化产教融合的办学模式改革,如推动高校通过知识吸收实现商业化实践(Abbas等,2018),构建校企知识产权合作模型等(宋凯和冉从敬,2022);另一方面是基于协同育人的逻辑视角,探究人才培养模式改革,如构建基于政府、企业、学校与行业诉求的人才培养模式(全守杰和谷陈梦,2020),完善基于信息不对称的校企合作治理机制(尹江海和程培罡,2021),以及搭建职业教育校企合作命运共同体机制等。(黄

---

① 国家发展改革委等七部门联合印发了《关于加快建设全国统一大市场的意见》(发改高技〔2020〕1680号),提出要完善政府统筹协调机制,发挥市场在资源配置中的决定性作用,促进教育链、人才链与产业链、创新链有机衔接。

蘋和陈时见,2020)

3. 研究述评

在智能财会人才培养方面,研究者们不仅关注未来产业结构和职业分工的变化,还紧密结合数智能化技术的发展趋势,对智能财会人才进行了多维度的划分。这有助于我们更清晰地了解智能财会人才的不同类型及其需求,为针对性地开展人才培养提供了重要参考。同时,重构智能财会人才培养目标、创建专业能力框架以及从课程体系、课程模块、教学方法等多个方面构建实施路径的研究,为智能财会人才培养提供了系统的解决方案。

在校企合作协同育人方面,研究者们从校企双方主体的角度出发,探讨了多元化产教融合的办学模式改革。这不仅有助于推动高校实现商业化实践,还可以构建校企知识产权合作模型,促进资源共享和优势互补。同时,基于协同育人的逻辑视角,研究者们还探究了人才培养模式改革,如构建基于政府、企业、学校与行业诉求的人才培养模式,完善治理机制以及搭建命运共同体机制等。这些研究为校企合作协同育人提供了有益的启示和实践方向,但是现有研究缺少对于智能财务人才校企合作的专门研究,给本文提供了研究契机。

三、智能财务人才培养校企合作的困境与难点

智能财务是会计信息化和大数据技术融合的产物,其对会计人才培养提出了新的要求。传统财会人才培养模式主要以理论知识传授为主,学生的实践能力相对较弱,难以满足智能财务时代对人才的需求。因此,在智能财务时代,迫切需要加强智能财务人才培养,校企协同育人是其重要途径。但是,当前校企合作存在诸多困境与难点,主要表现在:合作的广度和深度有待提升;校企双方缺乏有效的沟通和互动机制;校企双方在合作中存在不同程度的利益冲突;校企双方对人才培养目标和方向缺乏共识等。这些问题将严重制约着智能财务人才培养校企协同育人工作的顺利开展。

（一）合作的广度和深度有待提升

目前,我国多数企业仍习惯于传统的人力资源管理模式,尚未从根本上

转变人才培养观念,对于校企合作的态度较为被动,甚至出现了"校企合作形式化"的现象。由于传统企业对校企合作缺乏足够的认识和理解,尤其是在校企协同育人方面,许多企业更多地强调其自身利益和发展需要,对校企合作缺乏足够的重视。同时,校企合作大多是短期行为,缺乏长远规划。因此,很多企业对于校企合作持消极态度,只是单纯地将人才培养作为企业的一项义务和责任来履行,并未从校企深度融合角度出发来开展校企合作。此外,一些企业对校企合作缺乏足够的重视和长远规划,存在着"重形式、轻内容""重数量、轻质量"等问题。

(二)校企双方缺乏有效的沟通和互动机制

校企协同育人是一种合作关系,需要双方进行有效的沟通和互动,以提升合作效果。在智能财务背景下,智能财务人才的培养更加注重学生的实践能力,要求学生能够利用所学知识解决实际问题。因此,学生不仅需要了解理论知识,还需要具备一定的实践能力。在此过程中,学生需要将理论知识应用到实际问题中去,因此需要与企业进行有效的沟通和互动。但是当前校企之间缺乏有效的沟通和互动机制,存在着高校与企业之间沟通不畅、信息交流不充分等问题。此外,高校和企业对于人才培养目标、培养计划、课程体系、实践平台等方面也缺乏共识。

(三)校企双方在合作中存在不同程度的利益冲突

智能财会人才培养与校企合作协同育人,无疑是教育领域和业界共同追求的目标。然而,在这一过程中,校企双方存在的利益冲突成为阻碍合作深入、难以实现共赢的障碍。企业追求的是经济效益和市场竞争优势,这往往导致它们在合作中对人才培养的投入和关注不足。学校则更加注重人才培养的质量和效果,希望通过与企业的合作,为学生提供更多实践机会,提升他们的专业素养和综合能力。这种目标和利益诉求的差异,使得双方在合作中难以达成一致的意见。

(四)校企双方对人才培养目标和方向缺乏共识

首先,学校和企业在人才培养理念上的差异就已经构成了一大障碍。学校往往侧重于教授理论知识和培养学生的全面素质,追求长远的、全面的教育目标。而企业则更关注于职业技能的培训和即时岗位需求的满足,更倾向于短期内能够产出的实用性人才。这种根本的差异导致双方对于人才的定义和期望不同,难以形成合作的共识。其次,双方常见的培养模式也存在差异。高校在人才培养上多采取课堂教学和理论研究的方式,强调基础性、通识性教育;而企业则倾向于工作岗位的实际操作和技能训练,强调专业性和实践性。这意味着,学校产出的毕业生可能有扎实的理论知识,却在实际工作能力上与企业的具体需求存在一段不小的差距。再者,教学方法和实践途径的不同也是影响共识形成的重要因素。高校可能更偏向于讲授、讨论和案例分析,而企业则更看重实践演练、实习实训和技能考核。这种方法上的差异会造成学生实际工作能力的落差,企业则需要在工作初期投入额外的时间和资源对毕业生进行再培训。

四、构建智能财务人才培养校企合作理论框架与实施路径

(一)建立多方参与机制,构建协同育人平台

智能财会背景下的校企协同育人,需要校企双方共同建立多方参与机制,以促进人才培养与行业需求相适应。具体来说,就是要从政府、学校、企业和行业协会等多个维度出发,建立校企合作委员会等组织机构,负责研究制定具体的校企合作策略。在此基础上,充分发挥企业在人才培养中的主体作用,以及学校在教育教学中的主导作用,让企业与学校共同承担人才培养责任。

(二)发挥政策激励作用,健全校企合作制度

一是要充分发挥行业协会在促进校企合作方面的作用,强化协会传递信息的功能。二是在此基础上,强化政府对智能财会背景下校企协同育人的政策激励作用,政府可以出台相关政策来鼓励企业积极参与到协同育人中来。例如,可以通过设立专项资金等方式来对校企合作成绩突出的企业予以奖励,或者建立相关激励机制来引导企业积极参与到校企协同育人中来。

（三）深化产教融合改革，强化校企合作关系

首先是深化学校教育教学改革。在智能财会背景下校企协同育人的过程中，学校应将专业建设、课程建设和师资队伍建设等内容纳入到学校教学改革中去。此外，还要将智能财会背景下校企协同育人目标与教学内容有机融合起来。其次是深化企业参与办学。要让企业真正成为协同育人的主体之一，就需要充分发挥企业在教育资源、人才资源、科研资源等方面的优势。为此，首先要引导企业参与到人才培养的全过程中来，其次则要健全企业参与人才培养的长效机制。

（四）打造高素质"双师型"教师队伍

智能财会背景下校企协同育人要求具有综合职业能力的专业教师队伍，即具备较高的综合素质和较强的实践能力。为此，要将智能财会背景下校企协同育人作为一项系统工程来推进。一方面需要把校企双方教师队伍建设纳入到学校人才培养方案中去，另一方面则要在教师评价标准中加入实践能力等方面的内容。

（五）注重学生综合素养提升

首先是加强学生思想政治教育工作。校企协同育人是一个全过程、全方位、全要素、全覆盖的育人过程。要想让学生树立正确的世界观、人生观和价值观，就必须将其置于校企协同育人情境之中。其次是注重培养学生的创新精神与实践能力。智能财会背景下校企协同育人需要将培养学生的创新意识作为一项重要工作来抓实抓好。

五、结语

智能财会背景下，校企协同育人是教育教学改革的必然要求，是提高人才培养质量的重要途径。从理论层面看，校企协同育人是"价值—制度—技术"三位一体的有机统一体，三者之间呈现出"螺旋上升式"发展态势。从实践层面看，校企协同育人具有多主体联合协同、多要素融合协同和多主体反馈协同等特征。在智能财会背景下，校企协同育人可以通过多主体联合协同、多要素融合协同和多主体反馈协同等路径来实现，具体实施策略包

括建立多方参与机制,发挥政策激励作用,深化产教融合改革,打造高素质"双师型"教师队伍,注重学生综合素养提升。

参考文献

[1]刘勤,杨寅.改革开放 40 年的中国会计信息化:回顾与展望[J].会计研究,2019(02):26-34.

[2]刘梅玲,黄虎,佟成生,等.智能财务的基本框架与建设思路研究[J].会计研究,2020(03):179-192.

[3]张敏,王银屏,李昂.智能会计(财务)专业培养方案:一个框架构建——基于 AACSB 认证视角[J].中国大学教学,2021(06):25-33.

[4]张敏,吴亭,史春玲,等.智能财务人才类型与培养模式:一个初步框架[J].会计研究,2022(11):14-26.

[5]李世辉,李香花."学生-学术-学科"三位一体大学生创新能力培养模式研究[J].中国高等教育,2020(08):53-54.

[6]彭茶芳.人工智能环境下会计人才培养面临的挑战与对策[J].现代企业,2019,(03):20-21.

[7]王加灿,苏阳.人工智能与会计模式变革[J].财会通讯,2017(22):41-43.

[8]Morais P,Ferreira M J,Veloso B."Improving Student Engagement With Project-Based Learning:A Case Study in Software Engineering"[J].Revista Iberoamericana de Tecnologias del Aprendizaje,2021,16(1):21-28.

研讨式教学模式在财务会计理论与实务中的探索

宋　婕①

摘　要:以会计专硕必修课程财务会计理论与实务所进行的研讨课为研究对象,通过对已经参加过研讨形式的研究生进行问卷调查并对问卷进行分析,对研讨式教学模式在研究生课程中的实际运用中存在的问题进行了研究,并据此提出相应的改进措施。该教学研究有助于财务会计理论与实务课程中研讨式教学模式的顺利开展和不断改进,从而有效提升教学效果和人才培养质量。

一、引言

传统教学模式下,教师是知识的化身,教材是知识的来源,课堂是教学核心,教师在课堂中拥有绝对的话语权。但研究和实践的结果表明,满堂灌、注入式的教学模式会导致学生学习积极性较差,因此教师的教学效果也大打折扣。关于教学模式和教学方法的改革也一直成为教学改革研究的热点话题。以学生为中心的现代教学模式也逐渐在课堂中得到广泛应用,其中研讨式教学模式是现代教学模式中非常重要的一种教学模式[1][2]。

研讨式教学模式最早起源兴起于德国哥廷根大学[3],众多理论和实践

---

①　宋婕,天津商业大学会计学院教师,管理学博士。

研究表明,研讨式教学模式通过学生参与课堂,使学生能更好地掌握专业知识的同时提升综合素质,提高学生解决实际问题的能力[4]。研究生教育的核心工作是培养其创新能力与解决问题的能力,因此相较于传统的教学模式,研讨式教学模式在研究生教育中具有明显优势[5]。

财务会计理论与实务课程作为天津商业大学会计专业硕士的主干必修课程,也是 MPAcc 教学指导委员会要求的会计专业硕士应该学习的核心课程。按照 MPAcc 教学指导委员会给出的该课程参考大纲,该课程主要讲授会计报告环境、公允价值计量、公司间投资、企业合并、合并财务报表基础、购并日后合并财务报表、非控制性权益、公司内部交易、合并财务报表中的复杂业务、外币报表折算、金融工具会计以及当前会计实务热点专题等,该课程对于提升会计专业硕士的专业水准具有至关重要的作用。为了体现该课程的实务特色,MPAcc 教学指导委员会在教学模式上建议应采取问题导向的教学模式,并强调案例教学方法等研讨式教学模式。

为了达到较好的研究生课程授课效果,在财务会计理论与实务课程授课中也在积极探索研讨式教学模式的实施效果,为了找到目前课程以小组讨论案例为主的研讨式教学模式存在的问题和今后改进的方向,通过问卷星向已经参与过该课程的会计专业硕士研究生发放问卷的形式,收集到学生对于研讨式教学模式的相关反馈数据,并展开分析。

二、问卷调查的基本情况

向已经上完财务会计理论与实务课程的会计专硕学生发放问卷,收集有效问卷 134 份。其中研究生一年级学生收回 57 份,占总有效问卷的42.54%;研究生二年级学生收回 47 份,占有效问卷的 35.07%;已经毕业学生收回 30 份问卷,占总有效问卷的 22.39%。参与问卷调查的研究生男生21 人,占比 15.67%,女生 113 人,占比 84.33%;研究生中本科阶段学习专业为会计、审计占比 85.61%,非会计、审计和财务相关专业的占比 14.39%。

三、问卷调查内容与结果分析

此次问卷共设计了十个选择式问题和一个开放式问题。选择式问题分为多选题和单选题,很多问题主要采用量表式,用5个量表(非常不赞同、不赞同、一般、赞同和非常赞同)来表明对相关问题的态度,在问卷调查前已经告知学生本问卷采用匿名方式进行,问卷目的是提高财务会计理论与实务课程的教学质量,问卷结果仅用于教学研究。调查问卷的内容与结果分析如下:

问题1:您觉得研讨式教学模式的优势有哪些? 如图1柱状图结果显示,提供更多思考解决问题的角度和增强师生互动是该模式同学们普遍认可的优势,这两个优势的认可度分别为81.34%和70.15%。此外,50%及以上的同学也对其他四个优点,即提高课堂学习的注意力、增强对知识点的理解、提高协调沟通能力和增加生生互动给了肯定。总体上来看,同学们对研讨式教学模式的优点比较了解,也对该模式给予了肯定。这与多数研究研讨式教学模式得出的结论是一致的[6][7]。

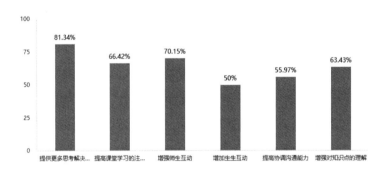

图1 问题1调查结果

问题2:针对该课程的学习,您觉得研讨式教学模式效果如何? 如图2结果显示,54.48%的研究生认为研讨式教学模式在财务理论与实务课程中的教学效果比较好,26.12%的研究生认为效果非常好,认为一般的研究生占了14.92%,认为效果不好和非常不好的研究生占4.48%。可以看出,绝大部分研究生对该模式给予了肯定。

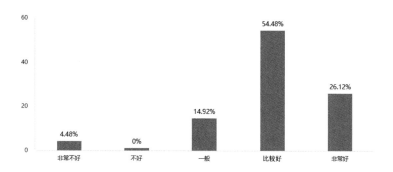

图 2　问题 2 调查结果

问题 3：研讨式教学模式实施中，您在大多程度上赞同采用小组讨论的方式？如图 3 调查结果所显示，55.22% 的研究生赞同采用小组讨论的方式，19.41% 的研究生非常赞同小组讨论的方式，23.88% 的研究生一般赞同小组讨论形式开展，仅 1.49% 的研究生不赞同小组讨论形式进行研讨式教学。从该结果可以看出，可以采用小组讨论与个人讨论的方式来进行研讨式教学模式，这样可以兼顾绝大多数同学的需求，也能考虑到极少数同学的需求。

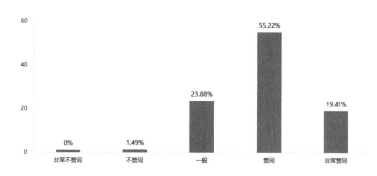

图 3　问题 3 的调查结果

问题 4：请问您觉得小组讨论人数多少人合适？如图 4 所示，如果采用小组模式进行研讨式教学模式，小组讨论的人数上有 75.37% 的研究生认为 4~5 人作为一组合适，11.94% 的研究生认为 6~7 人作为一组比较合适，11.19% 的研究生认为小组的人数应该在 3 人及以下，另外各有 0.75% 的研究生认为小组人数 8~9 人或者 10 人及以上更为合适。

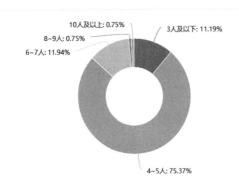

图 4　问题 4 的调查结果

问题5:您在多大程度上赞同小组每位同学都为小组展示作出贡献?如图 5 所示,赞同和非常赞同的学生比例较高,分别占比为 40.3% 和 41.04%,即 80% 以上的同学均认为小组的所有组员都在研讨中为小组作出了贡献。15.67% 的同学持一般赞同态度,仅 2.99% 同学不是很赞同所有组员都为小组作出了贡献。

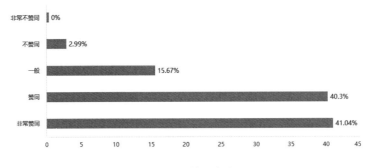

图 5　问题 5 的调查结果

问题6:课堂小组展示环节,请问您觉得哪种汇报方式更合适?从图 6 圆形图结果可以直观看出,一半以上(54.48%)的研究生认为汇报方式由小组自行决定较合适,33.58% 的同学认为最后汇报环节应该由小组多人接力来完成,11.94% 的同学认为小组汇报展示环节由一人汇报即可。

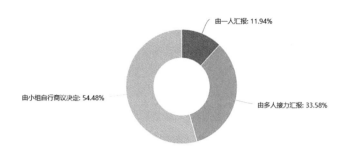

图 6　问题 6 的调查结果

问题 7:您在多大程度上赞同小组案例讨论之前由授课教师对案例做相关介绍? 图 7 的调查结果显示全部同学都赞同在研讨案例之前授课教师应该对研讨案例的内容等相关情况进行介绍,柱状图结果可以看出,高达 54.48% 的研究生赞同,39.55% 的研究生非常赞同,只有 5.97% 的研究生一般赞同。

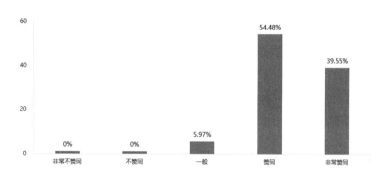

图 7　问题 7 的调查结果

问题 8:您在多大程度上赞同由授课教师指定研讨案例内容? 如图 8 所示,61.19% 的研究生赞同直接由老师指定研讨内容,26.87% 的同学非常赞同由老师指定研讨内容,9.7% 的研究生一般赞同,即高达 97.76% 的研究生都认为授课教师制定研讨内容合适。仅有 1.49% 和 0.75% 的研究生不赞同和非常不赞同由授课老师指定内容来进行研讨。

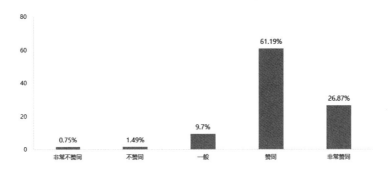

图8 问题8的调查结果

问题9:研讨结束后,请问您更偏好以下哪种点评方式?从图9的调查结果看,高达76.11%的研究生认为最后阶段的点评应该是授课教师与学生同时进行点评,此外,20.15%的研究生认为研讨结束后的点评可以仅由授课教师进行即可。此外,2.99%的学生认为哪种点评模式无所谓,0.75%的研究生认为仅学生互相点评即可。

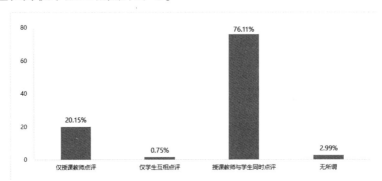

图9 问题9的调查结果

问题10:除教学大纲规定研讨内容外,您在多大程度上赞同对专业前沿热点问题展开讨论?如图10的调查结果所示,99%以上的同学赞同应该对专业前沿热点问题展开一定的讨论,一般赞同的研究生为5.23%,赞同和非常赞同的同学均为47.01%。该结果也说明了同学们对于前沿热点问题比较关注,希望通过课堂上来了解和分析相关的问题。

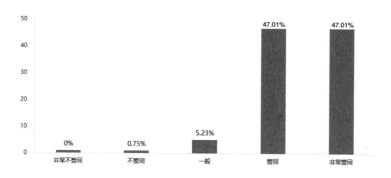

图 10　问题 10 的调查结果

问题 11 是开放式问题,"请问您对研讨式教学模式运用有何建议",图 11 展示的为该问题结果的词频分析。根据问卷调查结果,88 份问卷回答的是"无",其余问卷都对该问题给出了积极的建议,通过对同学们提出的建议进行具体分析,大部分人认为研讨式教学不应该泛泛讨论,此外建议讨论前把主题相关的基础知识讲解,也有一些同学给出了控制时间,研讨应该更多地涉及当前的财务会计方面的热点问题等建议。

图 11　问题 11 的词频分析

四、研讨式教学模式的问题与对策

(一)财务会计理论与实务课程实施研讨式教学目前存在的问题

通过问卷调查的分析结果可以发现,研讨式教学模式在财务会计理论与实务课程中能获得绝大多数学生的支持,学生清楚地明白研讨式教学模式的优势,学生普遍认为研讨式教学模式可以提供更多思考解决问题的角度,这也是传统的授课模式无法达到的效果。就会计专硕必修课程财务会计理论与实务而言,该课程需要让学生对财务会计基本理论有比本科阶段更深的认识和理解,并且能够掌握一个公司制企业在集团化、国际化等发展过程中的财务报告编制和分析方法,而这种需要学生多角度思考问题的目标正是研讨式教学模式的优势所在,通过课堂中积极引导学生思考相关实务中的案例问题,培养学生分析问题和解决问题的能力。从整体上已经上完该课程的研究生对该模式在财务会计理论与实务课程中应用给予了肯定,但从问卷相关问题的结果也可以看出,该课程在进行研讨式教学时仍有一些问题,仍需要进一步改进。

第一,在过去的实践中,研讨课都采用小组方式进行,从研究生反馈的问卷调查结果来看,尽管小组方式被大多数同学认可,但是部分同学对小组方式持一般肯定或者不肯定的态度,说明同学们多数希望小组方式进行研讨,但不希望所有的研讨课都采用小组方式。此外,在小组的人数上的调查结果显示与目前课程实践有所差异,约75%的研究生认同小组人数的规模在4~5人最佳,但是也有部分同学认可人数更少或者更多,目前财务会计理论与实务课程实践中研讨小组的人数多为6人,这也说明同学们不希望小组规模过大,可能的原因是较多的人数不利于案例讨论的分工以及案例的讨论,另一个可能的原因可以从问题5中得到解答。问题5对于团队贡献角度,有部分同学不认可小组的所有成员都对小组作出了贡献,由此可见,以小组模式进行的研讨课存在"搭便车"的问题[6]。对于这一问题的可能的原因分析主要有以下两点:一方面是教师在组织研讨的时候没有对研讨案例问题给予明确分工,授课教师在组织管理上存在一定问题。另一方面的原因是部分学生确实存在不积极、不主动的情况,也可能是由于其团队意识不强,也可能由于部分同学在本科并非会计等相关专业。调查问卷结果也显示有 14.39% 的同学在本科阶段学习的专业非会计、审计和财务等相关专业,研究生讨论的问题需要较强的专业知识,因此参与有一定困难。在研讨案例的汇报方式上,一半以上(54.48%)的研究生认为汇报方式由小组自行决定较合适,33.58% 的同学认为最后汇报环节应该由小组多人接力来完成,仅 11.94% 的同学认为小组汇报展示环节由一人汇报即可。这也说明了同学们大多希望全部组员都参与到研讨课中。

第二,研讨式教学模式的开展需要有研讨的内容,针对研讨内容的问卷调查结果显示,高达 97% 的研究生认为研讨的案例内容应该由授课教师指定,仅有个别同学不认可,说明对于研讨内容的开展同学们希望老师直接指定,而不是由自己寻找。这与目前课程所开展的研讨式教学一致。问题 7 的调查结果显示开展研讨之前,全部同学都希望授课教师对研讨的内容进行引导,并做相关介绍。这一调查结果也反映了同学们希望在研讨课中得到最大学习收获,希望授课教师参与其中在研讨前和研讨中给予指导,希望研讨课可以"又研又导",而不是"研而不导"。在研讨结束后,高达 76.11% 的研究生认为最后阶段的点评应该是授课教师与学生同时进行点评。此外,20.15% 的研究生认为研讨结束后的点评可以仅由授课教师进行即可。以上问题都说明课堂上学生们希望老师可以做好研讨课的组织者和管理人,并参与到相关研讨中,而不是仅在一旁听学生的汇报。

第三,财务会计理论与实务课程要求研究生对实务相关的重要会计问题进行思考,并通过该课程培养分析问题和解决问题的能力。会计作为一门通用的商业语言,随着社会经济的发展,也总是会出现一些实务工作中碰到的前沿热点问题,那么是否应该对实务中最新出现的热点问题进行研讨,绝大多数研究生赞同,比例高达 99%。在开放式问题中,也有几位同学对此发表了看法,认为研讨中应该加入相关的热点前沿问题,但应该学生同授课教师一起进行讨论,也说明了学生对于问题想要了解,但是需要授课教师进行引导。除此之外,学生在开放式问题中发表了对评价的看法,认为研讨教学模式的评价应该完善,由于在课程实施过程中采用小组讨论后进行 PPT 汇报方式来作为评价,这也是学生这门课程平时成绩的重要组成部分,但是一小部分同学对于评价的结果并不满意。原因主要由于授课教师在课程最后按照主观的看法对各组的 PPT 进行评阅,缺少多样的评价方式这可能使得部分同学在研讨中的努力未被关注到。

(二)财务会计理论与实务实施研讨式教学的改进措施

第一,优化课程设计。今后在财务会计理论与实务这门课程设计中,应注重问题的设置和案例的选择。针对讨论的主题多设置一些问题,并尽量让问题具有启发性和引导性,能够引导学生进行深入思考和探讨[5][7][8]。此外,案例应具有真实性、代表性和前沿性,在选择案例时尽量兼顾全部同学的想法,指定与授课大纲相关的案例同时,留有一定的灵活性,让学生可以自主选择一些自己感兴趣的案例进行研讨,借此达到研讨式教学的最大优势,从而帮助学生更好地理解和应用财务会计理论与实务课程知识。

第二,强化学生主体性。在财务会计理论与实务课程中实施研讨式教学模式时,应充分发挥学生的主体性,鼓励学生积极参与讨论和探索。授课教师应该采用多种的研讨方式,比如通过组织小组讨论,课堂授课过程中引导案例分析,以及进行角色扮演等活动,激发学生研讨的学习兴趣和积极性,并让全部同学参与进来,避免部分同学"搭便车"。设置小组时人数尽量控制在大部分学生赞同的 4~5 人,对于同一个案例研讨时,可以让多组同时进行准备,其他小组发表看法。

第三,加强教师指导。在该课程的研讨中,授课教师的角色应该由传统的知识传授者转变为指导者和引导者和参与者。在研讨开展前,授课教师应加强对学生的指导和引导,帮助学生发现问题、分析问题、解决问题。在研讨开展中,教师应该适当地参与到研讨环节,同学生一起对问题进行分析。在研讨后,授课教师应该对研讨进行总结性发言。在整个研讨过程中,授课教师还应注重培养学生的批判性思维和创新能力。这要求授课教师不断地提高自身的专业能力,让自己可以胜任研讨中的引导者、参与者和总结者。

第四,完善评价体系。研讨式教学模式的评价体系不同于传统授课的评价,应完善评价体系,注重过程评价和结果评价相结合。可以通过设置小组讨论表现、案例分析报告、课堂参与度等评价项目,全面评价学生的学习效果和能力提升情况。

五、结论

在财务会计理论与实务课程中实施研讨式教学模式具有重要意义和明显优势。但是在实践中仍存在一些问题,通过问卷调查的方式发现现阶段的不足并进行分析,今后通过优化课程设计、强化学生主体性、加强教师指导和完善评价体系等措施,确保研讨式教学模式的顺利开展和不断改进,可以有效提升教学效果和人才培养质量。未来随着教育改革的不断深入和实践经验的不断积累,相信研讨式教学模式将在财务会计理论与实务课程中发挥更大的作用。

参考文献

[1]张卫国,李婧,李剑敏.柔中带刚、刚柔并济:研究生"研讨式课堂"教学管理新模式[J].学位与研究生教育,2015(11):39-44.

[2]陈学武,程龙."城市公共交通规划与管理"本硕共享课程研讨式教学模式的探索与实践[J].东南大学学报(哲学社会科学版),2021,23(S2):134-136.

[3]李玲,王莹.研讨式教学法综述[J].高教学刊,2016(13):17-18.

[4]邓涛宁.研究生"大学课程与教学论"课程研讨式教学设计[J].教书育人(高教论坛),2021(15):104-105

[5]涂远芬,王帆.研讨式教学在中级国际经济学课程中的探索与实践——以江西财经大学为例[J].对外经贸,2023(11):78-80+121.

[6]薄澜,张微微,沈祁.研讨式教学模式在高校的实践运用——基于工商管理类专业课的问卷调查分析[J].沈阳大学学报(社会科学版),2021,23(05):613-618

[7]王晓芳.大学英语研讨式教学模式研究——评《应用型大学教学方法改革与实践》[J].高教探索,2018(10):138.

[8]俞宏毓.研讨式教学模式的实践与研究——以"数学课程标准与教科书研究"课程为例[J].数学教育学报,2016,25(02):88-91.

业财融合视角下会计学线上线下
混合式教学改革与实践探索研究[1]

王存峰[2]

摘　要:高校会计学课程亟须解决三个教学问题:第一,如何协调抽象繁杂的课程内容与"会计小白"式授课对象之间的矛盾? 第二,如何培养学生在智能会计时代所需的系统财务观、整体财务观、全局财务观等高阶财会思想? 第三,如何将思政教育、新兴技术等融入课程,从会计专业视角提升学生的民族自豪感和使命感? 针对这些问题,天津商业大学会计学教学团队依据社会和技术的发展需求以及课程内容与学情特点,以业财融合为切入点,对课程的教学内容、教学方法、教学环境以及考核评价持续展开反思、重构、创新、优化等实践探索,不断将原创性教学内容、沉浸式教学方法和线上线下混合式教学模式融入到教学过程中,在提升课程教学质量的同时,形成了一系列具有推广价值的创新成果。

关键词:业财融合;会计学;教学创新;课程思政;智能会计

---

① 本文系天津商业大学校级课程思政示范课程建设项目:"业财融合视角下的会计学课程思政教学实践与探索"(项目编号:22XJKCSZ0136)阶段性成果。

② 王存峰,天津商业大学会计学院讲师,管理学博士。

一、会计学课程教学实践面临的"真实问题"

（一）教学目标

会计学通常是经管类专业必修的专业基础课程,主要阐述会计的基本理论、基本核算方法和基本操作技能,既包括会计的定义、职能、任务、对象、要素、复式记账等基础理论,又涵盖会计科目和账户设置、会计凭证填制和审核、账簿登记、成本计算、财产清查和编制会计报表等操作技能。

课程的教学目标包括:第一,知识目标:掌握系统的会计学理论知识与技能。第二,能力目标:具备运用会计学知识与技能处理常见会计实务问题的能力。第三,素质目标:培养良好的会计职业道德和专业素养。

（二）学情与社情分析

首先,会计学课程的授课对象为大一或大二学生,多是初次接触财会专业知识、缺乏财会思维的"会计小白"。其次,课程内容涵盖完整经济业务循环的会计核算问题,具有概念多、知识点杂、会计处理相对复杂的特点,使学生容易陷入细节而无法自拔,极大打击学生的学习热情。最后,"大智移云物区"等新兴技术正在推动会计实务日新月异,会计学课程的传统教学内容和方法与智能会计背景下的业财融合理念不匹配,难以适应社会需求。

（三）教学实践需解决的问题

第一,如何协调抽象繁杂的课程内容与"会计小白"式授课对象之间的矛盾,激发学生学习热情? 第二,如何培养学生在智能会计背景下所需的系统财务观、整体财务观、全局财务观、业财融合观等高阶财会思想? 第三,如何将思政教育、新兴技术等融入课程,从会计专业视角提升学生的民族自豪感和使命感?

（四）课程教学创新的思路

第一,以业财融合视角重构课程内容,增强内容的结构性和具象性,培养学生的高阶财会思想。第二,以互动性为核心创新教学方法,打造沉浸式教学课堂,激发学生学习热情。第三,以线上平台为支撑,创设线上线下混合式教学环境,满足学生的自学需求。第四,以全景式线上教学数据为依托,探索"过程考核与结果考核并重"的教学评价改革。

二、以业财融合视角重构课程内容,增强内容结构性和具象性

(一)以会计目标为导向,原创绘制课程教学内容的逻辑关系结构框架图

会计作为一门通用商业语言,其主要目标任务是将社会再生产过程中能够货币计量的经济活动转换为决策有用的信息。如何基于该视角将课程内容联系起来,使之成为逻辑一致的有机整体,成为教学内容创新的首要任务。

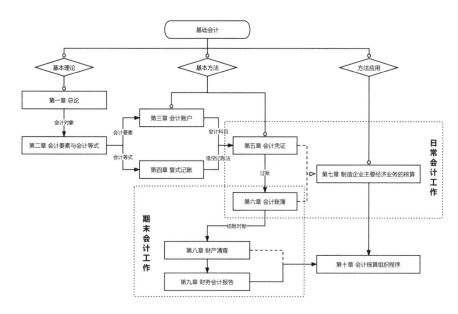

图1　会计学教学内容逻辑结构框架图①

基于此,课程原创地构建了课程教学内容的逻辑关系结构框架图(见图1)。框架图一方面从会计视角将"业务"(即经济活动)和"财务"(即会

---

① 图表资料来源:作者自绘。

计信息)关联起来,另一方面从整体架构层面为学生学习课程内容提供了导航。将框架图贯穿于授课全过程,不仅使学生清楚为什么学习各章内容(即该章在上下文中的定位及其作用),而且有助于学生快速定位不解的知识点及其前因后果。

2023年春季学期,在22级会计学专业学生的会计学课程上,通过全程使用该框架图,有效提升了学生对教学内容的理解深度和清晰度,取得良好效果。

(二)以资源流动为底层逻辑,将会计要素、会计科目、会计分录与价值运动有机关联起来,首创地构建了具象化的水池模型,实现抽象理论的"可视化"

会计学是大一新生接触的第一门专业课程,课程前四章大量阐述会计的概念框架、会计要素、会计等式、会计科目、复式记账等一系列抽象概念和理论。如何将这些抽象概念具象化为学生熟悉的内容,加速、加深"会计小白们"对这些概念和理论的理解,成为教学内容创新的另一项重要任务。

在深刻理解和把握会计理论的基础上,经过对教学内容的反复思考,课程首创性地提出了会计要素、会计科目、会计分录与价值运动关系的水池模型(见图2)。模型将资源流比拟为水流,将会计学课程中的核心概念及理论与业务环节中的资源流动联系起来,使抽象概念具象化,以"可视化"形式为学生展现了业财如何融合,加深了学生对复杂会计概念和理论的理解。通过2023年春季学期在22级会计专业学生中使用,取得了良好效果。

(三)以水池模型为基础,重构课程重点内容第七章,首创地绘制了基于会计科目的价值运动图以及损益坝模型

会计学虽然仅是学科基础课,但是它对于学生从完整经济业务循环角度把握会计学知识体系、从业财融合视角奠定会计专业素养都非常重要。这是因为,在当前高校会计学专业的课程体系中,唯有会计学课程是从完整经济业务循环视角讲解会计核算问题,即课程第七章制造企业的主要经济

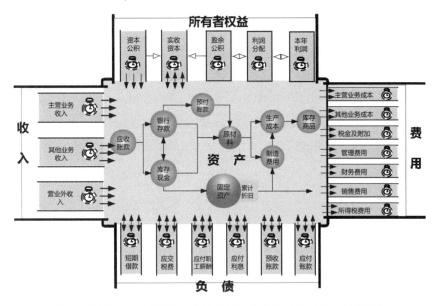

图2 会计要素、会计科目、会计分录与价值运动关系的水池模型①

业务,而中级财务会计、高级财务会计等专业课程则要么按要素分块阐述具体经济业务的会计核算问题,要么侧重于单项复杂经济业务的会计核算问题。会计学第七章对于培养学生的系统观念、整体意识、全局意识以及业财融合思想具有重要支撑作用,构成会计学课程的重点内容,缺失或掌握不扎实会导致学生"只见树木不见森林"。同时,由于第七章涵盖资金筹集、采购、生产、销售、利润形成及分配等完整经济业务循环的会计核算问题,所以在本章会突然增加诸多会计科目、会计分录。这些纷繁复杂、令人眼花缭乱的科目和分录既是会计初学者面临的拦路虎,也是课程教学的一个难点。

如何从整体层面、全局层面、业财融合层面为学生讲解第七章中会计核算与经济业务之间的关系?如何让学生深刻理解会计是如何实现从经济业务到会计信息的转换任务?分析解决这些问题,构成课程教学内容创新的第三项重要任务。

为此,课程原创地绘制了基于会计科目的价值运动图以及损益坝模型。

---

① 图表资料来源:作者自绘。

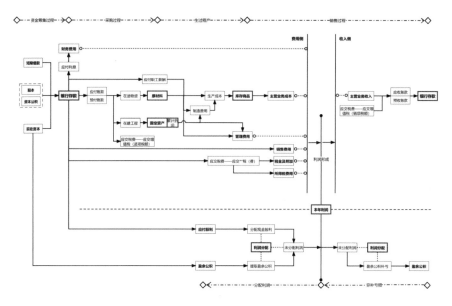

图3　会计学课程中的"基于会计科目的价值运动图"①

这一"基于会计科目的价值运动图"与前述"水池模型"有机结合,形成前后统一、逻辑一致的整体,从业财融合视角为大一新生揭示了"会计黑箱"的运作奥秘,也为培养学生的会计思维和专业素养奠定扎实基础。通过在22级会计专业学生2023年春季学期的会计学课程授课中运用,得到学生们的普遍认可。

三、以互动性为核心创新教学方法,打造沉浸式 教学课堂

在教学模式上,课程基于"雨课堂"等教学辅助工具,力图打造沉浸式教学课堂。具体而言,在传统的课堂讲授之外,增加案例分析与论文解析、情景再现和角色扮演、思维导图与结构化分组讨论等教学方式,增强教学内容的具象性和互动性。

(一)案例分析与论文解析

会计学课程中的案例分析与论文解析包括两个路径:一是根据近期新

---

①　图表资料来源:作者自绘。

出现的会计热点问题,教师指定案例材料或学术论文,让学生分析其中所蕴含的会计学知识点,并据以此构建会计处理方案并评估方法优劣。二是根据授课内容中的重点、难点问题,教师指定知识点,让学生查找资料,构建基于该知识的分析案例或整理基于该知识点的学术论文,然后再进行分析,进而不仅增加了知识的具象化程度,也提升了案例分析与论文解析任务的挑战度。

(二)情景再现和角色扮演

会计学的研究对象主要是涉及双方或多方的经济业务(称之为交易)。每一笔交易都会涉及至少两个交易方,而每个交易方都需要以自身作为会计主体来核算该笔业务,会计学的初学者在此处恰恰非常容易混淆,分不清楚各笔会计分录应该分别属于哪个会计主体。情景再现与角色扮演的方法则有效解决了该问题。通过构建模拟的交易场景,让学生们扮演不同交易方,重建交易过程,并各自站在自身角度上逐笔核算交易业务,登记相关账簿,报告自身资产、负债、所有者权益、收入、费用与利润等会计要素的变动及结余,实现一个确认、计量、记录、报告的完整会计核算过程。

情景再现和角色扮演不仅使学生接触到了会计凭证、会计账簿、财务报告等实务形态,增进了学生对抽象会计概念的理解,还有助于学生体会实务处理方法背后的会计学思想,提升了学生会计思维的高阶性。

(三)思维导图和结构化分组讨论

思维导图和分组结构化讨论有助于学生构建知识点之间的系统框架,提升其对难点知识的理解程度。在教学过程中,每当讲完一章内容后,可要求学生画出所学知识点之间的思维导图,通过学生互评与教师点评,选出优秀的思维导图并给予加分奖励。同时,对于疑难知识点,可开展结构化分组讨论,不同小组成员担任不同角色,对难点问题进行全方位头脑风暴,对讨论热烈、意见清晰可行的小组同样给予加分奖励。辅之以加分机制的思维导图与结构化分组讨论,有效激发了学生的参与热情和学习主动性。

四、以线上平台为支撑,创设线上线下混合式教学环境

在教学环境创设方面,课程充分利用学校提供的大学慕课、"学堂在线+'雨课堂'"、超星学习通等线上平台,整合线上线下教学资源,积极开展线上线下混合式教学实践探索。

首先,课程利用疫情期间学校所提供的大学慕课资源,构建了会计学大学慕课异步 SPOC 课程。该异步慕课课程包括视频、课件、习题、考试、讨论、教学大纲等完整的线上学习功能,不仅为疫情期间学生线上自主学习课程内容提供了极大帮助,而且有助于学生在疫情之后自主预习会计学课程。

其次,课程数期"雨课堂"教学数据为基础,利用学堂在线平台,构建了会计学在线课程。该课程不仅囊括了实时授课视频、预习课件、课外学习资料、课后作业、考试试卷等全套线上教学资源,而且实现了按规定架构一键发布相关资源等功能。2023 年春季学期,通过在 22 级会计专业学生中初步使用这些线上课程,取得良好效果。

最后,课程利用超星学习通平台和雨课堂平台,初步建立"超星学习通+雨课堂"双平台线上题库,实现课上课下随机出题、即时测试。其中,超星学习通题库目前拥有 1236 道题,覆盖课程全部十章内容,具体包括单选题 372 道、多选题 285 道、判断题 269 道、简答题 51 道、分录题 253 道以及其他类型题 6 道;雨课堂会计学题库目前共有 536 道题,包括 178 道单选题、148 道多选题、162 道判断题、5 道填空题以及 43 道业务题。这两个线上题库由于可以随机出题,极大方便了线上考试和随堂测试,2023 年春季学期在 22 级会计专业学生中使用后,获得了学生们的一致好评。

五、以全景式线上教学数据为依托,探索"过程考核与结果考核并重"的教学评价改革

线上线下混合式教学和沉浸式教学不仅凸显了教与学过程的重要性,而且全方位记录了教与学的过程数据,为实现"过程考核与结果考核并重"的教学评价改革奠定了扎实基础。

会计学课程基于雨课堂记录的过程数据及成绩单,实现平时成绩即时更新、随时可查的结构化过程考核评价。学堂在线课程为线上线下混合式教学提供了模板,通过将线下授课与线上课程相关联,不仅可以一键发布预设的教学活动和教学内容,还可以完整记录课程教与学的全部数据。以课程即时记录的学生数据为基础,通过在成绩单中设置相应的考核单元及比重,可实现平时成绩即时更新和查询。学生的实时学习成绩单及其详情,一方面帮助教师及时了解学生的学习情况,有的放矢地调整教学活动;另一方面也有助于学生自己查漏补缺,及时了解自己在课程全部学生中的排名及其原因,进而激发学生的学习主动性。最近两学期,通过雨课堂成绩单记录平时成绩,取得良好教学效果。

六、教学成效及推广价值

在过去的教学实践中,会计学课程依据社会和技术的发展需求以及课程内容与学情特点,对课程的教学内容、教学方法、教学环境以及考核评价展开持续地反思、重构、创新和优化,不断将原创性教学内容、沉浸式教学方法和线上线下混合式教学模式融入到教学过程中,取得了良好效果和反馈。一方面学生的学习热情和学习成绩大幅提高,增加了学生的成就感;另一方面教师的教学过程也更加富有活力,提升了教师的职业认同感。

表1、表2和表3为2023年秋季学期以22级会计专业学生为对象的问卷调查结果。结果表明,学生对课程的满意度、对原创课程内容有用性的评价以及学生对课程的参与度普遍较高。

表1 课程满意度的调查结果

		非常满意	满意	不满意	非常不满意	合计
课程整体评价	人数	81	39	0	0	121
	比例	67%	33%	0%	0%	100%
课程教学内容评价	人数	81	38	2	0	121
	比例	67%	31%	2%	0%	100%

续表

		非常满意	满意	不满意	非常不满意	合计
课程教学方法评价	人数	77	42	2	0	121
	比例	63%	35%	2%	0%	100%
对课程线上教学资源的评价	人数	73	45	2	1	121
	比例	60%	37%	2%	1%	100%
对基于雨课堂成绩单的平时成绩考核方式的评价	人数	76	43	2	0	121
	比例	63%	35%	2%	0%	100%
对通过雨课堂发布的课前预习资料的评价	人数	76	43	2	0	121
	比例	63%	35%	2%	0%	100%
对视频回放资源及其他课后复习资料的评价	人数	74	44	2	1	121
	比例	61%	36%	2%	1%	100%
对课上教师授课状态的评价	人数	84	36	1	0	121
	比例	69%	30%	1%	0%	100%
对自己学习状态和学习成绩的自我评价	人数	57	51	13	0	121
	比例	47%	42%	11%	0%	100%

表 2　课程原创内容有用性调查结果

		非常有帮助	有些帮助	没有帮助	无帮助且增加负担	合计
对章节内容逻辑结构框架图的评价	人数	79	41	1	0	121
	比例	65%	34%	1%	0%	100%
对水池模型:会计要素、会计科目、会计分录与价值运动关系图的评价	人数	87	33	1	0	121
	比例	72%	27%	1%	0%	100%
对基于会计科目的价值运动图的评价	人数	85	35	1	0	121
	比例	70%	29%	1%	0%	100%

表 3　课程参与度调查结果

课外遇到会计学学习问题时,您更喜欢通过哪种方式进行学习交流?	雨课堂讨论区提问	雨课堂私信教师	面对面与老师交流	微信 QQ 私信老师	跟同学讨论交流	不交流,自己分析解决	合计
人数	23	6	31	18	38	5	121
比例	19%	5%	26%	15%	31%	4%	100%

课上您更喜欢哪种方式参与教学互动?	自愿举手提问	雨课堂随机点名	课小测试	雨课堂弹幕	雨课堂投稿	合计
人数	19	9	19	66	8	121
比例	16%	7%	16%	54%	7%	100%

您是否愿意会计学课程有更多教学互动?	非常愿意	愿意	不太愿意	非常不愿意	合计
人数	40	63	16	2	121
比例	33%	52%	13%	2%	100%

如果有教学互动,您是否愿意积极参与?	非常愿意	愿意	不愿意	非常不愿意	合计
人数	39	73	7	2	121
比例	32%	60%	6%	2%	100%

上学期,您在会计学课堂上雨课堂弹幕和投稿共约多少次?	0~10 次	10~20 次	20~50 次	50 次以上	合计
人数	13	27	28	40	108①
比例	12%	25%	26%	37%	100%

您认为每次会计学课堂上平均雨课堂弹幕多少次比较合理?	0	1~2	3~5	5 次以上	合计
人数	0	48	52	21	121
比例	0%	40%	43%	17%	100%

---

①　课程参与度调查第五题"上学期,您在会计学课堂上雨课堂弹幕和投稿共约多少次?"中,有 13 名同学重复投票,剔除重复投票后的总票数约 108 票。

信息技术驱动下会计信息系统课程改革与实践

佟芳芳[①]

摘　要：会计信息系统课程是会计学专业的一门核心类基础课程，因为它为学生提供了在现代商业环境中取得成功所需的实用知识。本课程旨在整合包括信息系统科学、会计学、管理学和财务管理学在内的各种学科，以促进对信息系统在会计过程中作用的理解。会计信息系统课程不仅讲授基本的会计知识，还结合了计算机、互联网等信息技术，使其成为当今数字时代的关键课程。在"互联网+"时代背景下，信息技术的发展和进步对会计领域的影响日益凸显。为了跟上这些变化，会计信息系统课程必须探索创新的教学方法和教学模式，有效地向学生传授有关会计信息系统原理和发展的相关知识。

关键词：会计信息系统课程；信息技术；互联网+

一、会计信息系统课程教学现状

（一）教学目标和内容的设置与"互联网+"背景对会计人才的需求
　　不匹配

在"互联网+"背景下，大数据、人工智能、移动互联网、云计算、物联网

---

① 佟芳芳，天津商业大学会计学院会计系，管理学博士。

和区块链等信息技术飞速发展,对会计业务的核算和计量造成很大的冲击和影响,同时会计的基本职能也由原来的核算、监督逐步向数据分析、数据挖掘、辅助经营管理决策等方向转变。目前会计信息系统课程的教学内容大多是在理论讲授部分介绍会计软件的发展历程、会计信息系统的组成模块和各个子系统的基本功能、系统软件的分析与设计过程及各个阶段包含的主要工作任务等。上机实验环节的教学过程一般以用友、金蝶等常用财务软件为基础,通过教学演示使学生掌握财务软件各模块的具体操作流程,进而掌握会计信息系统各子系统的操作流程和操作方法。大部分课程由理论讲授和实验操作环节组成,课时在 48 学时左右,关于财务分析、财务预测和预警、决策支持和分析以及数据的挖掘和使用等综合分析的环节内容较少。在信息技术驱动和"大智移云物区"背景下,会计更多体现的是业务与财务的深度融合,很多会计的职能已经被 RPA(流程自动化技术)所取代,未来的会计人员需要更多地具备财务数据的采集、分析以及预测、决策的能力。

与此同时,大多数教师在授课过程中,只重视软件操作演示,忽视了对这些操作步骤背后所隐藏的信息系统运行原理和对应的数据及信息存储过程的讲解,导致虽然学生们按部就班地按照教材里的操作步骤完成各个模块的操作内容,但是大部分学生全然不知自己操作的数据到底是什么意义,在系统中与之关联的数据又有哪些,操作这些数据对系统及后台数据库会造成什么样的影响和后果,如果出现错误如何向前追溯等。这样机械地学习过程,使同学们无法真正理解信息系统中数据和数据之间的逻辑关系,信息系统背后的运行原理和处理逻辑,也就很难适应"互联网+"背景下对会计人才的需求。

(二)缺少与"互联网+"背景相适应的创新的教学方法

会计信息系统课程的传统教学过程中,涉及"大智移云物区"等跟会计密切相关的信息技术的知识较少,教学方式比较单一,虽然引导学生通过对会计软件的操作完成企业会计实务的核算和处理过程,但是对于软件各模块对企业管理所带来的影响却没有涉及,使得学生只是简单地按照实验资料的步骤去操作,缺乏发现问题、分析问题和解决问题的实践能力。在"大智移云"背景下,会计信息系统课程应注重学生综合能力的培养,除掌握会计软件基本业务模块的操作外,更应培养学生分析及解决问题的能力。这就要求创新教学方法和教学手段,在掌握会计信息系统的相关理论的同时,依托真实企业案例背景进行全场景的教学设计和教学体系搭建。

(三)师资队伍知识结构滞后于"互联网+"时代发展的要求

随着信息技术的进一步发展和企业信息化程度的不断提升,作为与信息技术联系最紧密的课程之一,会计信息系统课程对计算机应用能力的要求也越来越高,这就要求任课老师不仅要具有会计和财务管理类相关的专业知识,同时也要懂得计算机、财务共享、智能会计、大数据分析处理等计算机专业的相关知识。而当下具备这些知识和能力的教师数量远远不能满足会计信息系统课程的授课要求。大部分讲授会计信息系统课程的教师来自于会计学专业。对计算机、信息技术等知识的快速更新难以及时响应和跟进,授课过程中更多的是对信息系统的处理和核算流程进行简单的讲解和演示,并没有深入分析系统背后的运行原理和业务处理逻辑,导致很多学生对知识点的掌握不充分,不能对信息技术的发展对会计信息系统的影响和它们之间的关联关系有更加深入的理解。

(四)缺乏科学的教学评价体系

作为一门实践性和应用性非常强的课程,会计信息系统课程的考核是教学完成环节当中非常重要的一个节点。考核应注重学生综合能力的评价和检验,而现实情况往往是会计信息系统考核方式单一,侧重于课本知识点的考核,或者以某一案例企业为例采用固定的考核方式进行期末考核。对学生发现问题、提出问题、解决问题的能力无法进行客观评价,无法全面真实地展现学生的学习效果。

二、会计信息系统课程改革措施

(一)明确教学目标合理安排教学内容

从会计信息系统课程目前的教学内容来看,课程多以用友、金蝶等商业化软件为教学工具,以某一案例企业为出发点,侧重培养学生通过软件操作完成某一个或者某几个模块业务流程的操作。然而对于这种标准化、重复性比较高的流程,在当下的企业中已经可以通过流程自动化即 RPA 的方式逐步被机器所取代,而且这种趋势体现得越来越明显。在这种时代背景下,会计信息系统课程如何重新设定符合"互联网+"背景下的教学目标,并在此基础上重新安排与信息技术的发展相适配的教学内容,就显得尤为重要。

在"互联网+"背景下,依靠"大智移云"等信息技术的驱动,会计信息系统课程的授课内容和教学目标应该有新的变化。课程的教学内容应在讲述会计信息系统和会计软件的发展基础上增加会计数据的分析与处理技术、会计信息系统的综合分析、开发应用等内容。结合真实企业案例,全方位对会计信息系统进行深入分析、设计与应用。主要教学过程从构建账务处理系统的企业背景到涉及账务处理系统的业务案例,将业务应用 Excel 进行数据处理,据此创建账务处理系统数据库,应用 SQL 语句输入案例数据,并对数据库中的非重要数据进行稽核审查,最后进行账务处理系统原型案例的分析设计与开发。

课程教学目标设定为适配"互联网+"时代背景,为学生提供适应快速发展的数字环境所需的专业技能。为他们提供如何使用信息技术简化会计流程的专业知识,增强其数据分析能力和决策支持能力。此外,会计信息系统课程还有助于提高学生解决问题的能力,使他们能够有效地应对在会计行业实施新技术时出现的挑战。

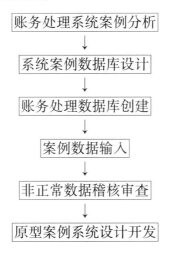

图 1　会计信息系统教学内容

(二)创新教学方法完善实验教学设计

"互联网+"时代,会计数据采集与加工处理的手段和工具发生了很大变化,很多场景下通过智能化的采集设备和工具可以实现会计数据的自动生成。比如凭证的自动生成和审核、发票的查验和核对等,很多会计工作已经是人机协同的工作场景。同时会计信息输出的方式和内容也变得更加丰富和多元,会计工作正经历着数字化和智能化的全面变革。这些变革既带来了新的机遇,也带来了新的挑战。会计人员需要具备充分的数据分析能力、信息技术水平和创新精神,以适应时代的发展和变化。会计信息系统作为会计专业核心课程,要顺应时代的变化,不断创新教学方法和教学手段、完善教学设计,构建创新型会计信息系统课程教学体系。深度融合信息技术与会计专业知识,实现业务、财务和技术一体化的复合型会计人才培养。

在实验教学内容方面,除了包括会计软件操作与应用之外,还包括会计数据处理技术与稽核、会计信息系统综合分析等内容。实验类型包括基础类验证实验、综合性应用实验、设计性分析实验和创新型开发实验。实验教学方式在基础性实验教学的基础上,扩展实验教学内容,创新实验教学方式。在实践环节的开展上,除了课内实验之外,还可以让学生自主完成实验作品展示及实验作品答辩,提高学生参与度、提升学生学习的积极性和学习热情。

(三)加强师资队伍专业素质和综合能力的提升

教师专业素质和综合能力是影响教学质量的重要因素之一,应当重视教师专业素质、信息技术技能和综合能力的提升,可以通过定期开展培训以及学习等方式,如定期聘请经验丰富的教师开办讲座,传授教学经验和专业知识,完善教师知识储备,提升教师专业素质。另外,还可与企业建立良好的校企合作关系,引导教师参与企业实践,通过实际操作提高实践能力,将知识更好地传授给学生。

(四)设计多元化的教学考核评价体系

作为一门实践性和应用性非常强的课程,会计信息系统课程的评价体系应该是多元的、全方位的、立体的。课程考核的标准应该是非单一的。可以结合课程讲解的内容,分阶段地灵活制定不同的考核标准和评价体系,对应不同的学习内容。比如,理论讲解部分可以采取作业法进行评测,针对学生完成的作业内容给出评分。实践操作环节,评价标准可以更加多元和立体。教师可以通过分组的方式对学生实践操作的结果进行评价,包括组内成员之间的互评或者是小组之间的互评,增加学生的参与度,提升学生的团队意识。最终,教师对评价结果进行总结,形成学生的最终成绩。

除了上述教学改革措施之外,还要在会计职业道德规范和社会主义核心价值观的指导下,积极将课堂思政要素融入会计信息系统课程的教学过程中,调动和激发学生内在动力,促进良好教学氛围的形成,在潜移默化中教导学生遵章守法、诚信操作,使学生养成踏实肯干的工作作风和良好的职业道德,引导学生自主践行会计职业道德规范里提到的"爱岗敬业,诚实守信,廉洁自律,客观公正,坚持准则,提高技能,参与管理,强化服务"的总要求,培养学生强烈的社会责任感、团队合作精神和爱国情怀。

三、结论

"互联网+"时代背景下,信息技术的发展对会计的工作环境造成很大的冲击和影响,会计行业正在向数字化和智能化的方向转变。作为与信息技术联系最为紧密的课程之一,会计信息系统课程应该顺应时代发展的趋势,在"互联网+"背景下及时调整课程的教学模式和教学内容,构建和重塑新的教学体系,完善和提升教学手段,以适应"互联网+"背景下对于会计人才培养的目标。同时,会计信息系统教学改革过程中,师资队伍的建设非常重要,教师需要不断更新自己的知识体系,丰富与信息技术相关的大数据、云计算、智能财务等相关领域的知识。完善课程教学内容,搭建多维度、全场景的课程教学和实践平台,提升学生发现问题、分析问题和解决问题的能力,从而实现"互联网+"背景下对会计人才的培养目标。

参考文献

[1]赵兰芳,黄嘉诚."大智移云"时代提升会计人才胜任能力的思考

[J].财务会计,2021(04):86-87.

[2]张嘉欣."大智移云"背景下企业财务会计向管理会计移型的路径探析[J].中国管理信息化,2021(13):77-78.

[3]孙燕,刘圣兰.大智移云背景下会计信息系统课程教学改革研究与实践[J].现代商贸工业.2022(11):163-164.

[4]况玉书,刘永泽.人工智能时代高等会计教育变革与创新[J].财经问题研究,2019(07):96-103.

[5]周宏,张巍,宗文龙,等.企业会计人员能力框架与会计人才评价研究[J].会计研究,2007(04):83-89+96.

"新文科"建设背景下智能财务专业实验课程体系改革与实践[①]

彭　飞[②]

摘　要:随着人工智能、大数据等技术的快速发展,财务行业正面临着深刻的变革。传统的财务知识体系已难以满足现代企业的需求。因此,有必要对智能财务专业实验课程体系进行改革,以适应这些技术变革和行业需求。通过调研发现,市属高校普遍开始尝试通过学科交叉实现财会类专业实验课程体系的转型升级,但在课程体系建设中仍存在着缺乏一体化的课程群设计思想、学生能力培养不足、课程学习目标笼统设定且目标是否达成没有可靠依据以及教学过程缺乏反思等问题。本文力图通过完善智能财务专业实验课程能力,来培养目标矩阵、实践教学相关制度建设,并建立激励机制等措施,从而构建起智能财务专业实验课程体系。

关键词:新文科;智能财务;实验课程体系

---

①　本文系 2023 年度天津商业大学本科教学改革项目——"新文科"建设背景下智能财务专业实验教学改革与实践(项目编号:TJCUJG2023121)阶段性成果。

②　彭飞,天津商业大学会计学院教师,管理学博士。

一、背景

(一)财务智能化建设的政策环境

2022年4月,习近平总书记在中央全面深化改革委员会会议上强调:"要激发数字经济活力,增强数字发展效能。"在"十四五"期间,我国的数字经济整体呈现蓬勃发展,其中京津冀地区的数字经济发展对区域高质量发展存在明显的正向促进效应[1]。此外,国家已经明确提出了智能财务信息化、智能化建设的任务,具体来说,国家指出要构建智能会计信息化框架与体系,提高会计信息化水平和智能化程度。财政部于2021年印发了《会计改革与发展"十四五"规划纲要》,明确了会计发展的方向与目标,即数字化转型,具体分为三个层面:第一层为会计工作数字化转型,主要实现顶层设计、数据标准、共享机制、内控信息化和新技术运用;第二层为审计工作数字化转型,主要实现事务所自身数字化转型、函证数字化和审计数字化转型;第三层为会计管理工作数字化转型。同时我国会计改革进入了长期规划和高质量发展进程,这为中国特色的智能财务体系建设奠定了坚实的根基。

近年来,以人工智能为代表的大数据和物联网等新技术层出不穷,财务智能化转型成为推进企业数字化、智能化建设,实现管理制度化、规范化、科学化的重要一环。因此,在数字经济稳步发展的背景下,中国企业现代化数字化的发展目标必须以此背景为基础来追寻创新、促进发展、实现价值。此外,企业在激烈的行业竞争与和谐的同步发展中,应当准确地认识和把握"互联网+"与"+互联网"相互作用所形成的数字经济发展大趋势,力求在"共享经济"的基础上锐意创新,以积极的态度去拥抱新的经济业态的形成,进而推进企业数字化智能化的发展,使企业在全新的数字生态中实现价值增值。

(二)财务智能化建设的经济环境

大数据与人工智能是当今世界最具颠覆性的创新技术之一,是未来数字化的发展动力,也是推进企业产业加速转型升级、实现数字化经济社会可持续发展的重要战略资源。

据中国信通院最新发布的数据,2021年度我国国内的数字经济总体规模已达到了45.5万亿元,同比增长了16.2%,占国内生产总值的比重为39.8%。其中,京津冀三地在数字产业化和产业数字化等多方面的发展上正在稳步前进中,展现了北京主导引领、天津桥梁沟通、河北协同合作的新态势,继而夯实了区域化数字经济的产业基础。据河北省人民政府于2020年4月印发的《河北省数字经济发展规划(2020—2025年)》[2],到2025年,河北省计划将两化融合指数提高至94,全员劳动生产率达到11万元/人年以上,推动共享经济、平台经济等新模式、新业态的发展,使电子信息产业的主营业务收入实现5000亿元的突破,建设成为全国数字产业化发展新兴区、制造业数字化转型示范区和服务业融合发展先行区。根据北京市经济和信息化局于2020年9月印发的《北京市促进数字经济创新发展行动纲要(2020—2022)》,到2022年,北京地区的数字经济增加值占地区生产总值的比重计划达到55%。该行动纲要的工作重点主要包括加强基础设施建设、培养数字产业化能力、完善数字化产业链及培育数字化生态,目标是打造成全国数字化经济发展的先导区和示范区。根据2021年12月天津市工业和信息化局印发的《天津市制造业数字化转型三年行动方案(2021—2023)》,到2023年,天津制造业的信息化与工业化交融发展指数将达到65,与此同时,制造业企业核心业务环节全面数字化的规上企业比例将达到65%,努力打造一个国内领先的新一代信息技术同制造业深度交融的新高地。

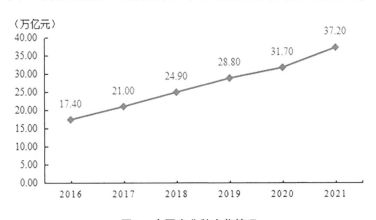

图1　全国产业数字化情况

（三）财务智能化建设的技术环境

随着数字化信息技术的快速发展，新技术革命应运而生，人类社会进入了数字经济时代，人工智能等以大数据、云计算为支撑的新技术广泛应用于企业经营管理的各个领域。在此背景下，大数据、云计算、物联网及区块链等信息技术通过与多业务形态和多学科领域的深度融合，实现了更高程度的应用，创造性地使技术服务智能化、高效化、便捷化，加速了重造企业的产业导向、商业模式进程。杨周南教授[3]（2020）曾在报告中指出：智能会计是智能化环境的产物，其以会计管理活动理论为基础，通过智能化资源、人类智能行为和智能化技术三大工具要素，对会计主体的价值运动进行智能化管理，以实现资源的优化配置，并协同宏观经济政策和微观会计的管理活动。未来，随着财务数字化转型的深入推进，企业的财务部门将由企业价值的守护者转变为价值的创造者。

（四）财务智能化建设的组织环境：财务转型、企业升级

自 2016 年以来，我国比较成熟的企业就已经开始考虑将智能技术融合应用到企业的会计核算、财务稽查、风险管理等财务工作中。在大数据时代背景下，业财融合得到了信息化、技术化系统的强力支撑，财务共享也正普遍地迈向管理会计和智能化的进程。以中石化[4]为例，其根据财务共享模式，将纸质单据大规模迁移到线上进行审批，并运用 OCR（光学字符识别）技术自动识别各种纸质发票，通过智能化分析判断，核对材料采购单、材料入库单、供应商发票、业务部门内部的审批信息以及相关合同等要素之间的一致性，基本实现了单据的匹配和会计信息核算的流程自动化。

除上述优势外，全新的智能化技术还促进了企业发展战略和商业模式的更新，优化了组织架构和管理流程的再造，加速了经营方式、组织文化的重塑，更新了企业的管理思维，这些都帮助了企业更好、更快、更顺利地转型。

二、智能财务专业实验课程体系现状及问题

实践教学是有计划、有组织地把科学知识、思维方法、操作技能等传递

给学生,从学生的积极性、主动性考虑,让学生自我创造,主动地提高素质,开发潜能,发展个性的过程,其一个重要原则便是在教与学的过程中,最大限度地调动起学生的积极性,鼓励同学在教师的引导下进行独立思考,使学生的创新意识逐步增强,创造能力不断提高,最终实现学生综合素质的提升。

为了培养和提高学生的会计业务实际操作技能,提高学生的综合素质和能力,适应企业对其财务人员的要求,天津市各高校财会类专业普遍根据培养目标和培养基本规格的要求,开设了涉及财务、审计、税务等方面的实践课程,落实专业素质与能力的培养,对比较重要的实践课,采用单独开设、单独考核的方式,并根据课程的特点,积极探索,努力增开一些设计性、综合性强的实践课程,大力改进指导方法和辅助手段,提高质量。同时,在教学计划中设置了与专业证书相对应的财务管理、税务筹划、审计学、税法和管理会计等课程,鼓励学生获得初级会计专业技术资格证书、初级管理会计师资格证书、ACCA专业资格证书等相关证书。

然而通过调研我们发现目前的教学过程中依然沿循传统的教学模式,我们依据以前的教学经验以及与同行间的交流,发现实践教学中不仅存在教学方法陈旧、实验教学相对薄弱、重理论而轻实践等问题,还存在以下被忽视但极具重要性的问题。

(一)孤立地传授知识,缺乏一体化的课程群设计思想

教师在教学中不能单纯地传授知识,也不能单纯地训练学生的某种技能,而是要在教学活动中整合对学科专业知识、个人能力、人际交往能力的教育与培养。很多智能财务实验课程可能只是针对某一具体知识点或技能进行设计和实施,缺乏对整个智能财务知识体系的系统性考虑,导致课程内容碎片化,难以形成有机的整体。

另外,智能财务不仅仅涉及财务专业知识,还需要融合计算机科学、数据分析、人工智能等多个领域的知识。然而,现有的智能财务实验课程往往只关注财务领域本身,缺乏与其他学科的融合和交叉。很多智能财务实验课程可能只停留在理论层面,缺乏实际操作和创新性实践,导致学生难以真

正掌握和应用所学知识。同时,由于缺乏实践性和创新性,这些课程也难以激发学生的学习兴趣和动力。

(二)学生能力培养不足

传统的基于考试的评估方法把学生的注意力局限在课程的理论知识和局部技巧上,导致学生无法对所学知识形成一个完整的认识,也不能灵活应用这些知识,不能解决实际问题,没有系统的分析能力和开发环境的操作能力。部分实验课程可能只关注某一具体技能的培养,如数据处理或财务分析等,而忽视了智能财务领域所需的其他重要技能,如人工智能算法的应用、区块链技术等。这种单一化的技能培养方式限制了学生的综合能力发展。当遇到大型复杂的软件项目时,往往不能快速有效地进行构思、设计、实现与运行。

在实验课程中,学生往往被要求按照既定的步骤和方法进行操作,而缺乏自主探索和创新的机会。这限制了学生的创新思维和问题解决能力的培养,使得他们难以适应快速变化的智能财务领域。同时,随着智能财务领域的快速发展,新的技术和工具不断涌现。然而,一些实验课程可能未能及时更新内容,导致学生所学的知识和技能与市场需求存在差距。

(三)课程学习目标笼统设定且目标是否达成没有可靠依据

据调查发现,大多课程的学习目标只笼统列举教授哪些知识点、学生应掌握哪些知识点,如果课程目标设定不够明确、具体,就很难准确评估是否达成。目标应该具有可衡量性,这样才能明确判断学生是否掌握了相关知识和技能。目前这种教学目标不仅使课程教学滞留在最基本的知识灌输阶段,而且弱化了教师职责,不利于学生能力的培养。此外,关于知识的掌握,我们认为知识的理解只是基础,灵活应用也只是过程,能力提高才是最终目标。由于没有具体的能力培养目标,那教学目标是否达成则必然是教学活动参与者脑中模糊的主观判断,目前极少有课程把本课程所培养的学生能力明确地设置在与课程相关的档案中。

另外,评估学生是否达到课程目标的方法不科学、不合理,评估方法比较单一,导致评估结果不准确。对于学生学情数据收集不完整,也导致了无法全面评估课程目标是否达成。例如,如果只收集部分学生的数据,或者只关注某些方面的表现,就会忽略其他重要信息。同时,由于智能财务专业所开设实验课程与传统实验课在教学内容和授课形式上存在一定的差异性,导致没有设定合适的对比标准,就很难判断学生是否达到了课程目标。

(四)教学过程缺乏反思

课程教学中的反思是指就课程授课、项目开展与实施过程中遇到的问题进行对话与讨论。反思是一种互动式的教学活动,它把教师和学生绑定成一个合作学习的共同体,注重共同体中教师与学生间的成功分享、合作学习和共同提高。缺乏有效的反思,不仅影响学生对知识的深层理解,影响教学目标的最终达成,也不利于教师进行教学重新设计,影响教学水平提高等。

在现实的教学环境中,由于智能财务专业实验课大多为新设课程,教师可能面临时间紧、任务重的压力,他们可能更关注完成教学任务,而忽视了在教学过程中进行反思。许多教师可能习惯了传统的教学方式,即"教师讲、学生听"的模式,而不太愿意或不知道如何在教学过程中进行反思。此外,一些教师可能认为实验教学就是简单地让学生动手操作,而忽视了对教学过程进行深入思考。

三、构建智能财务专业实验课程体系

(一)完善智能财务专业实验课程能力培养目标矩阵

从知识层面来说,学生应掌握智能财务基本理论,需要深入理解智能财务的基本概念和原理,包括智能财务系统的架构、功能和应用场景等。了解智能财务领域的最新动态和发展趋势,包括新技术的应用、行业标准的更新等。这将有助于学生更好地适应未来职业发展的需求。

从能力层面来说,学生应熟悉并掌握与智能财务相关的技术工具,如大数据分析工具、云计算平台、人工智能算法等。这些技术工具是智能财务领域不可或缺的组成部分。通过智能财务实验课程,学生应能够提升对财务数据的分析能力,包括数据的收集、整理、分析和解读,从而做出更加科学、合理的财务决策。鼓励学生在实验过程中发挥创新意识,尝试新的方法和思路,培养解决问题的能力。同时,通过实验课程,学生可以将理论知识转化为实际操作能力,提高解决实际问题的能力。智能财务领域技术更新换代快,要求学生具备快速适应新技术、新环境的能力,以及持续学习的动力和能力。

从素质层面来说,应培养学生具备科学精神,能够运用批判性思维去分析和解决财务问题,不盲目接受信息,而是能够独立思考和判断。强调诚信在财务工作中的重要性,培养学生遵守职业道德,维护财务信息的真实性和准确性。在实验课程中,学生需要分组合作,共同完成实验任务。这有助于培养学生的团队合作精神和沟通能力,学会在团队中发挥自己的优势,与他人协作解决问题。

(二)实践教学相关制度建设

完善的实践教学体系,必须有一系列规章制度作为保障。管理就是建立切实可行的制度,并严格按照制度运行,使教学得到全过程的管理和监控。为了保证实践教学体系建立之后能够正常开展并保障教学质量,还必须建立完善、严格的教学管理体系,建立操作性强的运行机制,扎扎实实地把每一环节的工作落实到位。

教学过程是指师生在共同实现教学任务中的活动状态变换及其时间流程。教学过程管理是为了完成实践教学大纲中提出的教学目标和实现教学大纲所要求的各项内容而设计和维持的一种组织结构,它包括各级管理者、各自职责和相互关系。

学校应建立不同层次的领导、督导随机听课检查制度,对实践教学进行随时检查和监控。本专业教研室详细了解、检查和掌握实践教学运行进展情况。各级领导检查的重点是教学质量,包括教学方法、教学内容及教学纪律等。避免以"到岗劳动"代替实践教学,避免走形式、教学组织不严谨等现象发生。同时,建立信息反馈制度,以征求意见、问卷和调研等形式,收集实习企业、学生、检查负责人和指导教师对实践教学的评价及意见,并认真分析,为后续实践教学提出改进建议。

实践教学过程管理是一个动态的过程,它的每一阶段都是相互关联、相互影响的。指导教师是实践教学过程管理的最基层管理者,实践教学过程也就是教师指导和引导、学生按计划执行的过程。所以,指导教师是规范实践教学过程管理的重要因素,发挥着决定性的作用。

(三)建立激励机制

长期以来因为思想观念等方面的原因,教师和学生对实践教学重视不够。为了让广大师生对实践教学有足够的重视,适应实践教学体系的要求,必须建立一套有利于实践教学体系正常运行的激励制度。

为了鼓励和督促教师向"双师型"素质发展,可以在制定职称评聘条件和工作量核算等方面的政策时有所体现或是做出倾斜。如担任认证课程的教师,必须取得认证机构要求的培训讲师资格、考评员资格。安排其参加职业资格认证课程的学习、培训,考取本专业高水平职业资格证书所需费用由学院承担,并在《专业技术职务聘任条件》等文件中,将教师取得高水平职业资格证书作为职称聘任的重要条件。支持教师到企业锻炼,在企业工作期间,视同完成额定教学工作量,按满工作量标准发放教学津贴。

为鼓励学生考取职业资格证书,对教学计划内规定的证书可以采取费用补贴或奖励的方式对学生进行资助,以减轻学生的负担;支持、鼓励学生参与科技创新活动,对不同类型的创新活动折算成学分,记入成绩档案,对在各类创新大赛中取得名次、受到奖励的,可以作为优秀毕业生和奖学金评定的重要条件。

参考文献

[1]路媛媛.基于OBE的应用型高校数智财务实践课程体系优化研究[J].河南工程学院学报(社会科学版),2024,39(03):91-96.

[2]自默,尹卓菲,彭飞,等."财务+智能"深度融合的人才培养与实践——基于京津冀区域企业的调查分析[J].天津大学学报(社会科学版),2024,26(04):301-307.

[3]刘勤.智能财务中的知识演进:从知识模拟到知识创新[J].财会月

刊,2024(13):17-23.

[4]张春芝,李玉松,郑冰婵.智能财务的基础问题研究与实践探索[J].河北经贸大学学报(综合版),2024(02):74-77+81.

[5]赵春宇.ChatGPT视域下智能财务变革:逻辑、框架及应用场景[J].会融理论与教学,2024(03):74-80.

[6]张亚宁.人工智能时代背景下应用型高校智能财务人才培养探索[J].商业会计,2024(12):119-122.

"新文科"背景下基于"PBL+情景化"的混合式教学研究

——以管理会计课程为例

马梦茹①

摘　要:随着信息技术的不断发展,课程教学模式发生了巨大的转变。尤其在新文科建设的大背景下,对财经类专业人才培养有了全新的要求,管理会计作为企业财务复合型人才培养的重要基础课程,当前在课程设计和教学方面存在一些问题,如教学模式单一、课程内容实践性不足、学生缺乏自主学习的内驱力、整体创新意识不足等。针对于此,本文基于新文科建设背景,以管理会计课程改革为例,探讨"PBL+情景化"混合式教学模式的优势以及实施路径,旨在通过管理会计课程改革的探索,为新财经建设和复合型管理会计人才培养提供理论参考与现实依据。

关键词:新文科建设;管理会计;PBL+情景化;混合式教学

随着信息技术和社会经济的不断发展,当前就业市场对于文科专业人才培养提出了全新的要求,新文科建设也成为时下高校和实务界共同关注的重要问题。在文科类专业中,会计专业受到人工智能、大数据、区块链等新兴技术的冲击最为明显,财务会计向管理会计转型迫在眉睫。作为人才

---

①　马梦茹,天津商业大学会计学院教师,管理学博士。

培养的重要基地,诸多高校在管理会计课程建设方面进行了探索,但由于管理会计课程内容与学生日常生活存在一定脱节,致使学生在学习过程中存在内驱力不足的问题,影响了学生综合能力的提升。近年来,随着新型教学模式的创新发展,对于管理会计课程改革也出现全新的工具和方法。基于此,本文尝试基于"PBL+情景化"的混合式教学模式,通过管理会计课程改革的探索,对新文科建设背景下课程改革的方案和实施路径进行研究,从而为会计学科的健康发展和管理会计专业人才培养提供借鉴。

一、传统管理会计课程中存在的问题

传统的管理会计课程在教学模式、课程内容、课堂互动性及学生综合能力的培养等方面存在一定的问题,具体表现为以下几点:

(一)教学模式固定,单向灌输为主

传统的管理会计课程教学模式较为单一固定。在以教师讲授为主的传统教学模式下,表现为知识的单向灌输。在"讲授—示范—书面练习—反馈修改"的教学思路下,产生了教学目标传统化、教学手段陈旧化以及教学方法单一化等一系列问题。结合管理会计课程综合性强的特点以及企业对复合型、管理型、创新型管理会计人才的需求,传统的教学模式已经不能够适应管理会计课程的建设要求和人才培养的现实需要。

(二)课程内容滞后,实践结合不足

随着数字时代的到来,管理会计实务发生了巨大的变化,无论是企业的生产经营还是对管理会计职能需求,都反映了数字时代的特征。而目前传统的管理会计课程教学内容表现出一定的滞后性,无法帮助学生形成信息化、数据化的管理会计思维。同时,目前的课程内容以讲授理论性的知识内容为主,缺乏理论与实践的结合,虽然已有大量案例作为教学补充,但学生实践的缺乏与情景感知的不足,影响着管理会计知识体系的构建。

(三)学生被动参与,内驱力激发难

传统的授课模式是以教师为主导进行单向讲授,学生在教师引导下被动参与,参与方式多为课堂提问、课堂作业等,课堂交流简单,学生学习的主动性不足,内驱力难以激发。传统的单向输入模式导致学生对知识缺乏探究的欲望,被动听课、被动思考,难以深入课堂,无法从内心深处激发学习兴趣与热情。课堂互动性的缺乏,不利于营造良好的课堂氛围,进而再次降低课堂参与度。学生的主体地位得不到体现与保障,对培养学生解决问题的能力和创新思维直接产生不利的影响。

(四)学生知识体系碎片化,缺乏运用及综合创新

传统的管理会计课程通常以单一业务或模块化内容为单位进行教学,学生学习过程中以知识点的形式掌握课程内容。学生虽然掌握了相关知识,但是呈现出知识的碎片化、抽象化的特征,无法构建完整的知识体系,在课程中缺乏思考与创新的过程,思辨能力及知识的综合运用能力不足,无法真正从管理会计职能角度出发分析问题,难以实现学生综合创新能力的提升和转化。

二、新文科背景下管理会计教学改革必然性

2018 年,党中央明确提出,"要推动高质量发展,进一步提升教育服务能力和贡献水平,发展新工科、新医科、新农科、新文科"。2020 年 11 月《新文科建设宣言》正式发布。"新文科"概念一经提出,相关理论的研究和实践的探索迅速促进了新文科的建设发展。相对于传统文科,新文科以新经济发展为背景,更加强调战略性、创新性、融合性与发展性。新文科的建设站在战略发展的高度,寻求在传统的文科领域实现新的突破,通过打破文科内部壁垒实现文科内多学科的渗透拓展,通过文理的交叉融合实现协同创新,借助理论创新、模式创新推进学科建设,培养国家紧缺的综合型、创新型人才。

探索管理会计课程改革的新模式对推进新文科建设具有重要意义,也是复合型管理会计人才培养的必经之路。

一方面,在新文科背景下管理会计职能已不断扩展。传统的管理会计职能包括预测、决策、规划、控制、考核与评价,属于经营管理型会计,主要服务于微观企业。而新文科建设的推动,对管理会计内涵的丰富具有重大的

影响,使管理会计的职能不断扩展。传统的管理会计学科多为对已有知识的传承,而新文科所强调的战略性、创新性、融合性与发展性,需要对学科进行"进攻式"的理念改造,实现文科内多学科的融合、文理学科的交叉,拓展新的知识领域,探索新型管理会计工具方法,构建新的学科体系,提高学科的包容性。在新文科的建设理念下,管理会计将不仅是对内的管理型会计,还将扩展为能够综合发挥引领性的宏观功能、互动性的中观功能,以及微观层面信息支持功能的管理型、创新型会计。

另一方面,在新经济背景下,管理会计人才培养要求不断提高。随着数字经济时代的到来,管理会计人才需求发生变革,不再需要单纯的经营管理型会计,而是需要具有数字技术、战略眼光、创新思维的复合型会计人才。数字技术的发展,使管理会计不再局限于传统繁杂的基础性工作,需要更多地关注企业的管理、发展、转型和创新,进而实现管理会计的价值创造功能。企业一方面需要管理会计利用新型数字技术,深度发掘财务数据的潜在价值,进而为企业提供战略支持,助力产品研发、市场开拓,实现数字化转型;另一方面,需要管理会计对宏观政策、行业发展、市场行情具有独到的分析与见解,帮助企业在经济上行时抓住机遇,在经济下行时抵御经营风险。管理会计人才需求已升级为知识、能力结构都不同于以往的复合型人才。

新文科使管理会计具有更强的包容性,新经济的发展又使管理会计学科产生了新的知识增量,因此,无论从管理会计职能的扩展方面,还是从新经济环境下管理会计人才培养的需求方面,管理会计课程的教学改革都具有其必然性。

三、管理会计课程混合式教学模式探究

(一)基于"PBL+情景化"的混合式教学法

PBL(Problem-Based Learning)即问题驱动教学法,起源于美国,最早运用在医学领域,而后运用于社会语言学、工科的教学,现已广泛应用于众多学科领域,成为一种主流教学模式。PBL区别于传统的教学方法,抛弃了单向理论知识灌输的教学模式,而是以分析问题为起点,强调学生的主体地

位,通过"教师提出问题—学生分析问题—教师引导—学生提出解决方案—反馈与评价"的过程,让学生在解决专业领域各种问题的过程中获取知识、提高能力。PBL教学法的核心特点在于构建以学生为主体的知识体系,并在学习的过程中通过教师的引导实现自我导向学习。教师和学生的地位发生巨大的变化,学生成为课堂的核心和主体,而教师则扮演引导者和辅助者的角色。在PBL教学模式下,教学目标具有多维性,教学过程具有递进性,能够更好地激发学生的求知欲、提高学习兴趣,对于培养学生的综合能力具有积极的作用。

情景化教学模式基于情境学习理论,该理论认为学习不仅仅是一个个体性意义建构的心理过程,而更是一个社会性的、实践性的、以差异资源为中介的参与过程,即应当在需要掌握知识所处的应用情境中学习。强调知识的情境性和学习的实践性。在情景化教学模式下,通过对知识所处真实应用场景的模拟构建,能够让学生将抽象的知识点与真实情景进行有效结合,在模拟情景中完成知识的迁移和知识体系的构建。同时,情景的带入能够充分调动学生的学习兴趣,使学生在不知不觉中提高实践能力、锻炼思维能力,实现自我导向的学习,在情景中既获得知识的内化又形成外化能力。

"PBL+情景化"的混合式教学法,即将问题驱动教学法与情景化教学模式相结合。在问题驱动教学法的运用中,通过实际知识运用情景的搭建,提出基于场景的问题,在情景中引导学生分析问题、解决问题,最终实现知识的迁移和知识体系的构建。"PBL+情景化"的混合式教学法是一种以学生为中心,强调实践、体验和参与的新型教学模式,是演绎式教学模式向归纳式教学模式的转变,学生在情景中通过解决问题的过程探寻知识的实质,有助于培养学生创新能力、批判性思维和团队协作精神,对于提升学生的综合素质具有重要意义。在新文科背景下,学科内部渗透和文理融合需求不断增强,数字时代的到来也为人才培养提出了新的要求。"PBL+情景化"的混合式教学法为教学改革和人才培养质量的提高提供了全新的思路

（二）管理会计混合式教学改革路径

1. 重构课程内容

新文科的推进使管理会计具有更强的包容性,新经济的发展又使管理会计学科产生了新的知识增量。因此,在新文科背景下,实现管理会计混合式教学改革的首要任务,是对课程内容进行重构。首先是新增现有知识内容,一方面,针对学科内不同课程的渗透拓展的现状,新增管理学、经济学等相关知识点;另一方面,针对文理交叉融合,新增计算机、统计、大数据运用等相关内容,以提高管理会计人才的综合知识素养。其次是对现有理论结构进行重构,传统的管理会计课程往往以单一的工具方法为出发点,而基于"PBL+情景化"的混合式教学法是通过实际知识运用情景的搭建,提出基于场景的问题,在情景中引导学生分析问题、解决问题,重视学生综合能力的提高。因此,现有的内容结构并不适用于混合式教学法,需要基于情景、案例以及真实业务对知识点进行重新组合,以问题为核心规划学习内容从而满足教学的需求。最后是深化知识点的价值引领作用,将思政教育融入课堂教学,强化专业知识的育人功能,培养具有正确人生观、价值观的高素质人才。

2. 运用智慧教学手段

现有的教学多依赖于传统的多媒体,而缺乏对现代信息技术的充分利用,智慧教学手段的运用是"PBL+情景化"混合式教学模式实施的有效途径。随着数字时代的到来,知识的获取与传授都呈现出碎片化的特征,学生的学习模式发生改变,导致课堂结构和形态亦发生改变。"PBL+情景化"教学模式的目标具有多维性特征,不仅仅是知识目标,还包括能力目标和素质目标。只有通过智慧教学手段的应用,才能够实现知识传授在教室内,而知识内化在教室外,有效达成多种教学目标有效达成。教师课前可以发布微视频,对本节课所运用的管理会计工具方法进行简要的介绍;课中可以通过智慧教学手段,构建立体式企业场景,使同学们沉浸式感受管理会计实践情景,再通过发布任务或问题引导学生分析问题,并实时掌握学生状态及解决方案;课后能够综合分析学生情况,发布拓展资料,收集学生反馈。通过智慧教学手段能够充分发挥"PBL+情景化"混合式教学模式的优势,实现高效的互动、学生之间的合作学习、小组间智能展示,并有利于实现学生的个性化学习,进行差异化教学。

3. 突出学生主体地位

"PBL+情景化"混合式教学不同于传统教学中以教师为主导的模式,而是让学生成为课堂的核心和主体,教师则扮演引导者和辅助者的角色。随着数字经济时代的到来,管理会计人才需求发生变革,不再需要单纯的经营管理型会计,而是需要具有数字技术、战略眼光、创新思维的复合型会计人才。学生主体地位的突出对培养其创新能力、批判性思维、领导能力和业务分析能力都具有重要作用。在"PBL+情景化"教学模式下,针对情景中管理会计的现实问题,学生可以通过组建模拟项目小组、成立模拟企业等方式,在教师的引导下,实现师生协同、小组学习、情景演练,进而提升学生的学习兴趣与热情,在丰富的课堂活动中实现知识体系的构建。同时,鼓励学生在课下进行管理会计案例开发、课上进行分享,帮助学生进一步灵活运用知识,主动探索新问题,最终实现学以致用。

4. 建设情景库平台

"PBL+情景化"混合式教学是一种通过实际知识运用情景的搭建,提出基于场景的问题,在情景中引导学生分析问题、解决问题的问题驱动教学法。情景的搭建和问题的提出是该教学法运用的基础,因此情景库及平台的建设是实现管理会计课程教学改革的有效路径。结合"PBL+情景化"教学模式下教学目标多维性、教学过程递进性的特点,当前建设的重点,一方面要实现泛在学习情境的构建;另一方面也要实现规模化教学下的个性化学习情境构建,同时将不同复杂度的情景进行模块化组合。现有的管理会计教学中的情景或案例,多为重工业企业,与学生的认知、生活相脱节。因此,要通过不同情境的搭建,多样化问题的设置,激发学生自主的学习动机。情景库应包括生活中的案例情景(衣食住行方面的管理会计情景)、企业中的现实问题情景(项目决策、企业战略规划、预算分析、成本控制等)、简单的低阶问题场景及复杂的高阶问题场景。通过情景库的建设,实现多种情景的有机组合,进而在教学中根据学生差异进行有效组合。同时,要建立相关平台,运用多种信息技术手段,将场景立体化、智能化,高度匹配相关知识点和学习目标,并能够完成评价与反馈,在情景教学的过程中不断优化情景和问题,帮助学生在情境中建立综合性管理会计思维。

四、结论与展望

综上所述,作为会计学科重要的基础课程,管理会计教学改革对于推进新文科建设、培养复合型管理会计人才发挥着重要作用。混合式教学模式推动的教学改革既是新文科建设赋予管理会计全新内涵下的必然要求,也是数字经济发展中管理会计人才培养的必然选择。本文通过分析当前管理会计课程教学中存在的主要问题,论述管理会计课程改革的必要性,提出管理会计课程改革实施路径——在"PBL+情景化"的混合式教学模式下重构课程内容、运用智慧教学手段、突出学生主体地位以及建设情景库平台。在未来的教学过程中,需要进一步加大对信息技术的运用和多方面知识的融合,通过混合式教学模式的改革创新,为培养社会所需的复合型管理会计人才奠定基础,也为会计学科更好地服务于社会经济发展保驾护航。

参考文献

[1]冯巧根.新文科下的管理会计职能扩展[J].财会通讯,2023(21):3-11+95.

[2]段大为,刘勤,程平,等.数字化管理会计人才培养的理论与实践[J].中国管理会计,2023(02):51-64.

[3]吴思丹,蔡维灿.基于4C/ID-PBL模式的管理会计实务课程O2O教学设计初探[J].集宁师范学院学报,2022,44(05):29-33.

[4]李丹丹.以情境设计为基础的小型研讨班教学模式在管理会计教学中的应用[J].教育观察,2020,9(41):115-117.

[5]唐运舒,马雯,姚禄仕.从系统视角看会计专业教学改革[J].财会月刊,2019(14):104-108.

[6]郭琳琳,李爱红.会计专业 PBL 教学效果研究——基于会计信息化教学的视角[J].中国注册会计师,2019(03):77-81.

新财经背景下智能财务专业人才
培养模式研究

刘佳鑫[①]

摘　要:随着数字经济的快速发展以及智能技术的日益普及,智能财务快速发展,对高校智能财务人才培养提出了更高要求。本文结合新财经背景对智能财务专业人才培养模式进行研究。首先,梳理新财经时代的特点和对财务管理人才的要求。其次,分析高校智能财务人才培养现状及存在的主要问题。最后,提出完善课程体系设计、更新教学内容、加强实践教学、加强师资队伍建设等智能财务人才培养路径。

关键词:新文科;智能财务;人才培养

2020年11月,教育部发布《新文科建设宣言》,其新文科之新在于积极应对新科技发展,回应社会关切,以培养适应新时代要求的应用型复合型文科人才。高等财经教育作为现代教育体系的重要组成部分,是新文科建设中的重要一步,更是在服务国家战略和经济社会发展需求过程中的重要一环。

当前,数字经济与实体经济深度融合,颠覆传统商业模式与资源利用方式的同时,对身处经济运行活动,并构成经济活动主要参与成员的财务类人才的需求也发生了深刻转变,如数字经济发展所带来的生产模式创新和生

---

① 刘佳鑫,天津商业大学会计学院教师,经济学博士。

产理念革新,对财务类人才的知识范围和知识结构、专业能力和综合能力、专业素养和整体素质等提出新要求。数字智能时代下,财务云、电子发票、移动支付等技术已在业务实践中得到了广泛应用,"业财融合""财务共享中心""财务机器人"等新兴内容亟须相关智能财务专业人才展开专业设计、操作、管理。在此背景下,讨论高校如何利用自身优势展开智能财务人才培养,具有重要的现实意义。

一、新财经的特点和对智能财务人才的要求

(一)新财经的特点

"六卓越一拔尖"计划2.0,旨在多方位推动"四新"的构筑,体现了高等教育内涵发展的新要求。与此同时,党的二十大报告也阐述道,中国式现代化是人口规模巨大的现代化。因此,在此发展背景下,既需要大量的科学家队伍与工程师队伍带动科技创新,实现技术进步和产业结构转型升级,又需要大批的经管法等"新文科"方面的高素质人才从事经营管理和法治建设,实现经济管理现代化和社会治理现代化。《新文科建设宣言》中提出以经管法助力治国理政,还提出打造文科应用型特色的意见。新财经是"新"的财经,是新文科建设的重要类型,而新文科的"新"体现在回应新背景、新环境的变化,融入信息技术是新文科建设的应有之义。可见,新财经具有"时代新、理念新、态势新、结构新、评价新"的主要特征。

(二)对智能财务人才的要求

"生产的发展对会计学的发展起决定性影响。"[1]数字经济时代下,"大智移云物区"等技术实现了会计信息的实时获取,会计信息的定时报告也向着时时报告发展。财务信息的取得、报告发生重大变化,非财务信息也成为财务决策的信息增量。新财经背景下,智能财务人才的培养需要满足数字中国建设的需要,即具有数据分析和决策支持能力。这就要求智能财务人才不仅具有传统的财务管理知识储备,还需要掌握最新的数理统计、经济管理以及智能技术和数据分析工具,并能够胜任大中小企业、金融机构事业单位等智能财务人才岗位。简而言之,智能财务人才需要同时具备财务专

业知识、数据分析能力、技术应用能力、沟通能力和创新思维,以适应现代企业财务管理的要求,为企业持续发展和创新提供支持和保障[3]。

二、高校智能财务人才培养现状及存在的主要问题

(一)当前高校智能财务人才培养现状

我国十分重视人工智能相关学科发展和人才培养。从 2017 年《新一代人工智能发展规划》中提出重视培养"人工智能+"经济、社会、管理等横向复合人才,到 2018 年《高等学校人工智能创新行动计划》中进一步明确要求建设"人工智能+X"复合特色专业。再到 2021 年《会计改革与发展"十四五"规划纲要》提出"切实加快会计审计数字化转型步伐,为会计事业发展提供新引擎、构筑新优势"。在相关政策指引下,高校陆续展开智能财会教育改革探索[4]。

2018 年,西南财经大学率先设立会计学(大数据实验班)[5],随后,各大高校相继开始设立相关专业方向。如中国人民大学、山东财经大学设立会计学智能会计方向,浙江大学、南京审计大学设立会计学智能财务方向,上海财经大学、天津商业大学设立财务管理智能化方向。上述院校虽使用不同专业名称,但其暗含的核心内容均是新信息技术在财务、会计领域中的应用。从招生方式来看,大部分高校采取从现有生源中选拔、建选相关专业方向实验班,选拔生源来自于本校经管类相关专业或是全校所有专业,选拔学生年级为大一、大二或者大三,各学校的具体情况存在较大差异。

此外,部分高校建立了不同层次的智能财务研究机构,分别致力于本科教育和研究生教育。比如山东财经大学等致力于本科生教育,致力于培养具备会计数据分析能力的智慧型、创新型的应用复合型人才,毕业生可胜任大中型企业、行政事业等单位的会计分析工作。中央财经大学粤港澳大湾区研究院智能财务研究中心等致力于硕士研究生教育,培养跨学科研究学习平台,培养既懂会计学又懂人工智能及大数据科学的交叉学科背景人才,推动中国智能财务的可持续发展。

(二)高校智能财务人才培养存在的主要问题

1. 课程设计不足

当前,众多高校已开设智能财务专业,其课程设置通常以传统财会课程加入信息技术课程为主,其中信息技术课程主要有 Python 与数据分析、大数据技术、机器学习与数据挖掘等。此类课程设置虽然一定程度上结合了人工智能相关知识与技术,但是技术与财务相融合的课程较少,更多地停留在经管课程和计算机课程简单组合,易出现"两张皮"现象,不利于专业设置初衷的实现[6]。具体来讲,财会基础理论知识和纯粹的技术操作对于学生来说学习难度较为适中,但是一旦涉及科技在财务领域的应用,也就是二者的融合,因为财务信息和财务决策的复杂性,智能财务的应用就会变得较为复杂。比如智能财务平台是依托大数据、人工智能技术,嵌入大数据企业估值等高效分析企业、客户和市场特征,从而为决策者提供高质量决策有用信息的高质化财务活动。但是现阶段高校财务理论结合科技的实践教学的课程模式较少,课程设计存在较大完善空间。

2. 教学内容配套不足

教学内容是人才培养的重要环节,是课程的灵魂。现有多所院校已开设智能财务方向或专业,但囿于智能财务发展时间不长,教材与相应教辅内容更新速度不能满足实际教学需要,亟须教材编写、案例开发等方面展开全方位重构[2]。例如,数字化时代,金融工具不断丰富、金融业态不断创新发展,推动着企业投融资方式的革新。同时,得益于信息化、区块链、大数据技术在企业内获得大量实践应用,企业财务运营方式也逐渐步入数据化、信息化时代,带动了企业财务管理范围的改变和革新[7]。鉴于此,应结合当前企业运营模式及时更新与信息化社会下企业财务管理运行模式相适应的教材与教辅内容。

3. 课程实践缺乏

财务专业本身具有极强的实践性特点,与人工智能融合后的智能财务,不仅需要财务人具备扎实的财务理论功底,更需要财务人员对智能财务处理流程以及囊括了客户、第三方以及整体市场情况的大数据财务分析具有较好认识和操作能力,其实践性大大提升,这也要求智能财务的从业人员具备扎实的财务理论与较强的实践操作能力[8]。结合当前各高校的教学情况,虽然已逐步开展智能财务专业知识大讲堂、智能财务企业实践讲座以及增加实验教学课程比重等实践性教学内容,但由于办学条件受限等原因,整体来看更多的教学模式仍主要依赖于传统的教学手段,以智能财务为核心的实践课占比仍很小,特别是相关的智能财务仿真练习的硬件设备不完善[9]。例如,大数据和区块链在财务中的应用。此类真实的操作训练的缺乏,会直接导致学生无法系统掌握相应流程技术,大大降低了智能财务人才的核心竞争力,更与智能财务发展和实践应用需求相背离。此外,现有高校教师大多是从学校毕业后,直接进入高校任教,更符合从理论到理论的学术型教师类型,实践性教师缺乏,一定程度上影响了课程的实践性。

4. 师资力量薄弱

拥有与智能财务教学目标相匹配的师资力量是智能财务人才培养的关键。作为一门交叉学科,智能财务是跨财务管理、计算机信息技术、数学统计等专业的学科,这就要求任课教师熟练掌握上述多种专业知识。但结合现实教学过程和教师的相关考核办法,现有相关专业教师转型意愿不足,知识储备也较为欠缺,尚未做好转型准备,也在一定程度上导致现有高校智能财务方向的任课教师,更多是由财务管理专业和计算机专业教师独立构成。此种条件下,任课教师专业知识融合性的缺乏,直接导致了学生在智能财务领域的综合运用能力不强。

三、构建高校智能财务人才培养路径

(一)完善课程体系设计

智能会计作为跨门类、跨学科、跨专业的交叉学科,其课程体系设计重点在于多学科互相交流、互相借鉴下的相互融合,因此课程设计时要充分考虑上述因素。首先,保留传统财务管理核心课程。该部分课程是培养学生初步财务分析管理能力与财务思维逻辑的基础。其次,增加技术工具类应用课程。数字时代下,对财经人才的知识结构、新技术应用、职业素养、处理复杂问题的能力等提出了历史性新需求。新技术应用类课程的开设也随之成为智能财务专业人才培养的必然选择。如 Python 在财务中的应用、财务大数据、人工智能概论等核心课程。最后,增加财务和技术融合课程。业、财、技融合运用即解决实际问题的能力是培养智能财务人才的终极愿景。这就需要开设融合课程,培养学生学科知识融合运用的能力。如开设智能财务基础、智能财务实训等课程。

(二)更新教学内容

教材的适用与否直接关系着教学质量的高低,因此,与新兴技术发展相适应的智能财务专业教材的内容理应依据人才培养目标展开。首先,编写新教材。步入信息化时代,企业经营方式发生转变,原有教材已经不能完全满足当前教学的需要。因此,结合现阶段企业实务情况,结合财务管理和智能财务理论,可以由教育部等政府机构牵头,鼓励抓紧编写一批具有高适用性的智能财务教材。其次,增加除教材之外的教学资源建设。如与企业建立战略合作,利用企业消除掉部分机密信息的真实数据为学生学习提供数据来源,通过建立案例资源模块、企业工作场景模块等,为学生的实践操作提供有力的资源支撑。

(三)加强实践教学

实践教学作为智能财务课程中的重要环节,也是实现智能财务专业培养目标的重要抓手。一是在教学团队上,引入校外实务导师进课堂,增加具有实务工作经验的教师比例,以提升教学团队的实践教学水平,加强实践教学能力。具体而言,鼓励具有实务经验的教师积极开设实践课程,引导学生将理论知识与企业实践融合的同时,通过案例分析、模拟训练等灵活教学方法,加强学生人工智能财务平台的操作能力。二是与企业合作,共建包含区块链实验室、大数据实验室等在内的智能财务实践基地等,为学生提供真实的训练项目和平台,让学生真实地感受到企业运营流程和工作场景,锻炼学生的实际操作能力的同时,进一步帮助学生将理论知识与实际应用相结合,调动学生的创造性,提高其未来就业的竞争力和适应力。三是不断深化产教融合人才培养模式。囿于智能财务专业的强技术性和强应用性,可不断整合专业财务软件公司和企业集团资源,实现优势聚集、资源共享、互惠共赢。一方面,邀请相关企业参与到高校的人才培养方案制定当中,从人才需求方角度提供人才培养的建设性意见,提高人才培养效率与质量。另一方面,高校可与企业展开战略合作,通过高校人才培养基地、企业人才培养基地等项目,定点培养企业所需智能财务人才。

（四）加强师资队伍建设

师资队伍建设是课程建设的重要一环,师资不足是智能财务人才培养中的主要瓶颈,更是制约教学质量提升的重要因素。现有研究将智能财务师资分为理论型、技术型和理论技术型三大类[10]。三类教师相互补充,共同组成高校智能财务复合型教学团队的中坚力量。鉴于此,一方面,可引进智能财务相关工作背景的理论、技术复合人才,聘请财务共享平台等智能财务软件相关操作系统的团队负责人为学生授课,为学生全流程展示最新智能财务成果应用的同时,让学生了解最新业界动态,以便及时调整自身知识结构。另一方面,加强高校自身师资队伍建设。一是组建跨学科教学团队,其充分发挥财务和人工智能两大专业任课教师的专业优势,同时结合业界专家组成教学团队,共同设计课程、教授课程,不断加强学科融合的同时,使得专业知识在团队内实现有益溢出,持续提升团队整体知识结构优化。二是打造"双师型"队伍,现有教师队伍中不乏有与企业联系密切的专业教师,可以充分发挥此类教师的优势,引导他们到相关企业中参与智能财务平台的实践学习,不仅能让教师了解企业等用人单位对人才的需求,还能提升教师对于智能财务平台的实际应用能力,反哺学校教学活动。

参考文献

[1]葛家澍.论会计理论的继承性[J].会计研究,1982(04):45-48.

[2]舒伟,曹健,王华,等.我国会计本科人才培养的现状、挑战及对策[J].会计研究,2021(08):177-189.

[3]金春华,吕晓敏,王晖.智能会计专业人才培养体系的构建与实

践——基于全国336所高校的调查分析[J].中国大学教学,2022(11):17-22+71.

　　[4]张敏,贾丽,史春玲.数字经济背景下的智能财务人才需求研究——基于调查问卷数据的实证分析[J].厦门大学学报(哲学社会科学版),2023,73(02):56-68.

　　[5]马永强.新技术背景下的教育变革与会计类专业人才培养转型——西南财经大学的思考与实践[J].会计研究,2023(03):175-189.

　　[6]孔祥维,王明征,陈熹.数字经济下"新商科"数智化本科课程建设的实践与探索[J].中国大学教学,2022(08):31-36.

　　[7]刘梅玲,黄虎,佟成生,等.智能财务的基本框架与建设思路研究[J].会计研究,2020(03):179-192.

　　[8]王爱国,牛艳芳.智能会计人才培养课程体系建设与探索[J].中国大学教学,2021(06):34-39.

　　[9]周守亮,唐大鹏.智能化时代会计教育的转型与发展[J].会计研究,2019(12):92-94.

　　[10]张敏,吴亭,史春玲,等.智能财务人才类型与培养模式:一个初步框架[J].会计研究,2022(11):14-26.

五育并举视角下高校学生思想政治教育的思考和探索

张玉萌①

摘　要：新时代高校育人的目标是培养"德、智、体、美、劳"全面发展的社会主义建设者和接班人。对于高校政治辅导员，应以思想政治教育为抓手，运用"五育并举"的教育策略，帮助学生提升综合能力，以更好地适应经济社会的快速变化。本文调研了二百余名在校本科生与研究生，分析了当前在校生对于"五育"教育以及培养自身综合能力所面临的问题和困惑，说明了"五育"的具体内涵，并提出了基于"五育并举"的思想政治教育工作解决思路。

关键词：五育并举；综合能力；思想政治教育

一、导言

作为思政辅导员，在平时与学生的交流沟通中时常发现，不少学生在校期间没有认识到"五育"的重要性或者没有方法去培养提高自己的综合能力。其中非常有代表性的一名同学——小王同学，是大二在读生，学生成绩名列前茅，获得过奖学金。但小王同学的课余生活很单调，朋友也不多，班里同学到现在还没认全，至今和很多同班同学未说过话、没加过微信。在课

---

①　张玉萌，天津商业大学会计学院辅导员，管理学硕士。

堂上不会主动回答老师的问题,以小组为单位完成的作业都是处理文字、撰写材料的部分,没有在讲台上汇报展示过,也没有承担过小组长的任务,在人多的场合说话会紧张。在辅导员与其谈心后,发现小王同学缺乏一定的人际交往能力和展示自己的勇气,身体瘦弱,不爱运动,对学习以外的活动和竞赛知之甚少,对自己的未来没有明确的规划。

二、现状分析

出现小王同学这种情况的学生不在少数,甚至是一种普遍现象,体现了大学生内驱力不足,对于培养自身综合能力的意识缺失。这将导致学生毕业后以及未来走向社会、独立生活时受到一定的阻碍,很多学习成绩优秀的学生在求职过程以及正式工作后碰壁,产生挫败感。

问卷根据学生在校期间培养自身综合能力的情况调查了 200 余名在校学生,收回有效问卷 205 份。学生群体中各年级分布以及学生干部情况如下图所示。

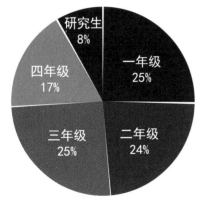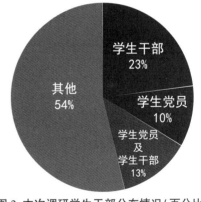

图 1. 本次调研学生年级分布情况(百分比)　图 2. 本次调研学生干部分布情况(百分比)

(一)各年级学生情况分析

1. 本科一年级学生特点

根据问卷的结果显示,本科一年级共收回有效问卷 52 份,其中学生干部 16 人,无学生党员。从结果中可知,80%以上的学生认为,应该在大学期间全面发展,但有 50%以上的学生对全面发展的理解比较片面,部分学生认为各科成绩均优秀不出现偏科为全面发展。还有三分之一左右的学生不知道如何提升自身的综合能力,对学校、学院的学生组织不了解,或者在各项活动中表现不积极。

针对调研的结果,可以发现刚入学的大一学生对于在校期间的个人发展缺少整体规划,再加上懒惰心理和网络依赖,对于体育、美育等方面的培养缺乏行动力以及正确的方法。

2. 本科二年级学生特点

根据问卷的结果显示,二年级共收回有效问卷 48 份,其中学生干部 22 人,无学生党员。从本次问卷的回答中可知,83.34% 的大二学生认为有必要提升自己的综合能力,其中一半以上的学生感到自己的课业压力比较大,在平时上课、学习专业课以及参与各种考试等方面占据了大量时间,对于其他的方面考虑较少。在学生干部中,90% 以上的学生认为自己在学生工作中各方面能力得到了一些提升,但也有少部分学生认为学生工作以及各方面活动消耗了很多精力,导致成绩有下滑。

对于大二的学生来说,课业压力逐渐加大,如何平衡学习以及培养自身软实力是一个重要的问题,很多学生将两者视为对立的两方面,导致了自身精力的分散,学习成绩没有明显提高,学生工作和社团活动也没参与太多。随着专业课程和人际交往的不断深入,个别学生出现一定的心理波动。

3. 本科三年级学生特点

根据问卷的结果显示,三年级共收回有效问卷 52 份,其中仅为学生干部的 6 人,仅为学生党员的 2 人,既为学生干部又为学生党员的 10 人。从问卷的结果来看,大三学生更加注重个人发展,尤其是针对日后的升学、就业问题,从而产生了一定的压力。面对这种情况,学生们普遍认识到综合能力在就业市场上的重要性,但很多学生认为现在通过参加活动、成为学生干部等途径效果甚微,前期没有过相关积累的学生到目前产生了一些焦虑。对于学生干部来说,因为大学阶段学生工作的经验积累,表达能力和逻辑能力得到锻炼,考虑问题也会更加周全。

对于大三学生来说,就业问题已迫在眉睫,是否明确了自己的目标以及为目标做好相应的准备,是学生们亟待解决的问题,同时也会产生一定的焦虑情绪。

4. 本科毕业年级学生特点

根据问卷的情况显示,大四学生共收回有效问卷 36 份,其中仅为学生干部的 3 人,仅为学生党员的 13 人,既为学生干部又为学生党员的 10 人。大四学生正在面临较大的升学、就业压力,70%以上的学生正在或已经进行过实习,对于职场有了初步认识。接受调研的一半学生认为职场环境和自己想象的有差距,一方面是如何将所学知识运用到实践中的转化问题,另一方面是在职场环境中的沟通与表达能力、职场成熟度的问题等。

对于大四学生来说,即将脱离学校环境,进入职场,开始独立生活,这些都将是新一轮的挑战。对于有过实习经历以及学生工作经历的学生来说,能更快适应职场环境。

5. 研究生学生特点

根据问卷的结果显示,研究生共收回有效问卷 17 份,其中仅为学生干部的 1 人,仅为学生党员的 6 人,既为学生干部又为学生党员的 6 人。研究生相对更成熟,目标更明确,接受调研的所有研究生都有过实习实践经历。他们普遍认为在职场中解决问题的能力更重要,学习能力不仅体现在学习成绩上,还体现在专注力、搜集信息等能力上。

对于研究生来说,未来的就业方向基本明确,通常也具备较强的自控能力和时间管理能力,对于提升自己的综合能力有较为清晰的方法。

综上所述,通过抽样调查的情况来看,各年级有自己不同的特点,有些目标明确、执行力强的学生能够较快提升自己,有些学生会走弯路,在遇到挫折后慢慢才能体会到素质能力的重要性。

习近平总书记在多次系列重要会议讲话中都明确地提出高等教育工作必须始终保持党立德树人的总基调,为新时期高校育人工作发展指明方向。

随着经济社会的快速发展,社会竞争环境呈现出越来越激烈的状态,要求学生们不仅要具备良好的学习能力,更应该在学校里着重培养自己各方面的能力,以便更好地适应社会变化。"五育并举"就是实现大学生自身成长成才的有效路径。五育是以人为本,旨在培养德才兼备、全面发展的人才,在很大程度上对于塑造个体健康人格、提升人的幸福感和获得感具有重要作用。五育以"润物细无声"丰富着大学生的精神世界,感化着大学生的心灵。长期以来,大学生多数只注重"智育",比较典型的就是像小王同学这样的"唯学分""唯分数"论,以拿到奖学金为最高目标,对于学习有较强的功利性,缺乏对生活能力的养成,缺乏对综合能力的提升,忽视自身的身心和谐健康发展。五育为提升大学生"软实力",使大学生树立积极向上的人生态度,促进自身全面发展方面奠定了基础。

三、解决思路

鉴于大学生的普遍状况和人才培养的要求,学院构建了"五位一体"的育人体系,创新打造"美育实践课"系列活动,以培养学生审美能力和综合能力为宗旨,分为体育类、文化类、技能类、艺术类,包括篮球、足球、书法、中外电影鉴赏、中华优秀传统文化鉴赏、演讲与辩论、社交礼仪等十几个小类。学生们在学期初自选分组开展活动,到学期末每个小组分别进行总结展示,结合平时活动的表现,给优秀小组和优秀组员颁发荣誉证书。学院"美育实践课"已连续开展了五年,在这期间课程体系和课程内容不断优化,丰富了"五育"的教育内容,也形成了学院"五育"教育经验。

(一)育人以"润德"

新时代的大学生视野更加开阔,接收着来自方方面面的信息,也极易受到一些网络言论、不良价值观的影响,例如现在流行的"躺平""佛系"思潮。因此,作为大学生思想政治工作的主战场,辅导员必须紧紧围绕立德树人这一基本,弘扬新时代社会风气、把握时代主旋律、落实立德树人的根本要求。强化党团引领,发挥党支部战斗堡垒作用,树立模范典型,在教育学生过程中筑牢思想底线,引领学生积极向上,增强学生内驱力,让学生逐渐可以勇敢地迈出自己的舒适圈,更有朝气和活力。

(二)育人以"启智"

鼓励学生掌握多学科交叉融合知识、专业知识、工具性知识、创新创业知识,启发大学生的创造性思维和创新性能力。强调能力的"综合性、实践性",做到"知行合一"。以学院学生工作办公室学风建设部牵头,打造"3+2"笃学计划,旨在培养学生除了课本上的专业知识,更多地关注分配时间、分析问题、搜集信息、技术应用、语言表达、人际交往等能力。"3"是指提供给学生的三个学习交流平台,即笃学自习室、学习沙龙、就业小课堂。笃学自习室于早晚开放,供学生们自习使用,养成及时强化学习记忆的惯性。学习沙龙为同学们提供交流、解惑的平台,延续学院党员"老带新""一帮一"的学习帮扶传统。就业小课堂为学生们分享考公考研、求职创业等经验,邀请辅导员、优秀学长学姐进行宣讲。"2"是指引导学生熟练掌握一门外语主要是英语的运用能力,以及熟练使用 office、PS、推文制作等为代表的计算机软件。"3+2"笃学计划的目标是围绕学生的学业,打牢基础,注重实践,建立课堂到职场的有效转化通道。

(三)育人以"健体"

体育可以锤炼大学生的意志,让学生在运动过程中感受运动带来的愉悦。体育中蕴含的体育精神可以增强学生的意志品质。体魄健康、体态优美、体能良好是大学生良好素质的体现。学生面临的较高强度的学业压力和将来的职场压力,都对身体素质提出了更高的要求,积极的体育锻炼有助于学生远离"脆皮大学生"的困扰以及情绪波动的困扰。学院学生会体育部牵头,通过夜跑、趣味跳绳、团体辅导等活动,让学生们走出宿舍、走下网络、走向操场,充分利用美育实践课中的体育类别在课余时间组织体育运动,让学生改变晚睡晚起的习惯,养成规律的生活习惯。在锻炼身体素质的同时,拥有较强的心理调控能力与抗挫折能力。

(四)育人以"审美"

中华文化博大精深,五千年的历史沉淀了优秀的中华传统文化,是中华文明生生不息的根本原因。从培养审美来说,学生应该积累人文素养,培养人文底蕴,具备审美能力,以感受、鉴赏、创造美的能力为核心,坚定"四个自信",成为中华优秀文化的传播者。"美育实践课"中的书法、美术、中华优秀传统文化鉴赏等小组都是基于此开展活动。同时在学院团委、学生会的牵头下,开展形式各样的文艺活动,比如"五月的鲜花"合唱比赛、"忆家乡"演讲比赛、"金话筒"主持人大赛、"悦读之星"评比等活动,提升学生感受美的意识和能力,从而提升人文素养,发掘积极向上的审美取向,尊重中华优秀传统文化并加以创新,成为具有较高审美情趣、深厚文化底蕴、良好心理素质的大学生。

(五)育人以"益劳"

劳动教育作为"五育"教育中的重要组成部分,具有不可替代的育人价值,更注重实践性和动手能力,强调其在学校和社会之间的联系功能,让学生在面对当前就业环境以及职场变化时,充分运用在劳动教育过程中收获的艰苦奋斗的品质、脚踏实地的干劲,更好地应对未来工作环境带来的挑战。当前劳动教育越来越受到各高校的重视,学院根据劳动教育必修课的总体要求,由学院星辰社牵头,组织宿舍卫生评比、农场种植蔬菜、收获售卖蔬菜、劳动"弘毅"坊等活动,评选"最美宿舍"、树立劳动榜样,宣传劳动人物事迹,与校园文化建设相结合,营造良好的劳动教育氛围,让学生们"劳"有所得,"劳"有所获。

四、总结

(一)筑牢"五育并举"的思想保障

将"五育并举"理念融入到思想政治教育中,首先要转变传统的固有观念,形成符合时代发展要求的新教育理念。进入新时代,习近平总书记对高校育人工作提出了一系列符合时代发展的新要求和新目标。从根本上来看,高校"五育并举"的思想政治教育工作策略必须坚持中国共产党的领导,必须坚持社会主义办学方向,必须坚持马克思主义的科学指导地位,继承发扬中华优秀传统文化,践行社会主义核心价值观。

(二)坚持"五育并举"的互通发展

德、智、体、美、劳在育人过程中有着不同分工,起到不同作用,但在具体实践中,"五育"是不可或缺、相辅相成的有机整体,只有相互融合式发展才能更好地发挥作用。高校培养全面发展的学生,需要在各育之间架起互动的桥梁,互补互联,实现"五育"的互通式发展。首先明确的是要以"德育"为根本,把握总体方向;"智育"提供智力支持和知识积淀;"体育"提供身体精力、体力以及健康的生活方式,是学生全面发展的基础;"美育"提供精神力量,学生从中获得内心的满足,减少精神内耗;"劳育"是其他育人体系的外化展现,内化于心,外化于行,展示育人成果。正因为"五育"有着千丝万缕的联系,因此在育人过程中要努力实现在"一育"中渗透"五育","五育"整合为"一育"的效果。

(三)遵循"五育并举"的基本规律

高校"五育并举"教育工作的目标在育人,运用在"五育",策略是"并举",以此来实现高校"五育"育人一体化。遵循"五育并举"基本规律,就是在理解立德树人深刻内涵基础上将其贯穿到高校"五育"教育环节的各个时间、各个阶段和各个方面,为"五育并举"育人工程的建设打牢基础。此外,还要着重制度优化,发挥学校在顶层设计和统领整体的作用,不断完善相关措施意见,以章为本,建立有效的制度机制和监督机制,建立健全常态化"五育"育人体系的评价机制,明确学校各部门的职责,厘清师生之间的权利与义务,以制度机制保障"五育并举"育人实效。

参考文献

[1]李政涛,文娟."五育融合"与新时代"教育新体系"的构建[J].中国电化教育,2020(03):7-16.

[2]王利晓,刘俊霞.德智体美劳全面发展的陕西民办高校经管类应用型人才培养模式研究[J].陕西教育(高教),2021(03):34-35.

[3]中共中央办公厅 国务院办公厅印发《关于全面加强和改进新时代学校美育工作的意见》[EB/OL].(2020-10-15)[2021-03-02].http://www.moe.gov.cn/jyb_xxgk/moe_1777/moe_1778/202010/t20201015_494794.html.

[4]中共中央办公厅 国务院办公厅印发《关于全面加强和改进新时代学校体育工作的意见》[EB/OL].(2020-10-15)[2021-03-02].http://

www. moe. gov. cn/jyb _ xxgk/moe _ 1777/moe _ 1778/202010/t20201015 _ 494794. html.

[5]赵富学,陈蔚,王杰,等."立德树人"视域下体育课程思政建设的五重维度及实践路向研究[J].武汉体育学院学报,2020,54(04):80-86.

[6]郝志军.新时代五育融合的路径与方式[J].西北师大学报(社会科学版),2022,59(03):61-69.

OBE 教学理念下管理会计理论与实务课程教学改革研究

唐婧清①

摘　要:本文针对面向 MPAcc 开设的管理会计理论与实务课程,阐述了现有的从内容出发的推动式教学理念的弊端。在此基础上,阐明了采用 OBE 教学理念克服这些弊端进而提升课程教学质量的相应措施。最后,提出了 OBE 教学理念下开展该课程教学改革的保障机制。本文能为管理会计相关课程教学改革的方向和方法提供一些参考。

关键词:管理会计;OBE;课程评价

一、引言

管理会计的发展对于激活企业管理活力和增强企业价值创造能力有着重要意义[1]。自从 2014 年 10 月财政部颁布《关于全面推进管理会计体系建设的指导意见》以来,中国管理会计的发展进入了新时代。近年来,随着新型商业模式的崛起和市场竞争的加剧,管理会计的应用水平显著提高[2]。当前,从官方到民间,从理论到实务,管理会计得到了前所未有的重视。管理会计的发展最终需要人才的推动,于是相关人才的培养就成为其得以良性发展的基础。MPAcc 属于兼具理论与实务的专业会计人才,应当承担起

---

① 唐婧清,天津商业大学会计学院会计系教师,管理学博士。

推动管理会计发展的重任。由此,在 MPAcc 的培养过程中开设了管理会计理论与实务这门课程,以期能够将 MPAcc 学生培养成管理会计领域的优秀人才。然而,目前这门课程的教学并没有达到预期的效果。其根本原因在于这门课程仍然采用的是传统的推动式教学理念,从课程内容出发组织教学活动,最终教学效果主要体现在对课程内容的熟练程度上。事实上,管理会计人才培养方案的设计应遵循"反向设计"的原则[3]。相应地,管理会计理论与实务课程的设计也应以管理会计人才最终形成的能力为目标,据此逐步落实本门课程的具体内容和教学方案。

OBE(Outcomes-based Education)教学理念以最终教学成果为导向,从学生发展的角度设计课程方案,并建立教学成果的反馈渠道。OBE 教学理念下,由最终目标拉动教学设计,能够解决推动式教学理念所导致的教学内容与教学目标不衔接的问题,有利于提升管理会计人才的培养质量。本文将结合管理会计理论与实务课程的教学特点,以 OBE 教学理念为基础,改进本门课程的教学内容和方案,从而优化本门课程的后续教学,最终提升管理会计人才的培养水平。

二、目前管理会计理论与实务课程教学存在的问题

作为 MPAcc 项目的核心专业课程,管理会计理论与实务课程教学的优化工作意义重大。当前,本门课程的教学仍然存在一些问题需要解决。

(一)教学目标不合理

对于 MPAcc 学生而言,理论和实务需要并重。管理会计理论与实务是面向 MPAcc 学生开设的核心课程之一,学生对管理会计理论和实务的熟练掌握应当成为这门课程的教学目标。然而,目前这门课教学目标的设定仍然针对的是课程内容本身,体现为对课程内容的熟悉程度,并没有从管理会计人才应当具备的研究能力和实务能力入手来设定教学目标。目标设定的不合理性,致使本门课程的教学内容并未得到仔细的甄别和加工,影响了教学效率和教学质量。目前本门课程的教学内容与本科课程差异不大,主要涉及管理会计工具的介绍,例如:本量利分析、经营预测、作业成本法等。然

而,这些管理会计工具的理论依据在教学内容中并未体现出来,其实践应用也缺乏真实案例的支撑。这种情况下,学生在修完这门课程以后,充其量只是熟悉了这些管理会计工具的内容和纸面上的应用,并不具备在管理会计领域开展深层次研究的能力,或者使用管理会计工具解决企业复杂问题的能力。可见,现有教学目标并不能充分发挥管理会计的价值。

（二）教材供给不到位

一本有针对性的教材对于课程目标的达成有着重要意义。针对管理会计理论与实务这门课程的教学目标,应当设计出相应的教材内容体系。第一,本门课程涉及了经济学、会计学以及管理学的有关理论,在教材的撰写过程中应当有所体现,以增强教材内容的深度,从而对学生的研究工作提供支持。第二,本门课程将会涉及很多管理会计工具的应用,在教材的撰写过程中应当搜集足够的案例,以强化学生对于管理会计工具的实际应用能力。第三,本门课程需要将理论和实务相结合,形成一个整体,通过理论提升实务的可靠性,通过实务强化对理论的理解。然而,目前市面上流行的管理会计相关教材涉及的内容较为宽泛,通用性较强,专门针对 MPAcc 管理会计教学目标的教材有所欠缺。

（三）实训手段不完善

管理会计以实务为先导,学生处理管理会计问题的动手能力是评判课程教学效果的重要依据。为了培养学生的动手能力,课程教学需要借助应用软件等实训手段。然而,相比财务会计,管理会计的实训手段不完善。财务会计的教学有专门的、标准化的应用软件。通过应用软件的训练,学生在财务会计工作中能够很快胜任岗位。然而,由于管理会计工作的灵活性,每家企业管理会计的工作内容和工作方式存在差异,从而导致缺乏标准化的软件。随着近年来官方指导意见的陆续出台,管理会计的标准在逐步完善,相应的软件也将取得大的发展。

（四）评价方法不合理

教师需要评价学生的学习效果,以总结课程的完成情况。就管理会计理论与实务课程而言,教师对学生的评价可从两个维度展开,包括理论和实务。理论方面的评价应当强调学生从事相关研究工作的能力,例如研究不确定环境下制造企业存货的管理机制;实务方面的评价应当强调学生完成岗位任务的工作能力,例如收集相关资料编制部门预算。然而,现有的评价机制制约了这门课程的评价方式。由于本门课程通常采用考试的方式,标准化的题目成为教师评价学生学习效果的主要依据。这种评价方式只能考查学生对于已有管理会计内容的熟悉程度,并未体现学生对于管理会计相关理论的掌握和运用情况,也未能体现学生完成岗位任务的实际工作能力。

三、OBE 教学理念对管理会计理论与实务课程的提升作用

传统的推动式的教学理念并不能实现管理会计理论与实务课程的教学目标。在传统的教学理念下,学生并没有深刻理解管理会计的相关理论,也不具备高效开展管理会计实务工作的能力。如果本门课程采用 OBE 教学理念,由教学结果反推教学设计,以学生为中心,则有望解决本门课程的现有教学问题,实现教学目标,提升教学质量。

(一)OBE 教学理念有助于明确课程的目标

根据 OBE 教学理念,在构建教学方案时,首先需要明确,设置管理会计理论与实务这门课程的初衷是什么? 即 MPAcc 学生培养过程中为什么要设置这门课程,需要达到的目标是什么? 对于 MPAcc 学生而言,会计理论与会计实务均应掌握。本门课程属于专业核心课程,为培养学生这两方面的能力提供了支撑。在理论上,学生通过本门课程的学习,可以掌握管理会计的相关理论,借以开展管理会计领域的相关研究工作。在实务上,学生能够使用本门课程提供的管理会计工具,为企业的管理决策提供相关的会计信息。

为了具有可执行性,本门课程目标的设定应该具体化。实务方面的教学目标包括学生需要掌握的具体技能和工作能力。专任教师通过到各种类型的企业进行调研,可以确定企业对管理会计工作的确切需求,由此设定本门课程实务方面的具体目标。理论方面的教学目标包括学生需要掌握的具

体理论和科研能力。专任教师可以与本领域相关科研人员进行讨论,确定本门课程的核心理论和研究技能。

(二)OBE 教学理念有助于撰写合适的教材

OBE 教学理念下,教材的撰写模式与以往不同。目前,管理会计相关教材内容广泛,包含了各种各样的管理会计工具。然而,这些管理会计工具之间的逻辑联系是什么,如何组成一个整体?其中的机制并不明确。这就对教材的系统性产生了负面影响,不利于知识的归纳和拓展。在 OBE 教学理念下,教材的所有部分都将用于支撑本门课程的教学目标,并且对于教学目标的支撑作用会将其明确说明。对于不能支撑教学目标的内容,作者会将其删除。由此,教材内容将会精练化和专业化。此外,作者可以根据实现教学目标的必要条件,设计出教材的框架体系,对于欠缺的部分,作者可以加以补充。由此,教材更加具备针对性和系统性,从而更好地支撑教学目标的达成。

在撰写教材的过程中,理论和实务需要兼顾。在教材的每一章,作者都要介绍这一章涉及的理论基础,然后介绍管理会计工具的内容。每一章都需要提供进行学术研究的主题,以引导学生进行科研训练。大力开展案例教学和情景教学,有助于培养学生管理会计的实务能力[4]。教材的内容设计应当支持案例教学和情景教学。教材每一章都需要提供企业案例,以考察管理会计工具在企业中的应用。此外,在设计管理会计的有关内容时,需要嵌入中国情景特征[5]。

(三)OBE 教学理念有助于完善实训手段

以往文科实验室的建设,针对性并不强。微机、软件的采购与课程实际需求的对接并不密切。在 OBE 教学理念下,相关设备的采购将以是否能够实现教学目标为依据。就管理会计理论与实务这门课而言,需要根据课程目标来购买相关的软件。软件不仅要能提供各种管理会计工具,而且还应考虑这些工具和系统内已有财务数据之间的连接。如果没有相应的功能模块来实现教学目标,采购方可以向开发商提出要求,对软件进行二次开发。除此之外,为了更好地实现培养学生工作能力的课程目标,学校可以与企业进行合作,建立管理会计的实习基地。企业是管理会计的实践者,了解管理会计工具的实际使用情况以及管理会计岗位的具体要求。学生到企业实习,能够进一步明确自身的不足和努力方向,从而更加快速、有效地提升自身的实务能力。

(四)OBE 教学理念有助于课程的合理评价

教师以往评价学生对于本门课程的学习效果时,往往通过标准化的考试。这种方式仅仅考察了学生对管理会计基本工具的熟悉程度,难以反映教学目标的实现情况。在 OBE 教学理念下,教师对于学生学习效果的评价以教学目标的实现程度为依据,并划分成理论和实务两个部分。教师在评价学生理论方面的学习效果时,以学生的研究能力为依据,可以通过撰写学术论文的方式加以考察。教师在评价学生实务方面的学习效果时,以学生的工作能力为依据,可以让学生结合具体的上市公司数据,使用管理会计工具完成相关工作,例如对特定企业开展 SWOT 分析。

四、OBE 教学理念下管理会计理论与实务课程改革保障机制

OBE 教学理念的推行涉及学生、教师和学校三个主体。只要有一个主体反对,这种结果导向的教学改革便不能取得成功。学生、教师和学校需要达成一致,以保障管理会计理论与实务课程改革的有效实施。

(一)学生保障

OBE 教学理念强调以学生为中心。学生是教学工作的主体,教学工作的出发点和归宿都是学生的发展。管理会计理论与实务课程面向 MPAcc 学生开设,学生的参与至关重要。首先,在进行课程内容的设计时要充分考虑学生的建议,对于学生不感兴趣的内容要谨慎选择。其次,选择学生喜欢的教学方式,激发学生上课的积极性。再次,构建轻松的课堂氛围,与学生进行互动,让学生从被动学习转化为主动学习。最后,关心学生,增加与学生之间的交流,了解学生的需求,为学生的发展着想,尊重学生。

（二）师资保障

OBE 教育理念对高校教师的能力培养提出了更高的要求[6]。管理会计理论与实务课程的专任教师需要具备更加综合的素质，以胜任本门课程的教学工作。如果师资条件不具备，目标导向的教学模式将会难以施行。第一，专任教师需要具备较强的相关科研能力。专任教师从事理论方面的教学，指导学生的研究工作，需要有相关的科研能力和经验做支撑。本门课程的专任教师需要把一部分的科研精力投入到管理会计的相关研究中。第二，专任教师需要具备较强的实务工作能力。相关专任教师可到企业进行实践锻炼，由此掌握管理会计在企业中的实际应用情况。第三，学院应当建立管理会计的教学和科研团队。不论从事本门课程的教材编写工作，还是从事管理会计领域的研究工作，都需要进行团队合作。通过教学和科研上的合作和交流，有利于教师的共同进步，提升科研和教学水平。同时团队建设能够形成合理的梯队，保持本门课程师资队伍的稳定性。

（三）组织保障

OBE 教育理念的实施需要得到学校有关部门的支持，以消除任课教师的顾虑，促使教师积极地推动教改工作。首先，学校的主管领导、教务部门可以牵头成立全校的 OBE 教学工作组，在全校树立"以成果为本"的 OBE 教学理念。学校鼓励和支持学院和教师在 OBE 教学理念下设计相关的教学内容和教学方法。其次，学校对教师的评价可以改为对学生学习成果的评价。这样可以引起教师对 OBE 教学理念的重视，并改革现有的教学方法。最后，学校可对教师推行 OBE 教学模式改革提供政策、资金和技术上的支持和保障。

五、结论

管理会计是企业中基本的决策支持工具，管理会计人才的培养对于提升企业管理水平、建设现代化经济体系有着重要价值。管理会计理论与实务是面向 MPAcc 学生开设的一门专业核心课程，对管理会计人才的培养起到了重要的支撑作用。传统的教学理念下，本门课程的教学没有达到预期目标。OBE 教学理念能够克服传统教学观念带来的不足,帮助学生完成从内容到能力的学习范式的转变,值得推广。对于本门课程而言,OBE 教学理念有助于明确目标、撰写教材、完善实训、合理评价等。通过实施 OBE 教学理念,管理会计理论与实务这门课程将会焕发出新的生机,在培养管理会计人才方面发挥应有的作用,并成为学校和社会之间的一座桥梁,最终让 MPAcc 学生提升科研和实务能力,受益匪浅。

参考文献

[1]仝自强,李鹏翔,耿宏艳,等.互联网商业模式、管理会计应用水平与价值创造[J].当代财经,2021(11):138-148.

[2]曹晓昱,王满,于浩洋.商业模式、市场竞争程度与管理会计工具应用水平[J].经济经纬,2020,37(06):106-117.

[3]杨定泉.基于 OBE 的管理会计人才培养方案建构[J].中国管理信息化,2019,22(05):195-198.

[4]朱义令.基于 OBE 的管理会计教学体系再设计[J].商业会计,2022(04):124-126.

[5]王满,姜君臣.中国情景下管理会计发展的思考——来自中西方指导性文件颁布的经验证据[J].会计研究,2022(09):167-178.

[6]刘锴,孙燕芳.基于 OBE 教育理念的高校教师培养研究[J].黑龙江高教研究,2017(06):59-61.

财务管理课程思政教学改革实践
路径研究

孙健慧①

摘　要:课程思政的主要目的是让思政教育与专业课程实现有机结合。财务管理是高校管理类专业核心课程之一,因而以财务管理课程为例,探索课程思政的教学目标、教学内容、教学方法和考核形式,并以货币时间价值章节为例,分析其具体的教学设计过程,在此基础之上提出丰富课程思政的教学素材、构建课程思政的线上教学模式、加强课程思政的教学教研活动、建立课程思政的长效机制等建议,以期为其他管理类专业课程的思政建设提供可借鉴的方式方法。

关键词:财务管理;课程思政;教学改革;实践路径

一、引言

2016 年 12 月,习近平总书记在全国高校思想政治工作会议中指明,要坚持把立德树人作为中心环节,把思想政治工作贯穿教育教学全过程,高校各课程都应与思政课程同向同行,互相补充、互相促进,从而产生协同效应。

肖花[1]从学科交叉的角度出发,探究了高校各专业课程思政的建设过

---

①　孙健慧,天津商业大学会计学教师,管理学博士,研究方向为技术创新、公司理财。

程中出现的各种问题及其解决方案。刘遵峰等[2]以新时代背景下高质量发展要求为依托,详细阐释了课程思政和思政课程之间的逻辑关联,并给出了为使双方同向同行所应采取的措施。周湘林等[3]利用 Nvivo20 对新华网上经管类专业课程的思政建设内容进行分析,从而更好地为选取思政材料、挖掘思政元素和思政案例融入提供参考与借鉴。王少奇等[4]针对目前课程思政建设过于浅层化、形式化的特点,从深入教学研究、深耕实践范式、提高教师能力三个方面提出了对应策略。曲明[5]从教材教案、课上课后、成绩评定等多个方面阐释了课程思政改革的方式方法,并以财务管理、会计学和审计学三门课程为例,详细分析了其思政内容。赵健梅等[6]以财务管理课程为例,首先给出了该门课程思政教学的设计思路,然后举例阐述了其思政教学的具体实施情况,并点明了专业课教师在课程思政建设中的关键作用。李媛媛等[7]则依托南京审计大学 ACCA 项目中的专业核心课财务管理,探讨了国际化办学过程中加大课程思政建设力度的必要性和具体路径。朱强等[8]则从财务管理专业建设的角度出发,研究了课程思政改革中需要注意的问题以及实施过程中的主要措施。

综上所述,虽然目前已有许多学者对课程思政,以及财务管理课程思政进行了一些研究,但研究内容较为零散,缺乏系统性,且可操作性不强,对教学实践的实际指导作用不强。因此,本文在现有研究的基础上,基于天津商业大学财务管理课程的教学实践,深入探讨思政教育和专业课程间深度融合的实现方法,为财务管理课程的思政教学改革提供参考。

二、财务管理课程思政的教学目标

财务管理课程思政作为贯彻落实党的教育方针的根本要求,将思政教育有效融合到财务管理课程的教学之中,有利于推进财务管理课程的思政教学改革,兼顾知识传授、能力培养和价值塑造,这是高校教育的根本所在,直接影响未来我国财会人才的职业道德素质。因而,应找出课程内容和教学环节中所包含的思政元素,充分发挥其在教学过程中的隐性教育功能;设计恰当的思政融入方式方法,实现思政教育与专业知识的"基因式""嵌入式"融合;让学生在学习知识和技能的同时,着重培养学生的思想道德,从而达到立德树人、提高学生综合素质的培养目标。

知识传授方面,理解并掌握财务管理的基本概念、基本理论和定性定量的分析方法,明晰资金在企业运动的整个流程。能力培养方面,培养学生发现、分析和解决企业财务管理相关问题的基本能力,能够综合运用财务管理的相关理论和方法进行涉及企业融资、投资、经营、利润分配等方面的判断、分析及决策。价值塑造方面,以社会主义核心价值观为导向,培养学生诚实守信、遵纪守法、锐意进取、勇于奉献的品质;帮助学生形成团结、协作、沟通、创新的良好职业素质;鼓励学生将个人理想与社会进步相结合,以社会责任为己任,从整体上培养学生的爱国情怀和道德精神。

综上,构建起教师与学生二元主体驱动,培养学生实现知识、能力、价值观有机融合的财务管理课程思政教学目标。

三、财务管理课程思政与教学内容的融合

财务管理课程包括总论、财务管理价值理念、筹资管理、投资管理、营运资金管理和利润分配管理等内容。在上述专业知识的教学内容中适当融入思政部分,具体而言:

依托总论的教学内容,一方面,充分挖掘财务领域的历史名人事迹,如谢霖、葛家澍、杨纪琬、余绪缨等,通过这些人物身上所具备的高尚品质来激励青年学生刻苦学习,促进学生们树立正确的历史责任感和时代使命感。另一方面,列举实案例,让学生明晰企业的发展与宏观环境息息相关,进而增强学生的民族使命感。

依托财务管理价值理念的教学内容,一方面,通过风险与收益的知识点,引导学生辩证地看风险与收益,切忌一味地去追求高收益的投资项目,以防产生难以承受的损失。另一方面,通过单利和复利的知识点,以学生身边的"校园贷"为例,帮助学生树立理性消费观。

依托筹资管理的教学内容,一方面,以企业筹资数量的预测和财务预算的编制为切入点,让学生了解到财务工作的烦琐和复杂,教育学生要有严谨

的工作态度和高度的责任心及使命感。另一方面,结合诸如"E 租宝"等不良 P2P 事件,丹东港、山水集团等融资失败案例,引导学生提高警惕、重视风险,树立学生的风险防范意识。此外,以恒大债务危机为融入点,向学生介绍适度杠杆经营的必要性和过度杠杆举债的风险,培养学生的辩证思维。

依托投资管理的教学内容,以"互联网+"大学生创新创业大赛、大学生创新创业训练计划项目等为切入点,培养学生的创新创业意识,并通过对学生进行创新创业教育,培养学生积极合作、相互配合的团队意识,鼓励学生要有超越自我、奋发有为、锐意进取的可贵精神。

依托营运资金管理的教学内容,一方面,通过对短期资产中各类别最佳持有数量的预测和估计,让学生知道有些东西并不是越多越好,而以适宜为优,培养学生的忧患意识和辩证思维,引导学生思考道德哲学在商业领域中应用。另一方面,以信用筹资为融入点,如企业信用状况不同,银行贷款利率是有差别的,以及一旦被列入黑名单,银行贷款会被秒拒等,从而对学生进行价值观教育,无论是个人还是企业经营,诚信都是立足之本,帮助学生树立诚信品质,促进道德建设。

依托利润分配管理的教学内容,一方面,以疫情期间我国为企业减税降负政策为融入点,启发引导学生深刻理解国家相关政策,帮助学生树立制度自信;另一方面,以精准扶贫为融入点,通过模拟公司经营,辅以学生进行角色扮演,引导学生思考如何通过合理分配缩小贫富差距,从而帮助学生树立正确的价值观。

四、财务管理课程思政的教学方法

根据财务管理的课程内容和学生来自不同专业学科的特点,将启发式、讨论式、问题式、互动式、案例式、情景式、任务驱动式等教学方法引入教学实践中,激发学生的学习兴趣,提高学生的自主学习效果。

课前,通过"雨课堂"发布课前预习,包含相关慕课视频或案例介绍,要求学生提前观看或阅读。课上,开启"雨课堂"授课模式,实时了解学生进入课堂的情况,有效保证学生的出勤率。同时,进行重要知识点讲授,并借助随堂测试了解学生对于重要知识点的理解情况,随时查缺补漏,巩固重点。此外,通过课堂投稿、弹幕互动、随机点名等功能有效开展情景式案例教学互动,尤其是各章节思政案例的引入和讨论,并根据学生的参与度与讨论度打分,作为平时成绩考核的一部分。课后,一方面,通过雨课堂向学生发送作业和重要章节测验,巩固学生所学的知识;另一方面,通过雨课堂在教师微信上自动推送的课堂报告,可以更好地帮助教师进行教学反思,比如说出勤情况、课件学习情况、学生参与情况等,从而更加有针对性地调整教学设计、修正教学方式,而生成的优秀学生和预警学生名单,也可以让教师进行更有针对性的辅导。

五、财务管理课程思政的考核形式

财务管理课程强调过程控制,实施科学课程评价,严格课程管理。其中平时成绩为授课过程中的系列学习活动,应包含课程思政要点,强调对于学生日常学习和德育素质的评价,如小组汇报、交流研讨、案例分析等。此外,大力支持学生参加各级各类创新创业大赛及相关学科竞赛,提高学生应用所学知识解决实际问题的能力。通过潜移默化地在财务管理授课过程中融入思政元素,提升学生思想道德素养,进而培养学生爱岗敬业、勇于创新、科学理财等职业素质。

六、财务管理课程思政的教学设计案例——货币时间价值

(一)教学思路

课前将课件、案例等教学资源传至雨课堂,让学生提前学习;课中,依托雨课堂进行随机点名、弹幕互动等教学活动,充分激发学生的学习热情;课后在雨课堂上发布作业、测验等,从而加强对课程的过程控制。通过本堂课的学习,既能让学生掌握货币时间价值的计算方法,又能让学生清楚地知道"校园贷"的危害是什么,进而告诫学生应理性消费,不要进行超出自己能力范围的超前消费。

（二）教学过程

1. 导入新课：利率知识点的复习与回顾，并抛出问题引发学生思考（如：今天的一元钱和明天的一元钱一样吗?)，进而引出本节课的内容——货币时间价值。2. 讲授新课：时间价值的概念，终值、现值的含义，利息的两种计算方式——单利和复利的计算（课堂测验、实例导入、例题解析等）。3. 思政案例："校园贷"实际案例分享，并引导学生参与课堂讨论（案例具体内容：学生小孙是某高校大三学生，从网上借贷平台上借钱买手机、衣服、包包等。只借了5万元，结果不到1年的时间，连本带利需要偿还近50万元，没办法，其父母只能通过出售他们唯一的住房来帮助小孙偿还借款）。4. 做出点评：帮助学生了解不良校园贷的危害，并树立理性的消费观念，在自己能够承受的范围内消费，切勿盲目攀比，远离不良的在线贷款。5. 课堂小结：对本节课的主要知识点进行回顾总结，并布置预习任务、课后作业和相关拓展阅读材料等。

（三）教学方法

1. 课堂讲授：依托多媒体课件和板书，系统讲解本节课重要知识点，并对相关计算公式进行推导，让学生不仅知其然，还要了解其所以然。2. 实例与例题分析：搭配相关实例和例题阐述本节课的关键概念和问题，增强学生的理解和吸收。3. 案例讨论：以"校园贷"案例为融入点，引出本节课的讨论题目"校园里屡屡出现的高额校园贷款利息危机事件是怎么产生的"，进而依托雨课堂的课堂投稿、弹幕互动、随机点名等功能，鼓励学生参与讨论、表达观点，并引导学生通过逻辑和论据证明自己的观点，最后由任课教师就讨论中的主要观点、亮点进行总结和点评，并进行相关知识拓展，帮助学生树立理性消费观。4. 课堂测验：充分借助雨课堂的功能，完成学生签到和课堂测验，实时全面了解学生对于课堂知识点的掌握情况。5. 课后作业：通过雨课堂发布课后练习、章节测验和相关阅读材料，一方面巩固学生所学知识，另一方面鼓励学生课下阅读。

综上所述，通过实例导入、课堂讲授、例题分析、雨课堂的方式进行本节课教学内容的学习，提高学生学习积极性和课堂参与度，帮助学生理解货币时间价值的含义,并能够完成单利、复利、终值、现值问题的计算与分析。同时,挖掘思政基因实现价值引领,以学生身边的"校园贷"案例为切入点,揭示校园贷的本质及其危害,即高风险、无保障、圈套多、陷阱多,结合按天复利计息,以期让学生树立正确消费观念,并增强信用意识。

七、对改进财务管理课程思政的进一步思考

(一)丰富课程思政的教学素材

不断丰富和完善财务管理课堂思政案例库、扩展阅读资料库等,并定期维护优化更新课程教学资源。引入我国本土上市公司的实际案例,并及时更新最新资料,理论知识与实际相结合,以期帮助学生理解我国企业中真实的投融资、营运、分配等活动,一方面,可引起学生的学习兴趣;另一方面,也可增强学生的民族荣誉感与自豪感。

(二)构建课程思政的线上教学模式

充分借助诸如雨课堂、学习通等技术平台进行线上授课,建立课程思政的线上教学模式,对学生开展全方位思政教育。线上教学的特点是不受时空限制,但与学生的实时互动性不足,而线下教学可以很好地补足这一缺点。因而,在线下授课的基础之上,引入线上教学,一方面,学生可在线上进行预习与复习工作。另一方面,教师在线下深入讲解理论知识及其在实践中的应用,提高了课堂教学效率,也有助于三全育人思政教育的实现。

(三)加强课程思政的教学教研活动

首先,构建年龄、学历、职称等结构合理、作风过硬、优势互补的教师队伍,并围绕思政分析、教学设计等定期进行教学研讨,加强彼此之间的沟通与交流,还可组织教师参加教学培训或邀请校外专家进校等,不断提高教师队伍的思政教学能力。其次,定期举办多种形式的政治理论学习活动,强化教师的思政意识,增强专业课教师对于课程思政建设的使命感和责任感。再次,经常组织听课和看课活动,及时提炼一些可复制、可推广的财务管理课程思政典型经验和特色做法,并以榜样的力量去带动全体教师加入到课程思政建设之中,推动形成全体教师关注课程思政、享受课程思政的良好氛

围。最后,大力支持教师参加各种类型的课程思政课题申报以及课程思政教学竞赛,在准备的过程中有利于增强教师对于课程思政建设的思考和钻研。

(四)建立课程思政的长效机制

财务管理课程思政建设是一项长期而复杂的系统性工程。从学校层面来讲,需要进一步加强顶层设计和规划,逐步开展,层层推进,分步实施,注重强调对学生思想品德的教育,并明确课程思政建设的定位和标准,辅之以相应的配套政策,从组织、经费等各方面给予保障。从学院层面来讲,要定期修正财务管理课程的教学大纲,突出思政教育目标和思政元素融合点,持续推进财务管理课程思政的教学改革与研究,不断创新教学方法与手段,以实现财务管理课程思政的育人功能。

八、结语

课程思政建设是高校教学改革工作的重点,财务管理课程作为财经类高校的重要课程之一,其课程思政建设受到了广泛关注。财务管理课程思政教学改革应从教学目标的有机统一,思政教育与教学内容的深度融合,教学方法的创新及考核形式的多样化等方面入手,并进行不断地探索与创新,以期培养出一批具有良好品质与职业素养兼具专业能力的复合型应用财务管理专业人才。

参考文献

[1]肖花.高校课程思政的价值逻辑与建设路径——基于学科交叉视角[J].江苏高教,2024(01):79-85.

[2]刘遵峰,张春玲.新时代高校课程思政与思政课程"同向同行"的内在逻辑及路径选择[J].中国大学教学,2023(11):45-51.

[3]周湘林,张梦瑶.材料·元素·融入:经管类课程思政如何开展?——以新华网课程思政平台经管类课程为例[J].中国人民大学教育学刊,2024(01):44-59.

［4］王少奇,荀禹,宫福清.课程思政的现实藩篱、实践要旨及推进策略［J］.教育科学,2023,39(04):63-68.

［5］曲明.关于财会审类课程思政的思考［J］.财务与会计,2023(15):72-73.

［6］赵健梅,孙敏.财务管理课程"课程思政"教学实践探索［J］.思想理论教育导刊,2022(10):136-140.

［7］李媛媛,王军法,李岩岩.审计国际化专业"财务管理"课程思政建设探讨——以南京审计大学 ACCA 项目为例［J］.财会通讯,2022(22):47-51.

［8］朱强,谢丽萍,朱阳生.财务管理专业"课程思政"的理论认识与实践路径［J］.学校党建与思想教育,2019(06):67-70.

思想政治教育与会计职业道德教育融合的探索与研究

陈仕哲①

摘　要：本文旨在探讨思想政治教育与会计职业道德教育融合的必要性、现状、存在问题及解决策略。首先，分析了当前会计职业道德教育的现状，指出了其与思想政治教育脱节的问题。其次，探讨了二者融合的理论基础和实践意义，提出了促进二者融合的路径和方法。最后，对研究成果进行总结，并展望了未来的研究方向。

关键词：思想政治教育；会计职业道德教育；融合

一、引言

思想政治教育是促进人才全面发展的重要手段，会计职业道德教育是培养会计人员职业操守和道德观念的重要环节。随着经济社会的进步，会计行业的作用日益凸显，会计职业道德的重要性也愈发突出[1]。然而，当前会计领域出现的种种问题，在一定范围内反映出会计人员职业道德存在的问题。而思想政治教育作为培养人道德素质的重要手段，与会计职业道德教育的融合显得尤为必要[2]。通过融合教育，不仅可以培养会计人员坚定的职业道德信念和职业操守，还可以引导他们在经济活动中坚守道德底线，

---

① 陈仕哲，天津商业大学会计学院教师，法学硕士。

维护公众利益。这种融合教育有助于提升会计人员的整体素质,促进会计行业的健康发展,为社会的经济繁荣和稳定做出积极贡献。

二、思想政治教育与会计职业道德教育的现状

随着社会的发展和经济的快速增长,目前,在会计职业道德教育领域,思想政治教育的融入程度和应用效果并不理想,二者之间存在一定程度的脱节。

(一)会计职业道德教育的现状

当前,我国会计职业道德教育主要依赖于会计专业的课程设置和从业资格的考试培训。这些教育形式在一定程度上提升了会计人员的职业道德意识和行为规范,但仍然存在一些问题:第一,教育内容单一,当前的会计职业道德教育主要侧重于理论知识的传授和道德规范的讲解,缺乏对会计人员内心世界、情感态度和价值观念的深入引导。第二,实践环节薄弱,多数会计职业道德教育停留在课堂讲授层面,缺乏实际案例分析、模拟操作和职业道德实践的机会,导致理论与实践脱节。第三,教育方式陈旧,传统的灌输式教育方法忽视了会计人员的主体性和参与性,难以激发其学习兴趣和道德自觉。

(二)思想政治教育的现状

思想政治教育在我国有着深厚的理论基础,是本科生教育的重要组成部分。然而,在会计领域,思想政治教育的融入并不普遍,主要存在以下三个问题:第一,融合度不够,思想政治教育与会计职业道德教育在内容和目标上缺乏有效融合,二者各自为战,未能形成合力。第二,重视程度不足,部分会计专业教师对思想政治教育的重要性认识不足,认为其与会计专业技能的提升关系不大。第三,资源投入有限,在会计专业教育中,对思想政治教育的投入相对较少,缺乏专门的教材、师资和评价体系。

(三)两者教育融合的现状

虽然思想政治教育与会计职业道德教育在理论上存在融合的可能性和必要性,但在实际操作中,二者的融合并不顺利。这主要是因为二者在教育

理念、内容和方法上存在差异和矛盾,需要进一步地探索和实践。

综上所述,当前思想政治教育与会计职业道德教育的现状并不理想,存在诸多问题。为了解决这些问题,我们需要加大二者的融合力度,创新教育理念和方法,提高会计专业大学生职业道德素养和综合素质,为经济社会的健康发展提供有力保障。

三、教育融合存在的问题

在探讨思想政治教育与会计职业道德教育相融合的问题时,我们可以从教育内容脱节、教育方法单一、评价体系不完善以及资源投入有限等四个方面进行深入分析。这些问题是阻碍二者有效融合的关键因素,需要得到充分的重视和解决。

(一)教育内容脱节

当前,思想政治教育与会计职业道德教育在教育内容上存在一定的脱节现象。一方面,思政教育以关注培养学生的世界观、人生观和价值观为主要,强调道德理论的学习和道德情感的培养。另一方面,会计职业道德教育则更侧重于会计职业规范、行业准则和法律法规的学习。二者在教育目标上虽然都致力于提升学生的道德素质,但在具体内容上缺乏有效衔接和融合。这种脱节现象导致学生在接受教育时难以形成完整的道德认知体系,难以将思想政治教育中的道德理念应用到会计职业道德实践中。

教育内容脱节还体现在理论与实践的脱节上。当前的会计职业道德教育往往停留在理论层面,缺乏对实际会计工作的深入了解和指导。而思想政治教育则往往又过于抽象,缺乏与会计职业道德教育相结合的具体案例。这种理论与实践的脱节使得学生在面对实际工作中的道德困境时,难以将所学的理论知识转化为实际行动。

(二)教育方法单一

在思想政治教育与会计职业道德教育的融合过程中,一个突出问题就是教育方法单一。传统的教育方法是灌输式的,并且在我们讨论的在两种教育中都占据主导地位,教师往往通过课堂讲授、知识灌输等方式进行教育,学生只是被动地接受。

单一的教育方法还体现在缺乏多样化的教学手段和形式上。在会计职业道德教育中,缺乏案例分析、角色扮演、模拟实践等能够提升学生实践能力和道德判断力的教学手段。在思想政治教育中,也缺乏与会计职业道德教育相结合的实践活动和体验式教学,使得学生在接受教育时难以形成深刻的道德情感体验。

(三)评价体系不完善

评价体系的不完善也是阻碍思想政治教育与会计职业道德教育相融合的一个重要问题。当前的评价体系往往过于注重知识掌握和理论学习的成果,而忽视了对学生道德行为和实践能力的评价。这种以知识为导向的评价体系难以全面反映学生的道德素质和发展水平,也无法有效评估思想政治教育与会计职业道德教育融合的效果。

评价体系的不完善还体现在缺乏长期性和持续性的评估机制上。道德素质的培养是一个长期的过程,需要持续的教育和引导。然而,当前的评价体系往往只关注短期内的学习成果,缺乏对学生道德素质发展的长期跟踪和评估。这种短期性的评估机制无法真实反映学生的道德成长和变化,也无法为教育改进提供有效的反馈和指导。

(四)资源投入有限

资源投入有限是制约思想政治教育与会计职业道德教育相融合的重要因素之一。由于缺乏专门的教材和师资队伍,以及教育设备和场地的限制,两种教育在融合过程中往往面临资源不足的问题,难以满足学生全面发展的需要。

此外,资源投入有限还体现在对融合教育的重视程度不够上。一些教育机构和教育者可能认为思想政治教育与会计职业道德教育是两个独立的领域,缺乏将它们融合在一起的意识和动力。这种缺乏重视的态度使得资源投入更加有限,进一步制约了两种教育的融合和发展。

综上所述,思想政治教育与会计职业道德教育相融合存在的问题主要包括教育内容脱节、教育方法单一、评价体系不完善以及资源投入有限等[4]。为了解决这些问题,我们需要加强两种教育的沟通和协作,完善两种教育的内容和方法,建立科学的评价体系,并加大对融合教育的投入和支持。只有这样,才能更好地培养出具有高尚职业道德和全面素养的会计人才。

四、教育融合的解决策略

(一)加强两种教育的沟通和协作

首先,我们需要建立跨学科的沟通机制,促进思想政治教育与会计职业道德教育之间的交流与协作。包括定期召开教研会议,共同制定教学大纲和教学内容,确保二者在目标和内容上的一致性。同时,鼓励教师之间的交流与合作,共同开发融合两种教育元素的课程和教学案例。

其次,加强学校与会计行业、企业的合作,建立实践教育基地。通过与企业合作,让学生在实际工作中体验和感知会计职业道德的重要性,同时也让企业参与到学生的教育中来,共同培养符合行业需求的优秀人才。这种合作模式能够增强学生的实践能力和职业道德意识,进而促进思想政治教育与会计职业道德教育的有机融合。[6]

(二)完善教育内容和方法

在融合教育中,我们需要重新审视和完善教育内容和方法。首先,要构建融合思想政治教育和会计职业道德教育内容的课程体系,确保二者在知识、技能和情感态度等方面实现有机结合。这包括将会计职业道德规范、行业准则等内容融入思想政治教育中,也包括将思政教育引入到会计职业道德教育之中。

其次,采用多种多样的教学方法和手段。比如,运用案例教学、模拟实践等教学方法,让学生在具体情境中体验和思考职业道德问题。同时,也可以利用现代信息技术手段,如在线课程、虚拟仿真等,增强教育的互动性和实效性。

此外,理论与实践的紧密结合是确保思想政治教育与会计职业道德教育融合效果的关键所在。通过组织学生参与社会实践活动,如社会调查、志愿服务等,或参加企业实习,让学生在实际工作中学习和体验会计职业道德,提高其职业道德素养和实践能力。

(三)建立全面而科学的评价体系

为了有效地评估思想政治教育与会计职业道德教育融合的效果,我们需要建立全面而科学的评价体系。这个评价体系应该包括对学生知识掌握、技能运用、道德行为等多方面的评估,同时也应该注重过程性评价和结果性评价的结合。

在整个过程中,我们可以采用非单一的评价方式,比如自我评价、互评、教师评价等,以此来确保评价体系的整体性、客观性和公正性。同时,我们还应该注重对学生职业道德行为的观察和记录,以便及时发现问题并进行针对性的指导。

此外,我们还应该建立长期跟踪评估机制,对学生毕业后的职业道德表现进行跟踪评估,以便及时了解融合教育的长远效果,并为改进教育方法和内容提供有力依据。

(四)加大对融合教育的投入和支持

为了推动思想政治教育与会计职业道德教育的融合,我们需要加大对融合教育的投入和支持力度。首先,在教育资源配置上,要优先保障融合教育所需的师资、教材、场地等条件。同时,加大对融合教育课程建设和教材开发的支持力度,鼓励教师积极参与融合教育的研究和实践。

其次,在师资队伍建设上,要注重引进和培养具有跨学科知识和教学经验的教师。通过线下培训、组织学术交流等形式多样的活动,以达到加强师资建设的目的,提高他们的专业素养和教学能力,为融合教育的实施提供有力保障。

此外,还应加强对思想政治教育与会计职业道德教育相融合的宣传和推广工作。通过开展研讨会和举办线上、线下讲座的形式,提高社会对融合教育的认知度和认可度,为融合教育的顺利实施营造良好的社会氛围。

综上所述,加强思想政治教育与会计职业道德教育的融合是一项长期而艰巨的任务。我们需要从加强沟通和协作、完善教育内容和方法、建立全面而科学的评价体系以及加大对融合教育的投入和支持等方面入手,不断探索和实践融合教育的有效途径和方法。只有这样,我们才能培养出既具备专业技能又具有良好职业道德的会计人才,为社会的经济发展做出积极的贡献。

五、总结

思想政治教育与会计职业道德教育的融合是提升会计人员道德素质、促进会计行业健康发展的重要途径。通过加强教育内容的融合、创新教育方法和完善评价体系等措施,可以有效解决当前存在的问题,推动会计职业道德教育的创新发展。

在当今快速发展的经济环境下,会计职业道德教育显得尤为关键。而思想政治教育,作为塑造个体价值观、道德观的重要手段,与会计职业道德教育相融合,这在相当大的程度上可以为提升会计从业人员的道德素质、促进会计行业的健康发展注入新的活力。

这种融合不仅是对传统会计教育的补充,更是对其进行深化和拓展。通过深化思想政治教育与会计职业道德教育内容的融合,我们可以确保会计人员在掌握专业技能的同时,也具备坚定的道德信仰和职业操守。这种融合教育能够引导会计人员在面对复杂的经济环境和道德困境时坚守底线。

展望未来,思想政治教育与会计职业道德教育的融合仍有很大的研究空间,其实践路径仍需要探索。我们期待通过更多的研究和实践,为培养具备高尚职业道德和全面素养的会计人才提供有力支持,为社会的经济发展作出更大的贡献。

参考文献

[1]赵建新.会计职业道德与高职会计人才培养[J].会计通讯,2012(18):16-18.

[2]邓德强,温素彬,赵忆忆,等.会计实践能否提高会计学生职业道德

推理能力？［J］.会计研究,2018(08):87-94.

[3]伊金秀,沙琦."教师、学生、管理"动态均衡的教学效果评价模式——工商管理人才培养方案(2016)的落实[J].现代商贸工业,2017(12):147-149.

[4]陈正权.应用型高校教学改革反思与路径探寻[J].曲靖师范学院学报,2017(02):49-53.

[5]余四华.思政教育与会计职业道德有机融合研究[J].求知导刊,2015(06):18.

[6]王军.携手共进　服务资本市场健康发展——在国际财务报告准则大会上的讲话[J].中国注册会计师,2008(11):5-10.

双碳背景下财务创新型人才培养的
研究性教学研究

肖梦瑶①

摘　要:本文就双碳背景下的财务创新人才培养进行探讨,目前我国创新人才培养模式以政府主导为主,人才培养目标逐步明确,创新课程体系不断完善,学生创新实践培养得到重视。通过借鉴国外的成功案例,本文提出优化高等院校财务创新型人才的路径,包括明确人才培养目标;完善实践教育体系;建立一流师资队伍;探索创新型人才培养途径。

关键词:双碳背景;财务创新人才;培养目标

一、引言

要实现人与自然的和谐共生,绿色转型、低碳发展是必由之路。作为一个负责任的大国,习近平总书记在 2020 年联合国大会上提出中国力争 2030 年实现碳达峰和 2060 年碳中和的目标。在党的二十大上,习近平总书记对实现"双碳"目标进行了新的部署。着力造就拔尖创新人才,激发创新人才创造活力,以更好推动绿色低碳发展。但我国绿色低碳发展之路面临诸多问题,绿色低碳转型还存在诸多障碍,核心技术受制于人,人才尚不能适应绿色低碳发展的需要,创新型人才紧缺,原有人才培养模式受到挑战,建立

---

① 肖梦瑶,天津商业大学会计学院教师,会计学博士。

新型财务创新人才培养模式迫在眉睫。

二、我国财务创新人才培养模式现状

（一）政府主导的学校教育模式

政府主导的学校教育模式是最普遍的，主要是政府提供资金开展基础教育工作。但是这种模式发展并不均衡，农村和城市、西部和东部地区存在明显的差距。城市和东部地区由于经济发展迅速，所以在教育方面有明显的优势。如果这一现状无法得到显著的改善，那么经济不发达区域的职业技能教育水平将普遍偏低，长期就会产生恶性循环。

（二）人才培养目标逐渐清晰

我国财务创新型人才培养经历了由模糊到逐渐清晰、规范的过程。总体来说，我国大部分高等院校已经意识到财务创新型人才培养的重要性，并将其与社会进步、院校发展紧密联系在一起。高等院校的创新型人才培养目标具有明显的中国特色，同时强调人才对基础学科知识和技能的掌握，如"基础扎实""理论功底扎实"和"基础知识"等。另外，对创新意识和创新能力的培养是高等学校培养创新型人才的核心目标。

（三）创新课程体系不断完善

高等院校为培养财务创新型人才，在学校的课程设置上做了一定的完善和优化。一是促进通识课程和专业课结合。在人才培养过程中，过分强调专业教育，会使学生认知固化，创新能力不足。近年来，高等院校在人才培养模式上不断完善，通识课程比例不断提高，为学生构建了较为完备的知识体系。二是创新创业教育课程逐步完善，部分高校采取"选修+必修""上线+下线"的方式授课，为学生开拓创新创业思路，增强创新创业能力。第三，引进和开设高等院校的国际化课程，使学生的视野更加开阔，能力得到更大的提升。

（四）重视学生创新实践训练

高校创新型人才培养在财务创新实践实训方面的成效，一是将学生实践纳入学生培养计划,对财务专业实习进行集中、定点、有针对性的指导。二是创新实训孵化平台不断完善,我国大部分高校加强了实验教学平台建设,以满足学生创新实践实训的需要。除此之外,加强高校与政府、企业合作,提高创新创业基地孵化能力,为学生创新实践提供服务和支持。三是在国家建设"创新型国家"战略背景下,组建了一支由优秀导师和学生组成的竞赛队伍,并取得了丰硕成绩。

三、双碳背景下财务创新人才培养理念

(一)双碳背景下创新人才培养定位

2022年5月教育部提出以高等教育质量发展服务国家碳达峰碳中和专业人才培养需求。双碳背景下,企业在初创期还没有进行碳管理,所以财务人员在日常经营管理中应该及时掌握企业的碳管理收益、成本费用以及收入利润情况。由于受双碳目标的影响,财务人员应该深刻理解其内涵和本质,开展有利于实现双碳目标的财务管理活动。

(二)双碳背景下财务创新人才培养转型

传统的财务管理更多关注财务报表分析,但是随着双碳目标的不断推进,财务人员转型势在必行,财务人员不仅了解企业的碳管理以及绿色转型情况,还要了解碳市场和碳金融对企业的影响。此外,财务人员还要加强碳战略意识,对于集团化企业,分工会越来越具体化,每一个战略都需要进行仔细剖析,并根据分析的结果提出应对困难的策略。在双碳背景下,财务创新人才能够充分使用人力资源、资金资源等,促进财务创新人才培养转型。

(三)双碳背景下财务创新人才培育

随着双碳目标的不断推进,创新人才的路径应当逐渐多样化。首先,包括采用在职读研、继续教育培训等途径。财务人员不拘泥于传统的财务管理,而是从事双碳背景下的财务决策。此外,将了解低碳理念的人才引入这一领域,从而促进财务创新人才培育。其次,选拔在绿色低碳方面具有影响力的人才进行培训,为财务人员注入绿色低碳理念,并融入到日常的财务管理中。最后,健全考核制度,利用这一制度约束财务管理人才,对处于不同

岗位的财务人员的要求是不一样的,应当实施不同的考核制度。比如对于子公司的财务人员,应当由子公司予以提拔、处罚。

四、国外创新人才培养经验借鉴

(一)国外创新人才培养成功院校案例

1. 美国高校注重创新意识培养

美国教育研究者认为扎实掌握基础知识是非常重要的,在此基础上发展学生的创新实践能力,最终达到创新人才培养的目标。这一模式需要经历三个阶段,第一阶段是学生基础知识的学习,学生应认真学习基础知识,同时家长与教师应该挖掘学生兴趣爱好点,为学生做好目标规划。第二阶段是自身能力提升阶段,学生要认真、系统地学习财务专业知识和提高思想道德修养,全方面提高自身综合素养。第三阶段,学生应当实现自我超越,学校应当从行业中寻找财务专业,带领学生参加实践活动。美国机构平台丰富,数量广阔,为学生提高动手能力提供了重要的硬件支持,美国各机构的平台也为学生提供了丰富的硬件支持。通过这种模式培养出来的学生是非常优秀的,他们不仅专业知识扎实,实践经验力也十分丰富。

2. 德国注重创新实践能力的锻炼

德国"双轨制"教育方式是学校与公司共同培养的教育模式,学生进入校园要与学校、企业签订合约,在学校学习扎实的基础知识,并且可以到企业中进行实践锻炼,让学生成为学徒,有利于学生将在学校里学到的知识应用到实践中去。

学生可以通过自己的摸索,找到实际操作中的问题和不足,然后进行解决。创新意识的培养,离不开实践平台的搭建,这对学生今后的就业具有很大的帮助。

(二)国外创新人才培养的经验启示

1. 多方合作的创新创业教育组织

提高财务人才培养质量的关键在于校企合作的深度,企业参与学校教育教学的全过程,让学生了解企业的整个经营流程,并有机会亲身体验实际工作。中国的校企合作目前还处在初级阶段,相关政策法规还不够完善。政府部门应该主动为校企合作提供条件。同时学校也应该挖掘自身的科研能力,为企业储备人才,使校企合作更加深入。

2. 先进的创新教育理念

美国在培养学生时希望学生根据兴趣进行自主性学习,而我国希望学生钻研某一方面的专业理论知识。就学习深度而言,美国虽然培养的学生深度不够,但广度上促进学生兴趣发展,激发创新潜能。我国高等院校的学生一旦入学时选定了专业,以后就无法随便转换专业,且必修和选修课程都是学校设置好的,学生在其中进行选择,使得学生学习的自由度不大①。

3. 开放的创新创业校园氛围营造

在培养创新意识方面,德国崇尚自由灵活的学术风气。一方面,德国教师上课可以不按照固定的教学进度和知识点上课,教师和学生都能坐下来讨论问题,直到将存在的问题解决为止,这充分说明德国课程的灵活多变。另一方面,德国的学生学习自由,学生可以根据自己的想法选课程、选老师,这意味着学校尊重学生的选择,尊重学生的兴趣。创新就是把学生的主体性发挥出来,把兴趣爱好不断激发出来。

五、创新人才培养在高等院校中存在的问题

(一)人才培养目标定位不够准确

财务创新人才培养目标的制定虽然经历了科学化和规范化,但仍然存在问题。一是培养目标缺乏特色,未考虑学校所处的位置、专业存在的差别和人才类别等,对培养目标的表述不具体,过于宽泛。此外,培养目标更新不及时,存在滞后的现象,与当今时代的人才需求的适应程度不高。二是人才培养目标设置趋同,相似度较高,均存在"创新精神""基本知识""实践技

---

① 不能根据自己的兴趣爱好上课,而且我们国家的财务实操课程大多是单向的,很难做到理论与实践的有效结合。

能"等高频词。

(二)实践锻炼平台建设尚不完善

高校实践平台不健全,是创新人才培养的重要制约因素。主要表现在:一是实践平台的缺乏,致使实践实训课程效果不突出,制约高校创新人才实践能力发展。二是一些创新成果孵化平台建设不够完善,存在科研创新成果转化率不高、资源浪费严重、部分创新成果孵化平台建设不完善、运行机制不健全、统筹协调不够、管理主体分散、指导教师成果转化数量不足等问题。

(三)师资队伍结构和能力有待优化

我国高等院校财务创新人才的创新能力和培养师资的主动性有待提高。教师团队的创新意识和创新能力不足,不能为学生提供针对性的指导。虽然一些高校组建的团队学术水平很高,但仍采取灌输式、传授式的教学方式,并且大部分教师以普通教师为主。个别教师在教学过程中因循守旧,把完成教学任务放在第一位,与学生之间缺乏沟通与交流,影响了培养创新人才的效果。

(四)创新人才培养方式的单一性

主要体现在三个方面,一是课程设置不合理,核心课程地位不突出,激发学生主动性和创造性的课程较少,没有充分体现对学生创新能力的培养,过多强调学生技术能力的培养。二是创新创业课程体系不健全,绝大多数学校的创新创业课程都属于选修课程,课时有限,教师很难展开深度授课,深度不够。而且实践实训课程系统性和操作性不强,大学生群体的实际需求很难得到满足。三是课程评价机制不全面,学校更多采用的是学业评价和综合素质评价,而对学生创新思维能力、创造性实践能力的评价。

"双碳"概念是近年来比较热门的话题,倡导"创新、协同、绿色、开放、共享"的绿色教育理念。绿色教育理念应该像数理化一样,成为本科生的基础课程,增强学生可持续发展的意识。然而,目前与绿色、双碳相关的课程少之又少,且绝大多数课程与绿色教育理念不相干,因此,财务创新型人才培养课程体系设置与绿色教育理念不能有效衔接。

六、高等学校创新型人才培养路径优化

(一)明确人才培养目标

我国高等院校首先应在教育方针的指导下,从确保国民经济发展和"双碳"目标的高度上把握人才培养目标的制定方向,深入分析碳中和、碳达峰对于财务创新型人才的要求,优化创新型人才培养目标的内在逻辑层次。清晰的办学目标、规模和定位是制定创新型人才培养目标的标准。此外,学校还应当充分考虑不同层次、不同专业创新型人才的发展差异,尊重学生的发展规律。

(二)完善实践教育体系

高校在重视理论知识的同时,也应该给学生提供更多的创新实践和财务实习机会,不断完善大学生实践教育制度。学校要增加学生参加科研实践的机会和频率,需要加强双碳模拟试验平台和实习基地的建设。双碳业务实训过程中,理论知识需要在实践中落地,提高大学生的创新实践技能,提高学生的创新感和获得感。同时,各高校要积极对接企业,制定人才培养项目和双碳业务实践方案,促进高校与企业之间的知识、信息、资金、人才双向流动,让产学研合作更好地落地。

(三)建立一流师资队伍

师资力量是学校"双一流"建设的基础,学校要有针对性地引进和培养具有创新意识的教师队伍,坚持"引育结合"。首先,学校要有针对性地引进一支具有专业理论、知识层次高、动手能力强的师资队伍,聘请高层次、高学历人才担任教师,进一步加大财务创新人才的培养力度。其次,学校要为人才培养提供充足的人力资源保障,制定不同层次的人才计划,如"领军人才""创新创业导师"等。学生配备具有高级职称的学业导师,承担学生的专业发展、学业规划和科学研究等工作。最后,学校为科研人员要建立合理的薪酬福利制度和人力资源管理制度,提高教师群体的积极性。

(四)探索创新型人才培养途径

高校应该制定以绿色低碳转型为目标的人才培养方案,在学生专业基础教育、核心能力培养以及专业拓展知识等方面落实创新人才培养的举措，落实双碳课程、各项实践的具体环节。同时，构建较为完整、系统的理论教学体系，培养学生碳战略意识、碳核算意识、碳市场意识、碳抵消意识、新能源意识、碳改进意识、碳财务意识、碳会计意识、碳区域块链意识、碳协调意识。此外，高校可以建立人才培养考核评价机制，让学生充分发挥主观能动性，鼓励学生投入到创新实践中。

参考文献

[1]刘敏.产业创新人才开发路线图的方法与实践——以"双碳"背景下粤港澳大湾区绿色低碳产业创新人才开发路线图为例[J].科技管理研究,2022,42(21):120-128.

[2]黄银云,胡新岗,丁越勉.高职拔尖创新技术人才的类群特征、培养逻辑与培养策略[J].教育与职业,2024(03):49-54.

[3]贺祖斌,蓝磊斌.拔尖创新人才培养的政策、困境与对策——以交叉学科为视角[J].社会科学家,2023(11):138-143.

[4]钟秉林,李传宗.科教融合培养拔尖创新人才的政策变迁与实践探索[J].中国高教研究,2024(01):33-40.

[5]陆冠臣.数字经济背景下财务创新人才培养:理念、路径与评价[J].财会通讯,2023(08):171-176.

[6]吴画斌,许庆瑞,陈政融.数字经济背景下创新人才培养模式及对策研究[J].科技管理研究,2019,39(08):116-121.

数智时代财务分析课程教学改革实践路径研究

初立明①

摘　要：随着数智时代的到来,财务分析在企业决策和金融市场中的重要性日益凸显。然而,传统的财务分析课程教学往往无法满足学生掌握数智化分析工具和技能的需求。本论文旨在通过适应数智时代需求、市场和企业需求的变化、提升学生综合能力和促进实践能力培养四个维度探讨数智时代财务分析课程教学改革的必要性,并从优化课程内容、完善教学方法、建立实践平台和培养师资队伍四个层面提出可行的实施路径,以培养学生在数智时代背景下的财务分析能力。

关键词：大数据；人工智能；财务分析；教学改革

一、引言

党的二十大报告指出要加快建设教育强国、人才强国,着力造就拔尖创新人才。随着大数据、人工智能、机器学习等信息技术的迅猛发展,企业财务数据分析面临着前所未有的机遇与挑战。在数字化、智能化的时代里,将数智化的信息作为最重要的生产因素,通过现代的信息网络作为主要的载体,通过智能算法作为一种重要的手段,来提高企业的管理效率和决策能

---

① 初立明,天津商业大学会计学院教师,经济学博士。

力[1]。传统的财务分析方法围绕计算财务指标的简单分析、处理单个或较少上市公司的报表数据,已经无法满足日益复杂的商业环境和市场需求,财务分析手段亟须更新。因此,财务分析课程的创新改革,引入数智化工具和技能,已成为增强财会专业整体教育水平、强化财务分析课程实际教学效果的必经之路。本研究尝试在分析数智时代财务分析课程教学改革必要性基础上,探寻数智时代对财务分析课程教学改革的实施路径,以期为财务会计专业人才培养提供一定的理论支持与实践指导。

二、数智时代财务分析课程教学改革的必要性

(一)适应数智时代需求

从技术进步方面来看,数据科技进步将促进会计发展,大数据、人工智能等技术将改变财务分析范式。《会计改革与发展"十三五"规划纲要》指出,要积极融合新技术、新手段,推动会计核算技术的优化升级。《会计改革与发展"十四五"规划纲要》强调推动会计、审计、会计管理工作数字化转型,为会计事业发展提供新引擎、构筑新优势。在数字化、智能化背景下,对财务分析人才的需求量剧增,而财务分析既要对数据量、指标体系、原因进行分析,又要对行业数据进行获取和处理。基于智能系统的财务会计具有规范化、智能化和社会化等特征。[2]

(二)市场和企业需求的变化

数字化、智能化时代是在数字科技的驱动下,深入地融入传统,提升客户体验,优化生产流程,提高行业效益,提高交易效率,推动许多崭新的运营模式和经营情景。企业积极转变观念,充分利用大数据技术,改变财务分析思维,从深度、广度等多维度分析企业经营管理状况,利用数字技术,为各利益主体提供内外部管理报告,实时动态数据看板,预期市场经营收益,对经济、政治、政策环境的风险应对能力预测。人工智能在语音识别、图像处理、自动翻译、自动驾驶等多个领域取得了突破性进展,伴随着大数据、云计算等新技术的快速发展,财务报表分析、财务管理、管理学等内容,需要融合宏观分析和行业分析[3]。基于当前和未来市场的需求,企业对财务分析人才

提出了更高的要求,包括商业智能分析与可视化、大数据财务决策、大数据审计等。

（三）提升学生综合能力

数智时代下,会计的服务对象、服务领域、工作职能和手段等,从形式到内容均面临转型升级,教育行业的财会人才培养也发生不同程度的变化,数字智能技术是财务会计专业人才培养的手段。传统财务分析课程中,教学过程以案例数据为主,数据规模较小、数据代表性有限,教学手段、教学方法受限,无法满足对业财融合全方位多角度分析数据的需求。数智时代下,财务分析课程教学改革能够培养学生的信息处理、分析和判断能力,系统建立对财务分析的认识,引导学生主动学习、学会协作、学会创新,提高他们的综合素质,使其在职场中具备更强的竞争力。数智化分析工具和技能已成为财务分析师的基本素养,培养学生掌握这些工具和技能,有助于他们在未来的职业发展中保持竞争力。

（四）促进实践能力培养

从财务分析课程教学内容来看,传统财务分析课程主要从资产负债表、利润表、现金流量表等展开,挖掘案例中财务分析的程序与方法,财务综合分析与评价,形成对筹资、投资和分配活动的决策,通过个别或少数案例数据分析,其财务分析质量不高。提高财务分析质量需要基于大量财务数据,有效分析数据,有相应的新手段、新技术和新方法支撑。在数字化、智能化时代,财务分析课程更多强调培养学生的实践能力,让学生能够学有所用,从而提高他们的实践能力。企业能够主动地应对外部挑战,能够对客户数据和市场数据进行采集、分析,并在此基础上对财务数据进行预测和决策。

三、数智时代财务分析课程教学改革实践路径

为了适应数字化、智能化快速发展,对数智型人才的迫切需求,本课程结合传统财务分析课程特点,探索将数字智能技术工具引入到课程教学中,从而更好地满足社会对数智型人才的培养需求。

因此,本课程建设的总体思路是在"适应社会需要"人才培养总方针的

指引下,结合智能财务的时代背景下,融合知识、技术和应用,加强能力的培养,优化课程教学目标;囊括教、学、管、评、测等方式,融合专业与技术、学术与企业,利用企业信息化技术与应用平台,发挥专任教师的专业知识与技能,优化教学模式;连接知识、技能和应用,贯彻专业与技术,优化教学内容;合理权衡知识技能掌握与应用效果检验,具体实践路径可以归纳为图1所示的四个方面。

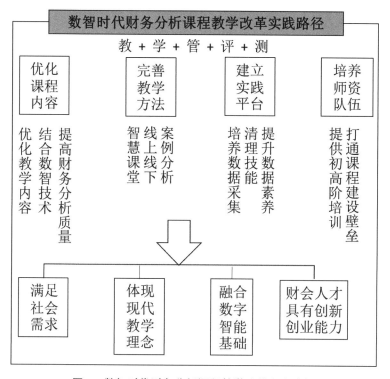

图1 数智时代财务分析课程教学改革实践路径

(一)以价值引领为核心,优化课程内容

更新课程内容是改革的首要任务。在数智时代背景下,融合知识和技术,重新设计财务分析课程,需要增加数智化分析方法和工具的教学内容,包括大数据分析、数据挖掘和机器学习等方面的知识。目前课程教学内容分为理论知识和案例分析两部分,理论知识包括财务报表分析基础、财务报表分析方法、资产质量分析、资本结构质量分析、利润质量分析、现金流量质量分析、合并报表分析、财务报表的综合分析和财务舞弊识别与防范。教学内容完整、连贯,解读主要财务指标,讲解资产负债表、利润表和现金利润表重要知识点,分析重要项目质量。

从财务分析课程来看,一方面优化教学内容,包括精简原有理论教学内容,提纲挈领式地让学生对财务分析的理论、程序和方法有一个全面的了解,理解财务报表反映出背后隐藏的信息,以及根据会计信息理解财务与业务之间的内在逻辑关系。让学生们既要掌握商科知识也要掌握信息技术。同时,注重行业应用和实际案例分析,使学生能够将所学知识与实际情境相结合。另一方面,将移动互联网、大数据、云计算、人工智能、物联网、区块链、元宇宙等数字化技术有机地结合起来,以 Python 基础、数据挖掘技术、数据清洗与整理技术、数据表示技术为主要手段,采用线上线下相融合方式,聚焦智能财务背景下的财经大数据分析工具方法的理解和应用,让学生了解如何应用这些技术挖掘业务数据和财务数据,为财务分析提供更多的信息数据基础,提升财务分析质量。

(二)以提升能力为主线,完善教学方法

引入新的教学方法是改革的重要环节。传统的课堂讲授方式已经无法满足数智时代学生的需求。采用互动式教学方法,如案例讨论、小组合作和实验教学等,激发学生的学习兴趣和动力,培养他们的团队合作和问题解决能力。同时,通过线上学习平台和虚拟实验室等工具,学生可获得实践操作和模拟分析的机会,从而能够更好地理解和应用所学财务分析知识,增强实践能力。加强数字教学资源的建设,包括网络教学平台、教学软件、教学手段等。充分发挥雨课堂在线互动平台的作用,拓宽教学方向和渠道,对教学过程进行优化,让学生们有机会进行网上学习、远程学习和自我学习,从而丰富他们的学习经验和获得资源的方式。

从财务分析课程来看,借助人工智能和大数据技术,结合抽象化思维和具象化现实。课前有指导,基于以往的成绩安排学生预习内容,聚焦财务分析的数据来源、渠道和途径。课中有互动,以教为中心转变为以学为中心,关注如何将数据加工整理为有效数据,在学习过程中根据学生的互动适当调整,充分利用云班课平台、微课、动画等多种信息化教学手段,线上线下混合学习,诊断学生在财务分析理论知识或案例思考中存在的问题。课后有反馈,基于学生课堂表现布置适合的、个性化的财务分析作业,通过学习平台批改后给教师提供学习报告。

(三)以理实融合为支撑,建立实践平台

建立实践平台是改革的关键步骤之一。与金融机构和企业合作,建立实践平台,为学生提供实习和实践机会,由单独的个体化教学拓展到群体化辅助教学。充分利用产业或企业的数据资源、技术资源和人力资源等,学生可以在实践中接触真实的财务数据和业务场景,将理论知识应用到实际情境中,锻炼他们的实践能力。通过与实际业务场景的接触,学生还能够了解行业发展动态,提高对财务分析的洞察力。产学合作需要依托校企双方教师、校内校外实训和实践等多环节、多链条协调配合。

从财务分析课程来看,突出课程目标与应用,提高过程性考核比例。目前课程考核分为平时成绩(占 30%)和期末成绩(占 70%)两部分,应丰富考查内容,多元化考核方式,如增加实践平台考核。通过实践平台,培养财务数据采集、清理技能,如收集上市公司年报信息,根据公司经营需求,完成文件、数据库和 ERP 系统财务与数据的采集工作,利用 Python 等技术获取公司外部数据;培养数据处理分析、数据可视化等最新技术和行业技能,如运用大数据分析工具完成企业的经营状况分析,从资产质量、负债质量和现金流量质量角度,结合行业数据比较分析,提升学生的数据素养、逻辑思维、创新意识和团队合作能力职业素养,如根据可视化呈现小组合作决策,为财务分析提供有力支撑。

(四)以角色再造为延伸,培养师资队伍

培养师资队伍是实施改革的支撑力量。数智时代需要运用大数据、人工智能等技术,将数字技术与财务分析教学密切融合,创新教学模式,教师是财务分析课程教学的重要组成部分,需要加强他们的数智化分析能力和教学水平。同时,可以邀请业界专家和从业人员参与教学,分享他们的实践经验和行业见解,使教学内容更贴近实际需求,提高教学质量。完善跨学科师资队伍建设机制,提高现有商科师资队伍的跨学科素养。

从财务分析课程来看,要想实现数字技术赋能师资队伍,首先,为教师提供相关培训,包括初级培训和高阶培训,能够解释数据处理的基本原理,结合报表勾稽关系能够提取出科学的逻辑思维方式,熟悉和掌握数智化分析工具和技术,激发教师的主观能动性。其次,逐步构建财务分析教学数据库,充分结合思政要素融入点,完善理论教学视频,打造立体化教学资源。最后,系统开发课程思政微视频,设立案例操作环节巩固学习,多链条拓展和延伸,结合时代发展不断补充。打通课程建设壁垒,实现"共建""共享",打造课程建设共同体。

四、结论

在数字化、智能化的环境中,财务分析由事后转向实时,财务指数多维化,财务数据的来源多元化,当前企业所面对的最大挑战就是信息的获取成本和新知识新技能给企业带来的变化。对于企业的财务和经营状况的分析,并不只是单一地在财务水平上进行的,学生们自主地获得数据信息的能力,还有待提升,而在科技信息飞速发展、企业竞争日趋激烈的市场经济环境中,传统的分析方法已无法满足企业的经营现状分析。财务分析课程教学改革旨在适应数智时代的需求,提升学生的综合能力和实践能力。为了实施这一改革,文章探讨了以"数智型人才"为核心的财务分析课程构建。

数智时代财务分析课程教学改革的实施路径包括更新课程内容、引入新的教学方法、建立实践平台和培养师资队伍。通过重构财务分析课程的教学目标和教学内容,在教学手段和方法上优化,构建以自主驱动学习为主要内容的财务分析课程,使学生能够运用财经网站、Excel、Python 等工具进行自主的信息获取、挖掘、处理以及数据统计分析的专业技能。这样的改革能够适应数智时代的需求,提升学生的综合能力和实践能力,为他们未来的职业发展奠定坚实的基础。

参考文献

[1]肖睿,肖海明,尚俊杰.人工智能与教育变革:前景、困难和策略

[J].中国电化教育,2020(04):75-86.

[2]续慧泓,杨周南,周卫华,等.基于管理活动论的智能会计系统研究——从会计信息化到会计智能化[J].会计研究,2021(03):11-27.

[3]蔡显军,陈清蓉,温素彬,等.新文科背景下智能会计人才培养改革与实践——以南京审计大学为例[J].会计之友,2022(03):135-140.

数智化时代管理会计人才培养创新研究[①]

李　田[②]

摘　要:随着数智化时代的到来,企业对管理会计人才的需求发生了深刻变化。本文首先分析了管理会计人才的培养现状,进而探讨了数智化时代对管理会计人才的新需求。通过供需分析,本文指出了当前管理会计人才培养中存在的不足,并提出了数智化时代管理会计人才培养的创新策略。

关键词:数智化时代;管理会计;人才培养;创新策略

一、引言

数智化时代是指数字化和智能化的融合,它基于大数据、人工智能、云计算等先进技术手段,实现了企业运营管理的智能化和数据分析的精细化。数智化时代的主要特征包括数据驱动决策、智能化运营、个性化服务等。数智化赋能的管理会计转向决策型与创造型管理会计[1],不仅通过聚合、处理、激活数据,提升资源利用效率,还能够帮助企业优化业务流程、提高运营效率、降低成本,为企业创造新的商业价值和社会价值。陈平峰[2]认为动态信息、自动决策和场景应用共同构成了管理会计数智化工作内容。

---

①　本文系天津市财政局天津市会计学会 2023—2024 年度重点会计科研项目:"数智化时代管理会计人才培养创新研究(Q230502)"阶段性成果。
②　李田,天津商业大学会计学院教师,管理学博士。

数智化时代的到来,推动了管理会计职能的不断发展。管理会计作为企业管理活动中的一项重要内容,为企业价值创造发挥了积极作用。为了顺应时代发展要求,管理会计人才培养工作必须进一步进行完善,以更好地服务于企业发展。危英[3]认为数智化企业以使用数字化信息作为关键生产要素,做好向智慧型财务转型的充分准备,需要培养具有健全的人格与职业道德的"精财务、通金融、熟业务、会管理、懂数据、知技术"的高精尖综合型财务人才。然而,现有研究显示高校会计学专业人才培养与数智化时代企业财务转型需求适配度不高,主要原因在于现有专业课程设置重理论轻实践,缺乏智能技术应用、跨学科交叉等相关教学,且师资学科背景同质、培养模式单一[4]。

基于此,本文在分析数智化时代管理会计人才培养现状及需求特征的同时,从业务处理与技能学习、角色定位与人才培养、管理理念与思维模式三个层面分析数智化时代管理会计人才供需矛盾。在此基础上,本文从目标定位、培养内容、培养方式、考核机制等方面提出数智化时代背景下管理会计人才培养的优化策略,旨在为相关教育工作者提供借鉴和参考。

二、高等教育管理会计人才培养现状

随着技术的发展,高等教育需要不断更新其教学内容和教育方式,以适应新的社会需求和技术变革。许多高校正在尝试整合数字化工具、在线学习平台和模拟软件等技术,以提供更加现代化和灵活的教育方式,主要显示出以下趋势。

从教学内容来看,管理会计正逐渐与其他学科领域进行交叉融合。在高等教育中,管理会计课程通常不仅涉及财务与会计的相关知识,还融合了统计学、信息技术等多个学科的内容。这种交叉融合有助于培养学生的综合能力和创新思维,更好地适应数智化时代的需求。此外,为了增强学生的实践能力和就业前景,高等教育越来越注重与产业界的合作。通过实习、实践项目、校企合作等方式,使学生能够更好地了解行业需求和实际应用。

从教学方式来看,高等教育越来越注重多元化和包容性,也在努力提供多样化的课程和教育方式,以满足不同学生的需求和兴趣。特别是在线教育得到了前所未有的发展的背景下,许多高校开始提供在线课程和学习资源,以满足学生在不同时间和地点的学习需求。

三、数智化时代管理会计人才需求特征

(一)数智化时代技术的应用现状

当前数智化技术在企业中的应用非常广泛,并且呈现出不断深化和扩展的趋势。以下是一些主要的应用现状:

1. 数据分析和决策支持

数智化技术能够帮助企业收集、整合和分析海量数据,提供决策支持。通过数据分析,企业能够更好地了解市场需求、客户偏好、业务趋势等,从而制定更加精准的市场营销策略和业务计划。

2. 智能化生产和管理

数智化技术可以实现生产过程的自动化和智能化,提高生产效率和产品质量。例如,通过引入物联网技术和智能传感器,企业可以实时监控生产设备的运行状态和产品质量,及时发现并解决问题。同时,数智化技术还可以帮助企业实现管理流程的优化和协同,提高管理效率。

3. 客户关系管理

数智化技术可以帮助企业更好地管理客户关系,提高客户满意度和忠诚度。通过数据分析和挖掘,企业可以了解客户的购买行为、偏好和需求,为客户提供更加个性化的产品和服务。同时,数智化技术还可以帮助企业实现客户服务的自动化和智能化,提高客户服务效率和质量。

4. 风险管理

数智化技术在风险管理领域也发挥着重要作用。例如,在金融领域,数智化技术可以帮助银行、证券、保险等机构实现风险识别、评估、监控和预警的自动化和智能化,提高风险管理效率和准确性。

总的来说,当前数智化技术在企业中的应用已经涵盖了数据分析、智能化生产和管理、客户关系管理以及风险管理等多个领域。未来随着技术的不断发展和创新,数智化技术在企业中的应用将会更加广泛和深入。

(二)数智化时代管理会计人才需求的特征

数智化时代对管理会计人才提出了更高要求。除了具备扎实的会计理论知识外,还需要掌握数据分析、数据挖掘等先进技术,能够运用这些技术对企业的财务数据进行深度分析和挖掘,为企业的决策提供有力支持。同时,数智化时代的管理会计人才还需要具备较强的战略思维、创新能力和跨领域协作能力。

1. 数字化思维能力

管理会计人才需要具备数字技术和信息技术的应用能力,包括数据分析和处理能力。他们需要能够理解和利用大数据、云计算、人工智能等数字技术,运用数字化思维进行管理会计决策。

2. 创新意识和创新能力

管理会计人才需要具备创新意识和创新能力,能够运用管理会计知识和技能进行创新,提高管理会计信息的质量和效益,推动企业数字化转型。

3. 跨界整合能力

管理会计人才需要具备跨领域整合能力,能够将管理会计与营销、生产、供应链等其他领域进行整合,形成综合管理能力,提升企业的核心竞争力。

4. 良好的团队合作精神

管理会计人才需要具备良好的团队合作精神,能够与不同领域和背景的人员协作,共同完成管理会计任务,实现团队的目标。

5. 语言和沟通能力

管理会计人才需要具备良好的语言和沟通能力,能够准确表达管理会计信息,与企业内外部相关人员进行有效沟通。

四、数智化时代管理会计人才供需分析

在传统模式下,管理会计人才的培养主要侧重于理论知识和方法的传授,如成本会计、预算管理、绩效评价等。这种培养模式在一定程度上满足了企业对基础会计人才的需求。然而,随着商业环境的日益复杂化和数智化技术的快速发展,传统的管理会计人才培养模式已经难以适应新时代的要求。

(一)业务处理与技能学习

在数智化时代,业务处理日趋复杂,要求管理会计人才能够快速适应并掌握新的业务处理技能。然而,当前的管理会计人才培养中,对新技能的培训和学习重视不足,导致人才在业务处理上存在一定的滞后性。

(二)角色定位与人才培养

传统的管理会计人才往往被定位为企业的"账房先生",主要负责企业的日常账务处理和报表编制。然而,在数智化时代,管理会计人才的角色定位发生了显著变化,需要更多地参与到企业的战略规划和决策中。这就要求在人才培养中更加注重战略思维和创新能力的培养。

(三)管理理念与思维模式

数智化时代要求管理会计人才具备前瞻性的管理理念和创新的思维模式。然而,当前的管理会计人才培养中,对传统管理理念的传授仍然占据主导地位,缺乏对创新思维的培养。

五、数智化时代管理会计人才培养创新策略

(一)目标定位

学校应明确管理会计人才的培养目标和定位,强调实践能力和问题解决能力的培养。这要求学校在定位人才培养目标时,不仅关注理论知识学习,掌握基础的会计知识和技能外,还要关注实践技能提升,注重培养学生的数据分析能力、跨领域协作能力、战略思维能力和创新能力。

（二）课程建设

1. 课程设置

在内容设置上，应注重课程的理论性、实用性和前瞻性。除了传统的财务与会计课程外，还应增加数据分析、数据挖掘、战略管理等相关课程。同时，要关注行业动态和技术发展趋势，及时更新课程内容，让学生掌握最新的数智化技术和管理会计理念，确保与市场需求相匹配。

此外，学校应该鼓励学生选修其他相关领域的课程，如市场营销、人力资源管理等，拓宽学生的知识广度。同时，开设数据安全与隐私保护课程，教授学生数据加密、访问控制、数据备份与恢复等数据安全保护技术，提高学生的数据安全意识和风险控制能力。

2. 师资建设

为保障课程内容的顺利，一方面要在引进师资方面要注重引进具有企业实践经验和管理会计背景的教师，提高师资队伍的实践教学能力。另一方面，针对现有师资，要加强教师培训与交流，定期组织教师参加数智化技术和管理会计方面的培训与交流活动，同时鼓励支持教师参与科研项目和企业实践活动，提高教师的科研能力、教学水平和实践经验。

（三）培养方式

1. 丰富授课手段

在已有课程体系的基础上，适当增加实践课程比重，鼓励学生参与案例竞赛或将企业的真实案例引入课堂教学，让学生在分析和解决实际问题中提高实践能力。通过组织学生参与真实的项目，让学生在项目实践中学习和运用所学知识，提高解决问题的能力。

2. 建设实训平台

为了提高学生的实践能力，应加强实训平台的建设。可以通过与企业合作，建立校企联合实训基地，让学生在真实的企业环境中进行实践和学习。同时，还可以利用现代信息技术手段，建立虚拟仿真实训平台，模拟企业运营和决策过程，让学生在虚拟环境中进行实践操作。

此外,学校应该加强与企业合作,建立实践基地或实训中心,为学生提供真实的实践环境。通过校企合作项目、实习机会和毕业设计等方式,让学生在实践中学习和运用所学知识,培养他们的实践能力和解决问题的能力。

（四）考核机制

1. 考核内容

评估实践导向教学的效果,可以从以下几个方面进行考量。

学生的学习成果:这包括学生在实践活动中所获得的知识、技能,以及养成的态度等。可以通过学生的作业、作品、报告等来具体了解学生的学习成果。此外,学生在实践活动中的表现也是评估学习效果的重要依据。

学生的实践能力:实践导向的教学旨在提高学生的实践能力,因此,评估学生在实践活动中的操作能力、解决问题的能力以及创新能力等是评估教学效果的重要方面。这可以通过观察学生在实践活动中的表现、听取企业导师的评价等方式进行。

学生的反馈:学生对实践活动的反馈也是评估教学效果的重要依据。可以通过问卷调查、访谈等方式了解学生的满意度、对实践活动的评价以及建议等,从而了解实践导向教学的效果及需要改进的地方。

教师的观察和反思:教师在实践活动中对学生的观察和指导,以及对自身教学实践的反思,也是评估实践导向教学效果的重要途径。教师可以通过观察学生的表现、记录学生的问题和困惑、分析学生的学习成果等,来评估自己的教学效果并改进教学方法。

2. 考核机制

为了全面评价学生的学习成果和实践能力,应建立多元化的考核机制。

采用多元化的考核方式全面评价学生的学习成果和实践能力。包括笔试、口试、案例分析报告、项目报告等多种形式。同时注重过程性评价和形成性评价的结合关注学生在学习过程中的表现和进步。

引入企业导师制度让学生在实际工作中接受企业的评价和指导。企业导师将根据学生的工作表现给予评价和建议帮助学生更好地适应企业需求并提升实践能力。此外还可以通过校企合作项目或实习机会让学生接受更多来自企业的反馈和评价。

鼓励学生参加相关证书考试如注册会计师(CPA)、管理会计师(CMA)等以证明其专业能力和水平提高就业竞争力。同时可引入行业认证标准对学生的专业技能进行认证增强其市场认可度。

设立奖学金、实习机会等激励措施鼓励学生积极参与实践活动并取得优异成绩。同时对于表现不佳的学生给予一定的惩罚或辅导帮助其改进提高。

通过以上措施的实施,可以逐步建立起以实践为导向的管理会计人才培养模式,提高学生的实践能力和综合素质水平,更好地适应数智化时代的发展需求。

参考文献

[1]崔秀梅,温素彬,龙思玥.数智化管理会计的价值意蕴和体系构建[J].财会月刊,2023,44(05):47-51.

[2]陈平锋.数字经济时代企业管理会计数智化转型路径分析[J].审计与理财,2023(12):58-60.

[3]危英.业财资税一体化数智财务人才培养模式创新研究[J].商业会计,2023(11):118-122.

[4]姚丽琼,楼继承,林灵,等.数智化时代管理会计人才培养路径探索[J].宁波工程学院学报,2023,35(03):101-108.

[5]戴璐,殷华祥.数智化技术驱动下管理会计报告的改进与创新[J].管理会计研究,2021(03):6-14+87.

[6]陈超群,代飞.数智化时代高职院校管理会计师资能力提升路径研究[J].财务管理研究,2023(09):123-129.

高质量就业视域下大学生职业发展与
就业指导课程教学改革研究

郑栋元[①]

摘　要：近几年，互联网技术飞速发展，国民基数不断增加，大学生面临的就业压力不断增加，"考公考研热""就业难"等现象在高校应届毕业生中屡见不鲜。因此实施高质量就业成为至关重要的任务。高校应当主动出击，深化高等教育供给侧改革，落实好、发展好、维稳好就业优先战略，多措并举推动大学生就业指导工作。科学化的就业指导和职业生涯规划，能够强化学生主体责任，唤醒学生的主体自觉性，助力高校毕业生高质量就业。

关键词：就业指导；职业生涯规划；高质量就业

一、加强大学生职业发展与就业指导的意义

(一)为大学生就业提供明确有效的依据

就业是最大的民生工程、根基工程，是最基本的民生，是中央"六稳"工作之首。强化就业优先政策，健全就业促进机制，促进高质量就业，既要立足当下又要放眼未来，多措并举建立长效机制，完善稳就业促进机制，强化战略部署和战略定力促就业。为了创造更多高质量的就业机会，就业优先

[①] 郑栋元，天津商业大学会计学院工作办公室主任兼团委书记，公共管理硕士。

政策要提质加力,不断拓宽市场化、社会化就业渠道,把保障就业放在宏观政策的优先位置。高校开展生涯规划及就业指导无疑是为推动高质量就业锦上添花,而就业优先战略能够做好大学生的就业指导的牢固"靠山"。因此,结合国家战略布局,发挥宏观调控指导作用,充分调动社会各方之力,加强就业创业指导工作落实力度,让积极的就业政策成为提升就业质量的"助推器"。

(二)为国家社会高质量发展提供人才储备

大学生就业指导是有效贯彻落实就业优先战略的重要手段,就业优先战略为大学生职业发展与就业指导提供重要制度保障,推动毕业生就业指导工作顺利进行。在高质量就业工作进行过程中,高校应当转变就业观念,重视对大学生的就业指导,贯彻实施各方面的宏观政策支持就业,推动社会高质量就业,实现与就业政策协同联动,为我国构建新发展格局,实现高质量发展提供优秀的人才储备。

(三)引导大学生树立正确就业创业观

近几年,高等教育人才过剩,"考研热"等突出问题被推到舆论的风口浪尖,诸多严峻复杂挑战使得许多毕业生萌生很多消极想法,严重影响顺利就业和求职质量。因此,高校教师应当积极引导学生树立正确的就业观、创业观、择业观。一方面,高校教师应当积极鼓励学生在思想上脱下"孔乙己的长衫",多动手多实践,敢于尝试,在实践中认识和发现自己,将小我融入大我,按照自身综合条件和价值追求做好理性选择,做好"有温度"的就业指导工作。另一方面,通过健全的就业指导和生涯规划体系唤醒学生职业生涯规划意识,引导其培养良好的求学心态,强化学生的主体意识,立志做有理想有本领、能吃苦肯奋斗的新时代好青年。

二、大学生职业发展与就业指导教育现状

(一)重视生涯教育,确保四年不断线

以全程陪同、渐进微调的生涯教育不断完善人才培养方式,杜绝四年空白。一是建立完善的生涯教育体系,从入学到毕业全程开展生涯教育,确保

学生能够全面规划自己的职业生涯,为未来发展做好充分准备。二是强化师资队伍建设,要实现全程开展生涯教育,还需要有一支高素质的师资队伍。学校应该注重培养和引进具有相关背景和经验的教师,为生涯教育提供有力的人才保障。三是丰富课程内容和形式,在生涯教育体系的构建中,应该注重丰富课程内容和形式,以吸引学生的兴趣,从而提高他们的参与度。除了传统的课堂教学外,还可以采用讲座、实习、实践等多种形式,让学生更好地了解职业世界和自身的发展方向。同时,课程内容应该涵盖职业生涯规划、职业素养、求职技巧等多个方面,帮助学生全面提升自己的职业能力。四是通过组织并指导学生参与一系列多元化的创新创业活动,如大学生创新创业训练项目、社区服务活动以及商业精英挑战赛等,提升学生综合素养,促进学生多元性、全方位发展,提高学生的主观能动性,增强学生的就业竞争性。

(二)完善指导体系,贯彻个性教育

因材施教,因人而异,将全面化指导与个性指导相结合,继续完善生涯指导体系,为学生提供个性和精细的生涯指导。一是设立专门的就业指导中心,邀请各行各业的优秀人才组成生涯咨询服务团队,为学生提供职业规划、简历撰写和面试技巧等方面的指导,引导学生通过自我评估更清晰地认识自己的优势与不足,为未来职业方向奠定基础。为减少学生的就业压力,精简预约咨询程序、确保预约咨询操作简洁化;加强建设线上平台,拉近职业生涯规划服务团队与咨询者的距离,提高咨询效率,实现精准指导规划。二是个性化教育,在关键节点、关键时期进行特殊化、个性化的就业指导工作,鼓励并支持学生的个性化发展。全程设立导师制度,既为每位学生提供个性化的指导和支持,更在学生特殊需要期间给予专业化、主题化个人辅导活动。定期组织校园招聘会,让学生有更多机会与用人单位接触,有更多的实习就业机会,也能及时了解行业动态和市场对人才的需求。

(三)提高责任意识,树立正确三观

学生们承担中华民族伟大复兴赋予的时代重任,应积极响应国家号召,敢于承担责任,服务人民,将个人抱负融入国家发展战略中。一是不断提升学生的社会责任感,鼓励学生到基层中去、到西部去、到群众中去,促使学生明白社会国家的利益高于个人利益。将生涯教育与社会实践、志愿服务等活动相结合,培养他们的社会责任感和公民意识,形成爱国主义为核心的民族精神。二是建立正确的职业价值观,在就业育人的过程中,引导学生形成正确的职业价值观。强调个人对社会的贡献,而非单纯追求高薪和地位。通过职业规划课程、讲座和实习等途径,把生涯教育与爱国、敬业、诚信、友善的社会主义核心价值观相结合,培养学生认识社会、服务社会的能力,鼓励学生从基层奋起,积极自主探索时代机遇,帮助学生认识到职业的意义和价值,理解个人在社会发展中的角色。

三、大学生职业发展与就业指导课程存在问题

(一)课程安排与课程价值不匹配

大学生职业发展与就业指导课程对学生们今后的求职人生有重要价值,但现如今很多高校仍没有提高对这门课的重视,将这门课列为选修课,并且为了防止该课程影响专业课程,从而给该课程设置较少的学时与学分,上课也采取大班制或讲座等形式,结课考察通常以课堂考察或撰写论文为主,这使得同学们在潜意识里不重视这门课程,当然也不会去把课程的内容运用于实践,导致课程价值无法得到释放。

(二)职业发展与就业指导课程的重视程度有待提升

当今时代,人才的培养工作是重中之重,但目前很多高校在制定教学的宏观方针政策时,由于陈旧观念没有及时转变,尚未高度重视人才培养工作,因此就业指导工作也得不到重视。高校应顺应时代发展,既要重视就业问题,也要重视就业指导与职业教育工作,避免盲目过度追求高就业率,而忽视学生的综合素养,所以在提高就业率的情况下也要落实正确的人才培养观,将职业教育与就业指导落到实处。

(三)职业发展与就业指导课未与社会有效结合

当前的职业发展与就业指导课仅局限于学校内部的学生,并没有很好地对接社会实际需求。有效的就业指导课应该培养学生适应社会职业挑战

的技能,教会学生如何运用自己所长为社会提供服务。高校应该充分重视就业指导反馈的信息,从而更好地调整学科发展方向,培养出更加符合社会需求的毕业生,提高毕业生的就业竞争力。

四、"三位一体"混合式教学设计

大学生职业发展与就业指导是大学生必不可少的课程,它旨在帮助大学生树立全方位就业观,提升大学生就业能力与职业生涯管理能力。然而,由于学生的参与度不高,传统的教学方式往往难以达到预期的效果。为了解决这个问题,我们提出了一种"三位一体"的混合式教学设计。它包括三项内容,分别是多维度教学空间、进阶式成长环节以及沉浸式任务教学。

（一）多纬度教学空间

多纬度数学空间是指利用学校职业指导中心的就业系统,提供学生在大学各个阶段的成绩的完整记录,促进大学生能够结合自己大学四年的学习成果,多方面全方位地形成个人简历并且规划自己的职业生涯。基于此,大学生能够有平台进行系统性的职业道路规划,促进自主学习。

（二）进阶式成长环节

进阶式成长环节是基于维果斯基(Vygotsky)的"最近发展区域理论"而提出的教学设计。它主要分为五个阶段:学业计划、职业探索、专业竞争、社会服务与步入职场。每个阶段都有帮助学生逐步提高就业和职业管理技能的任务。与此同时,这些课程结合了大学生专业发展领域的最新研究成果,有助于促进大学生在专业学习中培养不断追求完美、臻于至善的工匠精神。

（三）沉浸式任务教学

沉浸式任务教学是一种五步教学方法,通过课前引导、课上分析、落实规划、课后实践、总结分享这五步,学生可以更好地理解就业过程中的问题,提高他们在实践中的专业技能。与此同时,学生们可以通过智能教育工具"雨课堂"更轻松地在线学习和交流。

五阶段的主要教学方法主要如下:

1.在课程开始前,通过在"雨课堂"平台上发布与大学生学业发展及职业选择密切相关的热点问题视频,激发学生的自学兴趣,并促使他们深入思考和探讨视频内容中的生涯规划议题。此阶段,学生需阅读与教科书内容相配套的文献材料,并针对课程主题提出生涯发展的相关问题。

2.在课堂讲授环节,让各个小组交换分享与大学生的学术发展和职业选择密切相关的热门视频。这不仅激发了学生对自我学习的兴趣,还能鼓励学生在视频内容中深入理解和讨论未来的计划。在这个阶段,学生应该阅读与教科书内容相匹配的材料,并就课程主题的未来发展提出问题。教师则从多角度引导学生结合所学专业对问题进行深入分析,并在此基础上明确本次课程的核心论点。针对具体问题的师生互动有助于提升学生对问题的理解和分析能力。

3.在课堂教学期间,教师可以利用"学习通"平台的群讨论和做题功能,根据学生们的课堂反馈情况,了解学生掌握情况进行下一步教学。通过小组作业,同学们制作PPT在课堂上进行讲解,将自己思考的结果在课堂上分享,以便同学之间进行互评互动,促进同学们将理论与实际相结合。

4.课程结束后,教师在网络教学平台上发布实践计划,主要目的是让学生能将个人计划付诸实践,加深他们对专业信息的掌握。在参与实践的过程中,学生更明确地认识到自己的能力、优势和兴趣,并在此基础上找到自己的个人定位和未来的职业路径。

5.在课程的总结阶段,教师指导学生在学习过程中记录他们的经验和收获,制作多元化多层次的各类作品,并在网络平台上展示。教师和学生互相进行评估工作,指出改进之处并提供帮助,以促进学生进一步优化自身职业发展。

总之,"三位一体"混合式教学模式旨在提高大学生职业发展与就业指导课程的教学成果,借助多维度教学空间、进阶式成长环节与沉浸式任务教学,让学生更加自主地学习,提高就业能力和生涯管理能力。希望这种教学模式能够帮助更多的大学生实现职业发展和成功就业。

五、"三位一体"的综合式教育设计示例

大学生找工作时的一个共同关注点是如何创建个人简历。下面以"职

业简历"为例,介绍"三位一体"的综合式教育设计实现模式。

(一)问题导入

在首先的介绍性环节中,教师对学生的学前自习情况进行检查,通过介绍学生自己制作的简历来指导他们分享和描述他们可能遇到的各种问题和挑战。这个阶段确定了三个需要解决的问题,即在简历创建时需要考虑哪些方面,如何描述在专业领域的实践经验以及如何提高求职申请的成功通过率。

(二)小组讨论

关于第一个要解决的问题,教师会先给学生介绍优秀简历作品,通过组织小组讨论和在"雨课堂"软件上指导学生进行对应练习,让学生自行得出他们的简历与获奖作品之间的区别,进而获得了重新开始制作简历时需要重点考虑的问题列表。学生以此列表作为指南,查看被现实中的人才招聘现场拒绝的简历,并尝试确定其为何被拒绝。

(三)知识点梳理

在教师对学生进行客观知识定义的过程中,可以使用如统计图表展示、提出事件举例和相关图像等一目了然的途径来让学生更快地接受理论知识,以整理并展示出不同简历层次之间的一系列不同点。下面即可进入第二个要解决的问题,一个实用的方法是用 STAR 法则来对获得实践经验的经历进行分割,为了让学生更好地理解,提出一个真实事件来举例介绍此方法,重点强调突出实践动词和直观的数字。结尾利用"冰山模型",即在人力资源管理中常用的工具来对创建的简历当中提到的寻求职业的理想方向和塑造正确价值观的重要程度进行分析。

(四)小组竞赛

讨论小组竞赛作为鼓励学生思考,增强辩论能力的一个部分,教师可以通过让学生对先前不符合要求的简历进行调整,以实现验收学生理解 STAR 法则程度的目的。学生在讨论小组中进行共同思辨和内容确定后,在"雨课堂"软件上进行投稿式的结果提交,之后在软件中开展除本组作品的公平投票环节,以推选表现优异的小组,最后由教师对其进行点评和指导。

(五)学习反馈

为了激励学生们对课上的内容进行积极的回顾梳理并提取他们自己学到的知识,教师在课堂最后的总结部分号召学生发送弹幕并在软件中进行一些相关练习。弹幕可以让学生对自己学到的知识进行精炼并选取关键词句进行分享。而对于线上的题目,作答的正确率均达到了90%及以上。教师对这些行为立即作出反馈,并鼓励学生持续进行学习。教师通过客观和主观的综合评估来评价学生的知识掌握程度,考核依据课堂中线上练习正确率的排名数据和教师主观上对被评价学生的知识掌握程度和听课效果进行的评价。

总之,对传统大学生职业发展与就业指导课程进行系统性改革创新是一项短期内难以完成的重要任务,需要社会上各界人士的通力协作和积极参与的态度,才能从制度、资源、财力和师资力量等方面对这项工作进行支持和推动。也唯有如此,本课程教学的创新改革之路才会趋于平坦,真正切实提高课堂教学水准,以达到预期的目标。

智能化技术下财经专业混合式教学模式研究

李任斯[①]

摘　要:本文探讨了智能化技术在财经专业混合式教学模式中的应用和效果,旨在为财经类专业教学改革与创新提供新的理念与方法。本文主要从以下三个方面展开论述:第一,分析了智能化技术在财经教育领域的潜力,包括增强学习效率和促进创新思维等方面。第二,介绍了智能化技术在混合式学习模式中的具体应用,包括内容创造、个性化学习路径设计和互动与反馈机制等方面。第三,讨论了混合式学习中应用智能化技术面临的问题和应对策略,包括教师智能化技术培训和数据隐私与安全等方面。本文认为,智能化技术为财经专业混合式教学提供了强有力的技术支撑,有助于实现教学个性化、提高教学质量和效果,但也需要注意技术的合理使用和规范管理,以保证教学的安全性和伦理性。

关键词:智能化技术;混合式教学;财经专业

一、引言

随着以 ChatGPT 为代表的人工智能技术的快速发展,我国也推出了文心一言、讯飞星火、通义千问等人工智能工具,具有文本生成、语义分析、归纳总结、聚类、训练学习等功能,该技术在教育领域也将具有巨大的潜力和

---

① 李任斯,天津商业大学会计学院教师,管理学博士。

多样的应用场景。智能化技术成为教育改革和发展的重要方向和手段,信息化不仅为教育教学提供了丰富的资源和平台,也为教育教学模式的创新和优化提供了可能性和机遇。同时,混合式教学近年来在国内外高等教育领域得到了广泛的关注和应用,作为一种线上与线下相结合的教学模式。混合式教学能够充分利用信息技术的优势,打破时间和空间的限制,实现教学资源的共享和优化,提高教学效率和质量,满足学生个性化、多样化的学习需求,促进学生的主动学习和深度学习,培养学生的创新能力和终身学习能力。

财经专业作为高等教育中的重要专业,培养的人才对国家的经济发展和社会进步具有重要的作用。然而,目前财经专业的教学模式还存在一些问题,如教学内容过于理论化,缺乏实践性和创新性;教学方法过于传统,缺乏个性化和互动性;教学评价过于单一,缺乏多元化和反馈性等。这些问题不利于财经专业学生的知识掌握和能力培养,也不符合智能化技术的教育特点和优势。在这样的背景下,探讨如何开发出适合财经类专业使用人工智能技术的混合式教学模式,实现财经类专业教学效果的最优化,具有重要的意义。

本文的研究对象是智能化技术下财经专业的混合式教学模式。混合式教学模式是指将线上教学和线下教学有机结合,利用智能化技术的优势,实现教学资源、教学过程和教学效果的优化。本文以智能化技术下财经专业的混合式教学模式为研究对象,探索智能化技术在混合式教学模式中的具体应用,包括内容创造、个性化学习路径设计和互动与反馈机制等方面,同时讨论混合式教学中应用智能化技术面临的问题和应对策略,包括教师智能化技术培训和数据隐私与安全等方面。本文的研究为财经专业的教学改革提供了理论指导和实践参考,为财经专业的教师和学生提供了一种适应智能化时代的教学模式和学习方式。

二、国内外现状分析

(一)混合式学习研究现状

混合式学习模式为优化教与学的协同效应[8],将面授教学相结合。这一模式不仅是传统与在线学习的简单组合,而是在教学理念、环境、方式、内容和评价等多方面进行了深度融合[4][3]。学者们主要从以下角度进行研究:混合式研究课程设计。涵盖了课程内容[10]、教学模式[21]、技术平台[7]等方面的选择,形成了翻转课堂、慕课学习、微信群等多种设计类型。学习效果评价。关注混合式学习的学习满意度[5]、认知水平[13]、学习投入[1]等多个方面。支持服务。研讨教学认知工具[9]、学习资源建设[11]、教师发展[6]等混合式学习环境下的教学认知工具。

不过,对于混合学习中新兴智能技术的应用研究还比较缺乏。本文旨在探讨智能化技术如何帮助学生进行学习内容总结,辅助数据、代码、文字分析,提供一对一问答,从而有助于实现教学个性化,进一步丰富和优化混合式学习模式。

(二)智能化技术在教育中应用研究现状

智能技术在教育领域具有颠覆性的影响,不仅改变了教学和评价流程,而且深刻影响了教育理论和实践[16][18]。该技术有助于教育个性化的实现[15][2],赋能教师,并提高教学效率[7]。在教学资源和应用上,智能技术可以生成课件和习题[9],辅助批改作业,提供智能问答服务[20][4]。然而,智能化也带来了学术舞弊和内容真实性有待查证等风险,需要加强伦理规制和监管[12][22]。

尽管前人研究已涉及智能化技术在单一教育模式中的应用,但在混合式学习模式中发挥的效果、影响因素仍然缺乏。该文在探讨混合式学习中智能技术的具体应用与效果,提供教育实践活动的新视角与解决之道。

三、智能化技术在财经教育领域的潜力

(一)增强学习效率

第一,智能化技术可以提供个性化学习路径。在个性化学习路径设计中应用智能技术,提供了现代教育学习的新模式。智能技术通过对学生学习需求和喜好的精准分析,为每一位学生量身定制最适合自己的学习方案,在显著提高学习效率的同时,也增加了学习的趣味性和参与度,促进了学生在知识掌握、能力提升等方面的全方位发展。

这种个性化学习的应用在金融教育领域表现得尤为突出。学生可接受量身定制的学习资料和任务，根据自己的学习节奏和兴趣爱好进行学习。例如，如果学生在理解某个财务模型方面遇到困难，智能化技术可以自动推荐与之相关的补充材料或是更为直观的案例分析，帮助学生克服难题。这种即时且针对性的学习支持，不仅加深了学生对复杂概念的理解，也极大提高了学生掌握财经知识的速度。此外，智能化技术的应用极大地增加了学习的深度和广度，通过提供丰富多样的学习材料和任务，激发了学生的学习兴趣和参与度。学生不再是一个被动地接受知识的容器，而是成为一个学习者，主动地去探究问题，主动地去解决问题。这种学习模式的转变，不仅使学生对所学知识的理解和运用更加深入，而且在思辨能力方面也得到了很好的培养。个性化学习路径的设计还考虑到学生的反馈和学习效果，智能技术可以通过持续的跟踪分析，及时调整确保学习活动始终与学生的实际需求和学习目标相一致，通过持续的跟踪和分析，这种灵活性和适应性保证了实时更新和优化个性化的学习路径，为学生提供不断发展的学习环境。

第二，促进互动学习活动。智能化技术通过实现互动学习活动，如虚拟模拟、角色扮演、实时问答和协作项目等，提供了一个模拟真实世界财经场景的安全学习环境，提高了学习的动态性和参与性。这些互动活动利用先进的算法，为学生创造了丰富的学习情境，使他们能够在实践中应用新知识，从而更好地理解复杂的财经概念和理论。智能化技术可以虚拟财务活动，例如股市交易模拟，让学生能够在无风险的环境中尝试不同的投资策略，学习如何分析市场趋势，做出投资决策。智能化技术可以实现角色扮演活动，让学生扮演不同的经济角色，如企业家、投资者或政策制定者，通过模拟经济决策过程，学生能够深入理解经济原理和市场运作。即时问答与合作计划鼓励学生团队合作，以解决实际的金融与经济问题，并推动发展学生的思辨能力与解决问题能力。这种教育模式的一个显著好处是可以激发学生学习的兴趣与动力。通过将学习内容与互动式、实践性的活动相结合，学生不仅可以获得知识，还能够享受学习过程，这大大提高了学习效率。团队协作和竞争元素的引入,进一步增加了学习的趣味性,鼓励学生积极参与,促使他们在团队中发挥自己的优势,同时学习如何与他人协作,这对于未来的职业生涯是极其宝贵的经验。

此外,智能技术在提供个性化学习路径上的应用,让每个学生都能按照自己的节奏、喜好,随心所学,随心所动。系统能够根据学生的互动数据、学习成绩和反馈,实时调整学习材料和难度,确保教学内容始终贴合学生的实际需求。这种个性化的学习体验不仅使学生能够在自己最擅长的领域中深入学习,还能够在面临挑战时获得适时的支持和引导。通过这样个性化的学习路径与互动式的学习活动相结合,智能科技可以将动态和参与性带到教育活动中,学习体验的质量和效果都得到了很大的提升。学生不仅能够在快节奏、不断变化的财经领域中保持竞争力,更能在实践中深化对知识的理解和应用,培养出适应未来市场需求的综合能力,为学生提供更加丰富、高效和个性化的学习体验。

(二)促进创新思维

第一,促进学生批判性思考。批判性思考在当今社会的各个领域都是一项重要的技能,尤其是在快速变化的财经领域中,它成为解决问题和创新的基石。随着智能化技术的发展和应用,教育界现在拥有了一种强大的工具,可以有效地促进学生的批判性思考能力。智能化技术通过提供多样化的问题情境和视角,不仅挑战了学生的传统思维模式,而且鼓励他们质疑现有的知识和假设,从而探索新的解决方案。例如,智能化技术可以创建一个模拟的股市环境,要求学生根据历史数据和当前市场情况,预测股价走势,并据此制定投资策略。这要求学生不仅要理解股市的基本原理,还要能够批判性地分析信息,识别潜在的风险和机会。此外,智能技术还可以提供反馈和指导,帮助学生对自己的思考过程进行识别和完善。当学生在解决模拟问题时遇到困难,智能化技术可以提供指导性的问题或提示,引导学生思考不同的角度和方法,从而帮助他们突破思维局限,发现新的解决路径。这种即时反馈机制不仅加速了学生的学习过程,也加深了他们对批判性思考重要性的理解。

第二,提高学生创新能力培养。智能技术通过教学内容和方法的创新,鼓励学生通过 AI 辅助的设计思维进行跨学科的思考,激发学生的创意思维和解决问题的能力。

智能化技术的应用使得学生能够通过实际操作来探索和实践,而不仅仅是理论学习。在设计思维中,学生被引导使用 AI 工具来识别问题、生成创意、原型设计并测试解决方案,这一过程不仅培养了学生的创新思维,也加强了他们的项目管理和团队协作能力。此外,创新挑战赛提供了一个平台,让学生将所学知识和 AI 技术应用于解决实际财经问题,鼓励他们从多个学科的角度出发,开发出创新的解决方案。通过利用 AI 工具进行市场分析、风险评估和财务建模等活动,学生能够在实际项目中深入探索并应用 AI 技术,从而开发出具有创新性的商业模型和策略。这种解题为主的学习方法,既能让学生融会贯通地学习理论知识,联系实际,又能激发学生勇于探索未知的勇气和激情,向现状发起挑战。

智能科技在教育中的应用开辟了一条全新的学习途径,让学生在探索中学习,在实践中学习,培养创新思维和解决问题的能力,以应对未来的挑战。将智能化技术与教学内容和方法更紧密地结合,为学生提供更丰富、更高效、更具创新性的学习体验。这样既促进了学生个人能力的全面发展,又为社会培养了更多具有创新精神和解决问题能力的人才,为迎接今后的挑战做好了充分的思想准备。

四、智能化技术在混合式学习模式中的应用

(一)内容创造

智能技术的兴起,标志着教学模式的新纪元,也标志着教学资源的创造。这种技术的应用不仅极大地丰富了教学材料的来源和形式,还提供了个性化和实时更新的可能性,从而显著提高了教学内容的丰富性和多样性。通过利用先进的自然语言处理(NLP)技术,智能化技术能够自动生成或自适应生成包括讲义、多媒体内容和测试题在内的教学材料。这些材料不仅能够紧密结合特定课程和学习目标,还能够根据最新的学术研究和行业发

展进行动态更新,确保教学内容的时效性和相关性。例如,对于财务管理学课程,智能化技术可以根据最新的公司财务数据和理论进展,生成包含最新案例研究的教学材料,让学生能够学习到与当前经济环境相关的知识。此外,智能科技还可以通过分析学生的学习进度和反馈,对教学资料的难度和内容进行适应性调整,为每一位学生提供量身打造的学习感受。这种个性化的学习方式不仅对提高学生学习效率有很大帮助,而且可以激发学生的学习推动学习的深入与探究。

(二)个性化学习路径设计

智能化技术可以深入分析学生的学习进度、偏好、表现以及其他相关数据,能够为每个学生定制一个量身定做的学习计划。这种技术的核心优势在于其能够综合考虑学生的知识背景、学习目标和个人特征,提供高度针对性和效率的教学支持。更为重要的是,智能化技术具备实时调整学习路径的能力,能够灵活适应学生的学习进展和即时反馈,从而确保教学内容始终与学生的实际需求保持一致。例如,在会计学习中,如果一个学生在理解特定的会计原理方面遇到难题,智能化技术可以立即识别出这一挑战,并自动推荐针对性的补充材料、视频讲解或者是相关的练习题来帮助学生克服难点。该系统还可以根据学员的学习效果,对后续课程的难度、内容深度等进行相应的调整,从而保证学习路径的适合性、实效性。这种高度个性化的学习支持极大地提高了学生的学习效率和成效,使得每位学生都能在自己的学习旅程中获得最佳的支持和指导。

个性化学习路径设计中智能技术的应用,为个性化学习体验的真正实现提供了强有力的技术支撑。智能技术通过对学生学习需求和偏好的精准分析,提供实时的内容调整和前瞻性的学习支持,不仅可以使学生的学习学习效果得到显著提升,而且可以推动教育资源的优化配置和教学方式的创新发展,促进教育领域朝着更加个性化的方向发展。

(三)互动与反馈机制

智能化技术可以增强学生与学习材料之间的互动性,极大地提升了学习体验的质量和效果,开辟了个性化学习的新路径。智能化技术的应用,如实时问题解答系统和互动式学习活动,不仅为学生提供了沉浸式的学习环境,还通过即时反馈机制加深了学生对知识的理解和记忆,极大地提高了学习的有效性和效率。这种个性化的互动学习体验和实时反馈机制,为学生打造了一个高度定制化、互动性强的学习环境。这不仅增加了学习的趣味性和参与度,还通过精准的指导和反馈帮助学生有效地掌握知识,极大地提高了学习效率和成效。随着智能化技术的不断发展和完善,其在个性化教学和学习效果提升方面的潜力将得到进一步挖掘和应用,为教育领域带来更多革新和进步。

智能技术可以提供实时的反馈,这种机制不仅可以根据学生的答题情况进行反馈,而且可以对学生的学习过程进行深入分析,智能化技术能够识别学生的知识盲点,及时提供定制化的学习资源和建议,帮助学生填补知识空白,优化学习策略。这种个性化的学习支持,使学生能够根据自己的实际情况调整学习路径,从而实现更高效的学习成果。此外,智能化技术还能够根据学生的反馈和学习效果,持续优化学习内容和教学方法,确保教学内容始终保持最新、最相关,满足学生不断变化的学习需求。

五、混合式学习中应用智能化技术面临的问题和 应对策略

(一)教师智能化技术培训

智能化技术在教育领域的快速发展和广泛应用会给教育模式和教师的角色带来前所未有的变革。这种技术的引入不仅极大地丰富了学习内容的呈现方式,使得教学材料更加多样化、互动性更强,还促使教师的角色向导师和指导者转变,远远超越了传统知识传递者的范畴。在这一转变过程中,教师不仅需要熟练掌握课程的基本内容,更重要的是要能够有效地利用智能化技术来支持和促进学生的学习。为了帮助教师顺利适应这一角色的转变,提供专业发展和培训机会显得尤为关键。教师培训还应包括通过技术工具对学员的学习效果如何评估和反馈、如何有效对学员进行管理并设计教学内容。通过这些培训,教师不仅可以掌握智能技术的操作技能,更重要

的是,教师对这些技术背后的教育理念能够进行理解和运用,从而在教学实践中效率更高。

(二)数据隐私和安全。

教育领域的人工智能技术为学生提供了前所未有的互动性学习途径。然而,这些技术的广泛应用也带来了显著的数据隐私和安全风险。包括但不限于学习习惯、成绩记录、个人身份信息等在内的教师的个人信息,都有可能成为网络攻击的靶子。这不仅严重威胁到个人隐私的安全,而且还可能削弱学习者对在线学习平台的信任,从而影响在线教育生态的整体健康和可持续发展。

有效的数据保护措施在这些挑战面前显得格外重要。实施严格的数据保护政策是保障个人信息安全的基石。这包括但不限于加强数据加密技术的应用,以减少被非法窃取和滥用的风险,确保所有传输和存储的数据都经过加密处理。此外,还需要对敏感信息的访问加以限制,只有经过授权的个人才能访问特定的数据,访问权限应根据工作需要来严格控制,以降低数据泄露的潜在风险。

六、研究结论和建议

本文以财经专业为研究对象,探讨了如何利用智能化技术,构建适合财经专业的混合式教学模式,提高教学效果和质量。本文从智能化技术在财经教育领域的潜力、智能化技术在混合式学习模式中的应用、混合式学习中应用智能化技术面临的问题和应对策略三个方面,进行了系统的研究和讨论。本文的主要结论如下:

第一,本文分析了智能化技术在财经教育领域的应用潜力和意义,从增强学习效率和促进创新思维两个方面,展示了智能化技术在财经教育中的优势和作用。本文认为,智能化技术能够为财经教育提供丰富、多样、实时、准确的教学内容和数据,帮助学习者掌握财经知识和技能,提高财经素养和能力。智能化技术还能够为财经教育提供个性化、互动式、问题导向的教学方式和方法,激发学习者的学习兴趣和动机,培养学习者的创新思维和问题解决能力。

第二,本文介绍了智能化技术在混合式学习模式中的具体应用方式和实施策略,从内容创造、个性化学习路径设计、互动与反馈机制三个方面,阐述了智能化技术如何支持和优化混合式学习的教学过程和效果。智能化技术能够根据财经专业的教学目标和要求,自动生成或辅助生成适合混合式学习的教学内容,提高教学内容的质量和多样性。智能化技术还能够根据学习者的学习特点和需求,设计个性化的学习路径和计划,提供适合学习者的学习资源和活动,并提供及时、有效、有针对性的教学支持和帮助。

第三,本文分析了混合式学习中应用智能化技术所面临的主要问题和挑战,如教师智能化技术培训、数据隐私和安全等,并提出了相应的解决方案和建议,如加强教师智能化技术的培训和指导、建立数据保护和共享的机制和规范等,以保证智能化技术在教育中的安全、有效和可持续的使用。

本文的建议有以下几点:

第一,高校应加强智能化技术在教育中的应用。需要对财经教育的理念和模式进行转变,教师和学习者应积极参与和适应,以实现教学的优化和创新。关注智能化技术的发展和应用,提供必要的支持和指导,同时也要注意监督和评估智能化技术的使用和效果,建立合理的评价体系和标准,保证智能化技术的质量和可行性。

第二,教师应该充分利用智能化技术的优势,提高教学的智能性和个性化,同时也要注意培养学习者的自主学习和批判性思维,避免过度依赖和消极适应智能化技术,保持教学的人性化和多元化。

第三,学生应该积极利用智能化技术的功能,提高学习的效率和效果,同时也要注意拓展学习的视野和深度,利用智能化技术的反馈和建议,进行自我评估和改进,实现学习的主动化和深化。

参考文献

[1]陈静,陈吉颖,郭凯.混合式学术英语写作课堂中的学习投入研究[J].外语界,2021(01):28-36.

[2]陈玉琨.ChatGPT/生成式人工智能时代的教育变革[J].华东师范大学学报(教育科学版),2023,41(07):103-116.

[3]杜世纯,傅泽田.混合式学习探究[J].中国高教研究,2016(10):52-55+92.

[4]郭亚军,周家华,庞义伟,等.ChatGPT赋能教育元宇宙数字教学资源建设与服务[J].图书馆论坛,2024:1-11.

[5]李宝,张文兰.学习风格对学习满意度因素模型的影响关系研究[J].高教探索,2019(11):38-45.

[6]刘梅.高校教师混合式学习接受度的影响因素研究——基于创新扩散的视角[J].现代教育技术,2018,28(02):54-60.

[7]宋萑,林敏.ChatGPT/生成式人工智能时代下教师的工作变革:机遇、挑战与应对[J].华东师范大学学报(教育科学版),2023,41(07):78-90.

[8]田世生,傅钢善.Blended Learning初步研究[J].电化教育研究,2004(07):7-11.

[9]万力勇,杜静,熊若欣.人机共创:基于AIGC的数字化教育资源开发新范式[J].现代远程教育研究,2023,35(05):12-21.

[10]王平.大学英语课堂中混合式教学模式的运用——评《当代高校英语教学与混合式学习模式探究》[J].中国教育学刊,2021(10):111.

[11]王小根,范水娣.混合式学习环境下学习资源生成模式设计研究[J].电化教育研究,2018,39(01):61-67.

[12]王佑镁,王旦,王海洁,等.基于风险性监管的AIGC教育应用伦理风险治理研究[J].中国电化教育,2023(11):83-90.

[13]吴育红.大学英语阅读教材编写策略研究——以《大学英语跨文化阅读教程》为例[J].出版广角,2020(24):88-90.

[14]武开,徐荣贞.混合式学习中监控方式的实证研究[J].电化教育研究,2011(11):37-40+52.

[15]荀渊.ChatGPT/生成式人工智能与高等教育的价值和使命[J].华

东师范大学学报(教育科学版),2023,41(07):56-63.

[16]杨宗凯,王俊,吴砥,陈旭.ChatGPT/生成式人工智能对教育的影响探析及应对策略[J].华东师范大学学报(教育科学版),2023,41(07):26-35.

[17]尤慧,朱文芳,卢洁.基于"慕课"的高等数学混合式学习模式的探索与实践[J].数学教育学报,2020,29(04):85-90.

[18]余南平,张翌然.ChatGPT/生成式人工智能对教育的影响:大国博弈新边疆[J].华东师范大学学报(教育科学版),2023,41(07):15-25.

[19]张务农.混合式学习认知工具的结构与秩序[J].清华大学教育研究,2018,39(01):54-61.

[20]张颖怡,章成志,周毅,等.基于ChatGPT的多视角学术论文实体识别:性能测评与可用性研究[J].数据分析与知识发现,2023,7(09):12-24.

[21]赵涛.智慧技术支持下混合式学习模式建构与实践研究[J].中国电化教育,2021(09):137-142.

[22]周洪宇,常顺利.生成式人工智能嵌入高等教育的未来图景、潜在风险及其治理[J].现代教育管理,2023(11):1-12.

教育数字化转型在财务管理教学中的
实践应用研究

邢晓辉①

摘　要:教育数字化转型对财务管理学的教学目标提出了新的要求。本文总结分析了当前财务管理教学中存在的问题,从教学目标、教学形式与环节和课程内容三个方面探讨了教学过程中数字化教学理念的建立以及数字化工具的实践应用。在课程内容方面,文章对数字化能力与财务管理专业知识的融合进行了初步探索,基于财务管理基础、投资、筹资、营运资本管理和分配管理五个部分的教学内容举例阐述了两个层次的数字化能力,探索培养财务管理学生数字化能力的新路径。

关键词:教育数字化;财务管理;实践应用

一、引言

2022年1月国务院发布了《"十四五"数字经济发展规划》,其中强调应推进智慧教育,同年的全国教育工作会议中将教育数字化提升为国家战略。受到新冠疫情的影响,大规模的在线学习加速了教育数字化的变革进程,慕课、虚拟仿真实验室等多种数字化基础设施及平台的建设打造出教育数字化的1.0版本。随着数字化要素在各环节的逐步渗透,催生出数字化转型

---

① 邢晓辉,天津商业大学会计学院教师,管理学博士。

2.0 版本,即促进人的自由、全面及个性化的发展。我国教育数字化水平正在从"以物为中心简单应用"的 1.0 版本迈向"以人为中心深度融合"的 2.0版本,开启了以服务人全面发展为中心的转型之路。在此背景下,高等院校作为人才培养的重要环节,教学工作的开展应顺应时代发展趋势。

财务管理学作为财经类专业的核心课程,注重培养学生的技术、应用及实践能力。在教育数字化转型背景下,市场对财务管理人才的需求也发生了相应的变化,财务管理专业需要更强的数据分析和实践能力,才能更好地满足企业的财务决策和管理需求。基于政策导向和现实需求,本文探讨了数字化转型背景下财务管理教学的实践应用研究。首先,对现有财务管理教学过程中存在的问题进行了总结和分析。其次,从教学目标、教学形式与环节和课程内容三个方面探讨了教学过程中数字化教学理念的建立以及数字化工具的实践应用。最后,对文章的研究内容进行了总结,并提出了相应的建议。

二、教育数字化背景下财务管理教学中存在的问题

(一)教学理念和手段未及时更新

目前国内应用型高校中较多教师在讲授财务管理学课程时缺乏对大数据理念的应用[1],在课程教学过程中无法体现出与"互联网+"和"创新"时代的融合[2]。财务管理学作为一门交叉应用型学科,涵盖了会计、金融、统计和管理学等方面的知识,课程内容包括大量的理论、概念和模型,课程信息量较大。在教育数字化转型背景下,对财务管理学课程的教学培养目标提出了新的要求,即不仅需掌握基本财务管理方法与技能,还应在此基础上加强对数据分析能力和实践能力的培养。在传统的教学方式中,教师的数字化意识有所欠缺,具体表现为缺乏对数字化工具应用的重视。大部分教师将主要精力放在理论教学中,通过对知识点的讲解、案例的巩固以及重复训练帮助学生掌握相关基本财务管理原理,这一教学形式所实现的教学目标滞后于数字经济时代发展的需求。在教学手段中,较多教师在教学过程中通常使用基础性的教学工具辅助教学,缺乏对数字化教学软件、数据挖掘

与分析软件以及多媒体技术的应用,数字化资源的使用率低。

(二)课程结构与内容设置不合理

现阶段,部分经管专业在课程结构设置方面存在衔接不当的问题。财务管理课程中数据挖掘和数据分析能力的培养是基于相关统计软件基础之上的,如 Python、Stata 等,然而部分高校并未开设相关课程,这就使得学生不能较好地利用统计工具实现财务管理在数字化背景中的应用,影响了教师教学目标的实现。除此之外,在传统财务管理课程模式下,学生获取知识的主要渠道是书本阅读与课堂讲授,缺乏在实际财务情景中对知识点的应用[3]。数字化实践模拟课程的欠缺可能导致学生在数字经济时代对财务管理的职业要求感到陌生,学生实践能力的培养受到制约。在课程内容设置方面,教师在讲授过程中将大量的时间和精力投入到教授财务理论、概念和模型上,未能利用数字化工具将大数据渗透到课程内容实现课程巩固与延伸。

(三)教学过程未充分考虑个体差异

在授课过程中,教师通常采用"一刀切""满堂灌"的教学方法以满足教学计划中整个学生群体的基本需求,但是并未充分考虑学生对于教学内容理解方面的个体差异,导致学生缺乏学习动力。这种教学方法有悖于教育数字化转型中以促进人的自由、全面及个性化发展的初衷。教育数字化转型为改进这一问题提供了良好的契机,教师应充分利用数字化工具改善这一问题,如可以通过使用教学软件追踪学生的学习数据,线上线下同步交流,更好地了解学情,保证学生能够充分地掌握课堂内容,进而实现教学目标。

三、教育数字化转型在财务管理教学中的实践路径

(一)教学目标

财务管理课程的教学目标是令学生理解企业经营、投资、筹资和分配的基本原理与基础理论,掌握财务分析、项目决策、财务预测等基本方法和技能,具有一定的发现问题、分析问题以及解决问题的实践能力[4]。随着数字

化转型的深入推进,社会对新时代财务管理人才提出了更高的要求。新时代财务管理人才不仅需在业财一体化的理念中,为业务部门提供财务支持,而且还应该通过对宏观经济政策、行业趋势以及市场动态的观察,为企业的经营与投资决策提供依据,进而满足企业的财务决策和管理需求。在此背景下,财务管理课程的教学目标也发生了相应的变化,即从对财务管理基本知识和原理的掌握,逐步深入到利用数字化工具为管理层提供决策依据,重点培养学生的数字化能力如数据收集、处理、分析、模型建立和数据预测等以及综合实践能力,如在讲解投融资决策或财务预测内容时,教学过程在讲解完成基于微观企业相关指标的基本知识点之后,应引导并鼓励学生利用公开披露的数据和数字化工具,结合经济、行业和市场等中宏观相关因素,拓宽财务决策视野,进行更符合实际情况的财务分析,进而为企业制定科学的财务决策。

(二)教学形式与教学环节

在教育数字化转型背景下,一方面,教师应有效利用数字化教学工具以及数字资源辅助教学,创新教学形式,准确及时地分析学情,满足学生的个性化需求,引导学生主动学习与自我管理。在课前,教师可利用自主学习能力量表和所罗门学习风格量表对学生的学习特点进行问卷调查,根据学生的整体情况,适当调整教学风格,进而开展能够帮助学生缩小差异的教学活动。教师可以使用教学软件如雨课堂等辅助教学,课前发布课程公告,上传课件,让学生提前了解课程内容和要求。在课堂上,教师可以通过"雨课堂"进行实时的互动教学,课程动态可以依次播放老师讲解的课件,若学生没有理解可以标记为"不懂",方便教师及时调整教学进度,实时解答学生的疑问。在课后,学生可以通过学生端查看课程内容和课堂习题,若想要复习知识点还可以回看课程的音视频。教师可以在平台上上传视频、文章等学习资料并发布课程测试题。学生完成测试后,教师可以根据学习数据对教学效果进行评估和改进,对易错点和难点进行针对性的答疑,帮助学生更好地理解和掌握课程内容。除此之外,教师可以充分利用慕课、超星等数字资源平台,创建班级财务管理课程资源库,将财务管理课程内容整合分类为基本知识与相关创新性前沿两大方向以供不同需求层次的学生使用。同时,教师还可以引导并鼓励学生主动使用数字化平台,扩充丰富班级财务管理课程资源库,利用多样性的学习资源丰富学生的学习体验,激发学生主动学习的意识和兴趣。

另一方面,为了满足数字化时代的发展需求,教师应将数字化技术和工具渗透到日常的教学环节中。在数据收集、处理、分析、模型构建和预测能力的培养方面,教师在讲解完财务管理基本知识和原理后,应基于财务案例或项目运用数据处理与分析工具,如 Excel、Stata、Python 等向学生演示如何将财务管理知识与大数据结合进而更好地为企业进行财务分析、决策与预测,鼓励学生举一反三,提高对财务数据的敏感度与洞察力。在教学过程中,教师可以组织学生进行小组项目合作,在不同的任务中,组内成员轮流进行数据收集、处理、建模、分析和汇报等工作,保证每位同学各个环节能力的培养,帮助学生更好地适应数字经济时代的专业需求。在综合实践能力方面,教师应有效利用虚拟仿真平台进行财务模拟,如在讲解本量利知识点后,可以在 ERP 虚拟软件中以小组的形式让学生切实感受到企业的进产销活动。通过实际案例和项目,将学生从传统的理论课堂带入到真实的业务环境中,实现理论知识和实践过程的有机结合,从而培养学生解决实际问题的能力。

(三)课程内容

财务管理课程的基本知识和内容包括财务管理基础、投资、筹资、营运资本管理和分配管理五个部分,旨在培养学生财务分析、预测、决策、控制等技能。基于数字化工具使用的难易程度,教师可以将数字化背景下学生应掌握的财务管理技能划分为两个层次。其中第一层次能力为基本能力,如数据搜集、数据清洗与处理、简易编程、绘图、可视化、简易数据分析等,第二层次能力为进阶能力,如数据挖掘、模型构建、回归分析、机器学习等。教师在讲解完成基础知识后,根据学生对知识点的理解和吸收能力以及相关技能掌握的必要程度,适时地调整教学进度,分阶段、阶梯式有选择地进行教学。

在财务管理基础方面,该部分包含基本原理和财务报表分析两个部分。教师在讲解完成该部分内容后,可以利用数字化工具如 Excel、Stata 或者 Python 向学生示范财务管理基础的数字化应用。第一层次能力旨在培养学生利用企业内部或企业间的财务数据进行比较分析、制图和可视化。如在讲解完成短期偿债能力比率、长期偿债能力比率、营运能力比率、盈利能力比率和市价比率后,可以要求学生自行通过数据平台下载上市公司年报,利用数字化工具计算完成相关指标,对企业历史数据进行纵向分析、对企业间的数据进行横向分析并与行业间的数据进行对照分析,利用数字化工具做出比较视图和构成视图,引导学生对所研究的企业得出各项能力的分析结论、大胆猜测原因并提出改进意见。第二层次能力旨在培养学生通过构建模型,利用大数据进行多元线性回归分析进而实现财务预测、价值评估和会计信息质量判断等,如可以对企业的现金流进行预测。在对企业现金流进行财务预测建模之前,需要对财务数据进行可视化和探索性分析,鼓励学生利用分布视图和联系视图探讨财务数据变量间的关系,更直观地了解数据的特点和规律,进而得出多个预测模型,可以使用机器学习进行模型的选择和调优,最后选择一个合理的模型对企业的现金流进行预测。除此之外,教师还可以结合国内外创新性前沿研究,引导学生通过使用经典模型,如真实盈余管理模型、盈余持续性模型等深度探讨企业的会计信息质量。

在投资决策方面,该部分主要包含投资项目资本预算、债券和股票价值评估、期权价值评估和企业价值评估。第一层次能力为要求学生掌握财务函数,利用编程基础设计价值评估小程序,通过简单的智能化设置高效为企业的投资决策提供支持。如在讲解完成投资项目资本预算后,需要掌握NPV、IRR 等以及资金时间价值函数(可选择使用 Excel 财务函数),能够利用函数快速计算出投资决策计算指标。投资项目现金流量估计包括三大方面,分别是建设期现金流量(原始投资额、长期资产投资、垫支营运资本)、营业现金流量(销售收入、付现成本)和终结现金流量(回收额),要求学生利用编程知识编写投资项目现金流估计,小程序的最终成果为呈现输入式界面,只需将投资项目中各组成部分的数值输入到系统内,依据编写的程序就能够较快估计投资项目现金流量。投资项目的小程序设计不仅能够夯实学生对相关知识点的掌握,而且还能够提高学生的编程应用能力。第二层次能力旨在让学生了解学科创新性研究前沿,利用经典模型进行多元回归,如投资效率模型,基于大数据的视角并结合更多中宏观因素,判断企业的投资情况是处于投资不足还是投资过度,为管理者的科学决策提供依据。

在筹资决策方面,该部分主要包括资本成本、长期筹资和财务预测三个部分。第一层次能力为要求学生熟练掌握利用财务函数或简易编程对现值、终值、年利率、杠杆系数等财务筹资决策指标进行快速计算,根据各种影响因素求解企业最佳资本结构并制作资金需求量(销售百分比法)小程序。第二层次能力为引导学生通过利用国内外文献中常用的关于企业筹融资方面的指标,如融资约束模型(KZ)、权益资本成本模型(PEG)等,构建多元回归分析模型,尝试探索影响企业融资的关键影响因素。

在营运资本管理方面,该部分主要包括营运资本管理策略和现金管理两个部分。第一层次能力为要求学生利用编程知识计算相关指标,如易变现率、有效年利率等,较快地对企业的营运资本筹资策略进行判断,能根据各影响因素绘制现金最佳持有量等动态分析表。第二层次能力为鼓励学生通过使用 Python 软件对企业公开披露的信息(如管理层讨论与分析MD&A)进行文本分析,数据挖掘后对企业管理层的风格进行判断。

在分配管理方面,该部分主要包括股利分配、股票分割与股票回购,基础理论较多,公式较少,涉及的基础数字化能力较少,因此应着重培养学生的第二层次能力。老师应鼓励学生通过数据库下载分析上市公司财务数据,构建模型,探索企业股利政策(如股利分配率)的影响因素和经济后果,为管理层的股利分配决策提供依据。此外,还可引导学生通过数字化工具采集数据网页信息,对企业股利分配信息进行整理,绘制动态分析图表,辅助企业管理层决策。

四、总结

基于教育数字化转型的时代背景以及市场对财务管理人才的数字化需

求,文章探讨了在教学实践过程中财务管理知识与数字化能力培养的融合方式。借助数字化工具进行教学,在夯实学生理论基础的同时,培养了学生财务领域的数据思维能力和实践能力。因此,教师应建立数字化教学理念,在教学形式与环节中使用数字化工具,在课程内容设置方面基于学生对数字化工具的掌握程度将财务管理教学下数字化能力分为两个层次,阶梯式、有选择地进行教授,培养适应时代发展需求的新型人才。

参考文献

[1]刘利.大数据环境下财务管理教学探析[J].天津中德应用技术大学学报,2019(06):96-99.

[2]段红.应用型本科院校财务管理教学改革探讨[J].山东农业工程学院学报,2019,36(11):183-187.

[3]孟宛蓉.信息化教学背景下会计专业课程教学模式研究[J].中国乡镇企业会计,2023(11):190-192.

[4]纪纲,程昔武."新经管"背景下财务管理课程考核改革探究[J].商业会计,2021(08):120-122.

基于情境教学法的国际税收基础课程
教学方式改革的思考

李会云①

摘　要："国际税收基础"是研究跨国税收关系的一门课程,具有理论性、实践性的双重特点。在传统教学模式下,教师在教学过程中更注重于学生的理论知识的吸收,忽略了对学生实际操作技能的锻炼。情景教学法是在知识的讲授过程中,通过利用外部的真实环境或者针对教学内容设计的具体场景,激发学生积极性。基于此,本文结合情景教学法对"国际税收基础"课程教学方式改革进行思考,以提高教学质量。

关键词:国际税收基础;情景教学法;教学方式

一、引言

国际税收基础课程是会计学院面向会计学专业与财务管理专业的学生开设的一门选修课,是研究跨国税收关系的一门课程,教学内容涉及国际税收的法律法规、国际重复征税解决方法、反避税措施等。通过本课程的学习,不仅要求学生对国际税收基本知识、国际税收协定和国际避税与反避税等问题有比较系统的理解,也要熟练掌握国际税收的一般性实务操作,以便将所学到的国际税收知识应用于实际工作中。

---

① 李会云,天津商业大学会计学院教师,管理学博士。

184

基于国际税收基础课程的理论与实践的双重要求,如果在教学过程中不对教学方式优化,依旧采用传统的"教师讲,学生听"被动的教学模式,会导致学生没有实际参与到课堂,没有独立的思考和分析的时间,很难调动学生的自我学习的积极性,教学质量难以提升。因此,应对传统教学方式进行改革,一方面,激发学生积极性,扎实学生的专业能力,提高其实践能力。另一方面,教师针对学生掌握情况、教学内容等,优化教学效果,提高教学质量。

二、情境教学法概述

(一)概念界定

情境教学法是指在知识的讲授过程中,通过利用外部的真实环境或者针对教学内容设计的具体场景,激发学生积极性,以帮助学生更好掌握知识点,同时使学生心理得到更健康发展的一种教学方法。情景教学法核心在于教学过程中激发学生的情感,学生能够在情景中达到心境共鸣,潜移默化地对学生心理发展产生正面影响,从情景中获得学到知识的成就感,从而提高学生的学习主动性,深化对知识的理解。此外,由于情景的设计来源于对社会真实场景的提炼及进一步加工,情景教学法的运用,更有助于学生后续更快速融入社会工作。

(二)情景教学法的特征

1.以学生为主体

相比于传统教学法,情景教学模式是以案例或情景为载体引导学生自主探究性的学习,通过创设的情景对教学内容进行设计,体现"教师为主导,学生为主体"的原则,激发学生兴趣,以提高学生分析和解决实际问题的能力。例如:教师在课堂上以实际发生的案例为基础,让学生们模拟案例中的角色,以参与者的身份去考虑并解决问题,在这个过程中学生们的积极性不但会被充分地调动起来,而且会巩固以往学过的相关知识理论。在情景重现的过程完成以后,教师可以组织学生们进行讨论,分析案例中存在的问题,查找解决问题的方式方法,最后再由教师对案例进行点评,学生们在教师的点评过程中查找自身在知识点学习中存在的问题。同时,在情景教学法运用中,教师可以更深入了解学生对知识的掌握程度。

2. 培养学生的自主学习能力

情景教学法在实际操作中可以有多种融合方式,较好地体现了"以人为本"的理念,是一种行之有效的教学方法,对于改进传统教学、培养学生能力、突出学生主体地位具有十分重要的意义。教师应结合教学内容和目标的需要,灵活运用情景教学,从而真正实现师生的共同发展。在设计的情景中,学生间互相合作才能完成教师布置的任务。不仅锻炼了学生的沟通协作能力,还使得学生在自己角色中实现自我展示,从而培养学生的自主学习能力,提升实际操作能力。

3. 对教师专业水平要求高

将情景教学法运用到教学中,在授课过程中对教师更高要求。一方面,授课教师要具备一定的实践经验,能够针对教学内容设计出合理有效的教学情景,激发学生的兴趣。另一方面,授课教师要具备专业知识储备,能够在教学情景中与学生顺畅沟通,解答遇到的一些问题。

(三)基础理论

20 世纪 80 年代,情景认知理论开始兴起。布朗(Brown)等人在发表的论文中提出了"情景认知"的学习方法。经过后续研究的深入与完善,情景认知理论逐渐渗透于各个教育领域,带动了现代教学模式改革的思考。情景认知理论认为,知识离不开社会情景,知识的学习是要在模拟的或者真实的情景中进行,同时学习是人与环境交互作用的过程。该理论具有真实性、情境性、实践性的特征。

在高校内学习中,多数知识点仅停留在理论讲授,缺乏理论应用于实践的指导,学生可能步入工作后不能实际操作。基于情景认知理论,教师在授课过程中应当重视将知识点融入到情境中,通过将知识点情景化,设计教学活动,让学生参与在特定情境中,强化知识的学习,教学效果会更好。

三、国际税收基础课程传统教学方式弊端

(一)教学理念不科学,方式单一

国际税收基础课程是理论与实践并重,在讲授理论知识的同时,也应当注重培养学生的实践能力。但是,在国际税收基础课程教授过程中,更注重于学生对理论知识的掌握,忽略对学生实际操作技能的培养。同时部分教师的精力更侧重于理论研究,并没有在社会实践的经验,欠缺相关技术操作技能,进而造成任课教师忽视了给学生讲授实操课。

由于"重理论知识,轻实践环节"的教学理念,国际税收基础课程的教学方式主要是运用多媒体 PPT 在讲台上授课,给学生布置课后作业,期末采取闭卷考试。教师成为了课堂的主角,而学生成为了被动的接受者。在这种教学方式下,虽然学生学习了相关的理论知识,但是他们对于知识的应用能力较差,缺乏自主思考、创新探索的精神。近年来,一些高校为避免教学方法的单一,提出了教师应当适当地采用多媒体手段,引入案例教学等方法,但是以教师讲授为主的传统讲授方法仍未改变。

(二)教学内容设计不合理

国际税收基础的教学大纲未能与不断变化的市场人才需求相适应。虽然使用的教材不断更新,但教材内容实质上并未改变,没有做到与时俱进,使得学生缺乏专业知识的前瞻意识。此外,国际税收基础课程的问题多数是针对企业实际情况而言的,而传统的教学内容更侧重于采用陈旧案例,未能与最新法律条文相对应,导致教学内容与实际情况存在出入,并且多数高校所选取教材的内容并未包含实践模块,导致学生所学理论并未联系实践。

(三)师资力量不足,欠缺实践经验

近年来,很多高校开始尝试将以教师为主体的教学模式转变为以学生为主体,但是目前高校依旧采用大班授课的方式,导致以学生为主体的实践教学难以实施。与此同时,优秀的师资队伍是提高教学质量的关键条件,实践教学无疑对教师课堂教学能力提出更高的要求。但多数教师都是从学校毕业后就直接进入学校从事教学工作,基本上没有到企业参与相关实践的

经验,对企业的具体环境和国际贸易的运作不了解,对课程的讲授仅基于对教材的认识,导致实践性要求较高的国际税收基础课程,缺乏相应的师资力量。

四、情境教学法在国际税收基础课程中的运用

在国际税收基础课程教学过程中,必须建立以"理论指导实践"的教学理念,同时教学模式应以培养学生实践操作能力、创新能力为目标,教学内容多关注国际贸易的实际情况。传统的教学方式过于单一枯燥,不能满足教学的需求。因此,必须丰富教学方式,提高学生的积极参与性,激发学生的探究新知识,将课堂转换为以学生为主体。

鉴于传统教学模式在国际税收基础课程中存在的问题,为改善教学效果,提高教学质量,我们基于"情景认知"理论,引入情景认知教学法对国际税收基础课程教学方式进行改革。通过构建国际税收基础课程的"实践场",依据国际贸易中发生的主要途径,进行教学内容设计与安排,以实现学生于"情景"中掌握实务操作。

(一)国际税收基础课程知识体系特征

从图1可以看出,国际税收基础课程具有知识点较多,分布较为广泛,涉猎多门学科等特征。由此,给教师在教学实践中带来一些挑战。国际税收的产生其知识点具有一定的历史背景,但在传统的教学模式下,学生更多是应付期末考试,在学习过程中缺乏主动性,导致对教学大纲内知识点理解和掌握不够。根据国际税收基础课程的体系特征,采用情景教学法可使得知识更加形象生动地呈现出来,并让学生参与进来,改善教学效果。

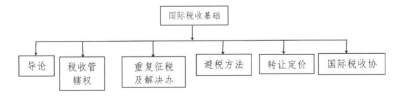

图1 国际税收基础课程知识模块

（二）教学设计的要素

基于情景认知理论,结合授课场地及对象,国际税收基础课程的教学设计要素主要包括五方面:

1. 教师

传统教学模式下,在课堂中教师更多扮演的是传授者的角色。情景教学法下,在设计的场景中,教师更多扮演的是引导者与协调者的角色。这对教师的要求也越来越全面。由于授课教师缺乏实践经验,鼓励教师抓好理论和实践两方面,提高自身教学水平,使得设计的"实践场景"发挥更好效果。

2. 学生

学生由原来知识的被动接受者,转为实践场景的主动参与者,在场景中汲取、掌握知识。

3. 教材

教材不仅停留在传统知识载体,在构建的情境中运用的原材料会成为新型知识载体。此外,随着国际贸易不断发展,国际税收相关法律法规不断变化,在设计的情景中要引入专业最新的发展动态,增强学生的前瞻意识,同时督促学生关心当前时事热点,培养其探索式学习。

4. 教室

教室不再是单纯的以教师为主的教学场所,而是根据教学内容特征设计的"实践场"。

5. 教学媒体

传统教学模式下,教学手段主要采用的多媒体、雨课堂等,教师通过PPT展示教学内容。在情景教学法下,将设计的"场景"通过多媒体、雨课堂布置,从而学生可以协同合作学习,通过教学媒体交流。

（三）情景的设计

依据情景认知理论,对国际税收基础课程教学内容进行设计,包括五方面:

1. 确定学习主题

根据教学大纲,将教学内容划分为不同层次知识点,结合其特点设计"实践场景"。以教材中"抵免法"为例,设计出学生完成相应任务的情景。一方面,包括已学习过的前期知识点,如所得税收管辖权的类型、税收居民的判定标准、所得来源地的判定标准、居民与非居民的纳税义务、所得国际重复征税问题产生的背景及原因、避免同种税收管辖权重叠所造成的国际重复征税的方法、不同税收管辖权重叠所造成的所得国际重复征税的减除方法(扣除法、减免法、免税法)等。另一方面,包括本场景的新主题"不同税收管辖权重叠所造成的所得国际重复征税的减除方法——抵免法"。

2. 课程情景的创设

首先,根据学生分组情况,各组建立自己的国家,制定各自的税收政策,如采用的税率等。其次,各位同学自愿成立总公司、分公司,可选择性开设在不同国家,并注明注册地、管理机构所在地、在各国的年收入额等。最后,各组学生分别采用分国限额抵免法、综合限额抵免法分析其税收负担,在何种情况下何种抵免法对纳税人更有利。在实践过程中,教师仅作为国际组织,进行税收政策的创设以及调整。国际贸易中各总公司的税收负担,由学生完成,一旦某国税收政策发生变化,受到影响的学生,要分析其带来的影响。

3. 主动参与、自主学习

在情景中,学生是最主要的角色,各组通过研究各国税收政策,设定目标以追求全球税后利润最大化。在这个过程中,教师作为引导者与协调者,要灌输会涉及的知识点,在这个情境中会面临的问题有哪些,引导学生思考如何解决问题。对于本堂课涉及知识点,需要在雨课堂进行预习,并在课后通过雨课堂巩固练习。同时,在情景演绎过程中,学生也可借助线上资源进行自主学习,拓展知识面。

4. 协作学习

在创设的情景中,学生分组团队协作,过程中会涉及分工、讨论,强调全员必须参与,完成布置的任务,学生小组会在协作中互相学习,通过交流、反思,提炼知识点。

5.考核评估

针对"不同税收管辖权重叠所造成的所得国际重复征税的减除方法——抵免法",设计具体考核评估方式,包括小组内互评、教师评分,评分点包括是否完成布置任务、主要负责工作、运用的知识点等。

五、结语

本文基于"情景认知"理论,引入情景认知教学法对国际税收基础课程教学方式进行改革,并以"抵免法"为例,从确定学习主题、课程情景的创设、自主学习、协作学习、考核评估五个方面进行情景设计,以实现学生于"情景"中掌握实务操作,提高教学质量。

参考文献

[1]杨晓迷.情景教学法在初级汉语口语教学中的应用[J].现代交际,2018(03):197-198.

[2]杜东华.提高《国际税收》课程教学质量研究[J].河南财政税务高等专科学校学报,2010,24(01):67-68.

[3]文嘉玲.情景教学法探源[J].科技信息(科学教研),2008(23):258+272.

[4]汪利锬,罗秦,黄洁."国际税收"课程教学的改革模式——基于情境认知的实验教学法[J].文教资料,2018(17):186-187+210.

[5]李会云,张玉岭.财务管理课程教学改革的探讨[J].知识经济,2016(14):147.

基于OBE理念的翻转课堂教学模式在会计专业学术型硕士教学中的应用研究

——以学术道德与论文写作课程为例

屈小兰①

摘　要:学术道德与论文写作作为专业学术型硕士研究生的必修课程,在整个专业学术型硕士学习过程中具有非常重要的作用和意义,并且对于专业学术型硕士研究生今后的科研发展及论文写作都起到了非常好的指导作用。但是笔者在实际授课过程中发现以讲授式进行的课堂学生参与程度并不高,学生参与的积极性逐年下降。课程所要达到的目标、效果、逐年递减。在此基础上,笔者尝试引入翻转课堂教学模式,希望通过教学模式的创新能够有效提高学生参与课堂度和教学效果。

关键词:OBE理念;翻转课堂;教学模式

一、学术道德与论文写作课程现状

（一）学术道德与论文写作课程内容

根据全国会计专业学位研究生教育指导委员会在2022年5月发布的

---

① 屈小兰,天津商业大学会计学院教师,管理学博士。

《会计硕士专业学位研究生参考性培养总体方案》,其中课程设置部分中将学术道德与论文写作作为研究方法模块课程。该课程主要包括两个核心部分,分别为学术道德和会计研究方法论。

1. 学术研究领域的学术道德问题

学术道德是学术健康发展和学术传承的关键要素,它对于学术界的公正、诚信和自律有着深远的影响,同时也是学术创新和社会进步的重要推动力。学术道德不仅是一个行为规范,而且是每一位研究人员都必须遵守的基本准则,在校研究生作为科研储备人员应在学习之初就应养成良好的学术道德规范,充分了解学术不端会对相关研究人员的社会声誉造成极坏的影响。本课程通过教师引导和学生讨论,引导大学生积极参与学术研究,培养创新思维和创新能力,推动科学技术的进步和社会的发展。结合已经被发现的和可能发生的学术不端行为的案例,进而令学生们认识到学术道德的重要性。

2. 会计研究方法论

本课程主要讲述会计学的研究方法论问题。主要包括三个方面的内容:一是截至目前会计学研究运用的主要方法,如规范研究、实证研究、实验研究、问卷调查研究和案例研究等。二是通过阅读相关文献,了解目前会计学主要领域的重要研究成果和发现。三是关于如何做出有意义的高质量的会计研究成果及论文的发表。

(二)授课中存在的问题

1. 教学模式单一

在学术道德与论文写作课程教学中,多数高校教师均依赖于教师直接讲授这种单一的知识传递方式,在这种教学观念的主导下,很多教师主要负责课程内容的呈现,属于单方面的知识输出,教学方法相对单一,学生被动接受知识并在课后完成大量练习进行强化。由于学术道德与论文写作教学内容涵盖法律法规、学术不端、规章制度、研究方法和写作规范等基础理论部分,大部分内容属于单向理论知识输出,在讲授型课堂除去教材、黑板和

PPT 传递信息外,其他信息技术和教学平台很难发挥作用,各方因素叠加导致学生学习效果不佳。

2. 学生缺乏自主学习积极性

教育学原理中提到教学四要素中教师是知识的传授者、学生是知识的接收者、教材是教学内容、教学方法手段包括各种教学策略、技术工具和实践方式,用于有效地传递信息和促进学生的学习。在讲授式教学模式下,教师是课堂主导者,是教学的核心,教师教学质量的好坏直接影响学生的学习效果。再加上学术道德与论文写作课程理论知识相对较多,内容相对枯燥容易导致学生学习注意力不集中、容易困倦、互动性差等现象,导致学生缺乏主观能动性,催生不主动思考和依赖的习惯,学生内生的学习兴趣不强,很难调动学生的学习积极性,讲授式教学模式很难体现学生在课堂中的主体地位,教师和学生之间缺乏交流互动,不利于培养学生创造力和学习兴趣。

3. 评价体系不够完整

当前会计专硕研究生学术道德与论文写作课程教学评价以期末考查形式为主,评价主体为授课教师。教学评价是对教学过程教学结果的体现,单一评价方式不能很好地体现教学结果,教学评价应该是对教学活动现实的或潜在的价值做出判断的过程。应该是综合性的,评价的方式应是多元化的、过程性的,能够更好地帮助学术对照评价结果对自身行为进行持续修正的。

二、引入翻转课堂教学模式的可行性分析

基于以上教学现状和教学过程中存在的问题分析,笔者尝试引入翻转课堂教学模式从而改善教学现状。翻转课堂是教学模式上的一种创新,能有效增加学生与教师沟通。充分体现以学生为中心的教学模式,并且有效地将信息技术手段引入教学模式中来,极大限度地激发学生主动学习探索的兴趣和内驱力,将教师从课堂的主导者转变为引导者和管理者,教师可以更加直观了解课堂教学情况。

（二）理论基础

1. OBE 教学理念

OBE（Outcome-Based Education）教育理念是一种以学习成果为核心，以学生为中心，以持续改进为动力的教育理念，强调教育过程的输出导向，而不是输入导向。OBE 理念是以成果为导向的教育理念，主要强调四个方面内容：一是教师希望学生取得的学习成果是什么；二是教师让学生取得相应学习成果的原因是什么；三是如何有效帮助学生取得学习成果；四是如何得知学生是否取得了学习成果。

2. 翻转课堂

翻转课堂教学模式是改革了知识传递和内化的过程，是将传统课堂中课上与课下教学过程进行改革，减少了教师灌输知识的过程，将课堂主动权交给学生的新型教学模式，传统学习是课堂中学习、课后内化，翻转课堂是课前学习、课中内化。

3. 基于 OBE 理念的翻转课堂教学模式

基于 OBE 理念的翻转课堂教学模式主要是更加突出教学成果目标的作用，通过明确成果目标、开展教学活动、评价学习成果、运用学习成果四个部分的内容完成教学模式设计，主要的改革内容集中在教学模式的变化，从而引发引起学生的学习兴趣。教学模式设计主要的思路是：

第一，将理论学习部分和基础知识学习部分通过短视频、课件等方式让学生们在课前进行学习，使学习理论知识成为课前任务。

第二，增加展示机会。结合学术道德与论文写作课程特点，在课堂学习中给予学生更多练习和展示自我的机会。增加课堂中师生交流和学生之间交流的机会，在教学方法、环境和资源方面给学生学习提供保障的同时，让学生在课堂上能够展示个人的学习成果。

第三，成果目标追踪，将学生和其毕业能力进行一一对应，尤其对学生学术方面的发展进行长期追踪，从而反馈教学结果，提高学生对学习目标的期待。

三、基于 OBE 理念的翻转课堂流程设计

根据学术道德与论文写作课程教学内容特点和基于 OBE 理念的翻转课堂设计理念,教学流程设计主要体现在课前、课中、课后三大部分。课前部分包括教师发放教学资料和学生自主学习,课中部分包括教师复习课前部分和学生交流讨论,课后部分为教学评价总结反馈。最大的特点就是基于教学目标的课堂引导中更多地给予学生交流的空间,将知识学习和评价反馈放到课堂以外,增加知识量的同时提升学生综合能力。

(一)课前学习阶段

1. 基本教学资源的准备

教师在上课前的备课阶段需要准备好课堂教学资源,通过网络形式或者纸质形式发放给学生提前学习,教学资源包括但不限于教学短视频、PPT、习题等。课程资源可以教师自己课前制作,也可以借助互联网优质资源。课程资源的制作或者选取应注意以下几点:一是视频内容要贴合教学内容,突出重点和难点内容,保证学术道德与论文写作学科理论的完整性和逻辑性,避免过度碎片化。二是视频内容不宜过度拖沓,时间不宜过长。三是突出互动环节,每次课前视频应设置相应的课堂任务。

以学术道德专题为例,教师提前准备 2~3 个微视频将学术道德相关法律法规和学校规章制度的相关素材通过"雨课堂"平台上传并发送给学生,并下发学习任务清单,要求学生在课程开始前一天内完成课程视频的学习并根据教师给予的专题进行准备课堂讨论的发言稿。教师上课前,根据平台学习结果及学生反馈,总结并记录学生所面临的关键共性问题,并通过课上阶段针对性的答疑解惑。

2. 学生课前自主学习

学生课前自主学习是翻转课堂教学模式的教学核心关键所在,学生依据教师制定的学习目标在课程开始前完成课程内容的学习。学生可以根据自身知识储备和学习能力调节学习进度,上课前完成教师布置的习题任务。在规定的时间内完成相应内容的学习,并根据教师布置的课后任务进行知

识梳理和总结,实现课堂知识课前内化,保障课堂效果的实现。

(二)课中教学阶段

课堂教学作为翻转课堂的重要部分是承载师生沟通和学生间沟通的重要载体,也是检验学生学习情况的关键所在,因此基于 OBE 理念的翻转课堂教学模式应突出精讲和多练。

1. 复习课前内容

教师要认真研究教学大纲和教学目标,在课堂之初对学生课前自主学习情况进行总结,对于课程问题和重难点部分选出需要精讲的内容,有针对性的在课堂开始进行回忆性讲解,一方面加深学生对于课程核心知识点的记忆,另一方面给予学生课前学习情况的反馈。在掌握基础知识的基础上再进行深入引导学生自主思考

2. 知识拓展应用

教师结合课前预习和课堂表现情况贯彻 OBE 理念,向学生布置课堂讨论练习,对于学生掌握知识点较好的部分,布置拓展性题目,开拓学生思维鼓励学生探讨发表自己观点。学生进行分组,小组内部针对相关问题进行内部讨论,促进学生积极参与讨论,关注每个学生的个体差异,通过小组内部的互帮互助,提高学习效率。引导学生对他人观点进行评价,促使学生灵活运用相关理论。针对学生掌握知识点不足的内容,巩固学生对知识点的掌握。通过成果导向设置相关启发性问题,引导学生积极思考。适当通过案例讲解,加深学生对基本理论的理解,帮助学生将碎片化知识点构建成完整的知识体系。

(三)课后评价反馈阶段

在学术道德与论文写作课程教学过程中,期末论文成绩占课程考核成绩比例较大,这种评价方式很难调动学生学习连贯性和积极性,很多学生只通过课前突击完成论文,但是对于课程的基础理论和知识重难点的掌握情况,教师无法做出有效评判,很多学生在课程结束之后对如何完成学术论文写作、硕士论文写作规范及如何检索论文等基础性工作都不清楚,更何况相

对重要的学术规范和学术研究方法,显而易见这种评价方式是片面的不合理的。

基于OBE理念和翻转课堂的教学模式,课堂讨论将作为过程性评价的重要部分,通过学生课前自学情况和课堂表现情况给予评判,加大学生在课堂上表现情况的综合评价占比,课堂表现情况还可细化为问题回答准确性、参与课堂讨论的积极性、学生独立讲解关键知识点的完整性等内容,进而细化评价标准。基于OBE理念和翻转课堂的教学模式更加注重过程性评价,打破学生平时不学习,期末搞突击的不良习惯,同时也督促教师关注课堂教学效果和学生学习成果评价反馈,反思教学过程中的不足,及时调整教育教学方法和教学内容,提升课堂质量

四、基于OBE理念和翻转课堂融合在学术道德与论文写作课程教学中的反思和建议

通过基于OBE理念的翻转课堂教学模式应用,虽然能够一定程度解决传统课堂缺少互动交流和过程性评价的问题,但是也应该根据课程实践教学情况进行综合性应用,不可为省事而滥用或者出现"一刀切"的教学现象。根据学术道德与论文写作课程教学中师生的反馈,并非是所有学术道德与论文写作的教学内容均适合采用翻转课堂模式进行,通过实践教学发现适用于翻转课堂教学模式的课程应具有以下特征:一是课程内容应具有独立性原则,教师可以将相关内容分割出来实施模块化教学,比如专业论文写作研究方式解析这一章节,独立性较强比较适合。二是具有充足的课前教学资源,设计视频或者课件内容需要精益求精,课前教学内容不宜过长,例如学术不端道德规范这一章节。三是能够增加课堂互动性,基于OBE理念的翻转课堂教学模式的根本在于课堂的互动环节,针对翻转课堂的学术道德与论文写作课堂教学,不能完全依赖于问答式、讨论式教学活动。在问答环节、讨论环节多增加趣味性的话题,引发学生讨论积极性,拓展学生的思维。

另外,基于OBE理念的翻转课堂是多边参与的、依赖于网络信息化平

台的互动学习模式,课程教学过程受到多方面因素影响。因此,在教学评价中,教师需要根据课堂教学目标的达成情况,结合学生反馈意见和目标达成度及时调整自己的教学策略,完善教学方法,做到持续改进。

五、总结

基于 OBE 理念的翻转课堂教学模式在会计专业学术型硕士研究生课堂教学中的应用有利于专业学术型硕士研究生更好地参与课堂学习,也在一定程度上增加了学生的学习积极性并且增加了互动交流的占比,学生的思维能力和专业技术水平得到锻炼,对于学生而言是大有裨益的。

参考文献

[1]李晓华,赖凡,唐文娟. 基于 OBE 理念的食品科学与工程专业课程建设改革研究[J]. 中国食品工业,2023(01):108-111.

[2]王立霞. 新工科背景下基于 OBE 理念地方应用型高校食品科学与工程专业人才培养研究[J]. 农产品加工,2022(18):136-138+142.

[3]孙舒扬,张淑荣,蒋小满,等. 基于 OBE 理念对应用型本科院校食品科学与工程专业毕业设计过程考核的改革与实践[J]. 农产品加工,2022(14):104-108+112.

[4]李毅侠,吴霞. OBE 理念下应用型本科院校课程教学的思考与实践——以"实变函数"为例[J]. 教育教学论坛,2023(36):107-110.

机器学习及其经管应用课程思政
教学改革与实践

芦雪瑶①

摘　要:本文旨在探讨机器学习及其经管应用课程思政的教学改革方式及实践路径。首先,文章概述了机器学习技术在经济管理与应用中的重要性,并指出了传统教学方法在培养学生思政素养方面的不足。其次,文章提出了课程思政改革的必要性,强调将思政教育与机器学习课程相结合,以培养学生的综合素质和社会责任感。在课程思政的设计方面,文章列举了机器学习及其经管应用各部分专业知识内容对应的思政教学设计,为后续课程思政教学实践提供了指导。最后,文章提出了四条课程思政的具体实践路径,包括整合课程内容、创新教学方法、完善评价体系和建设课程思政资源,为未来的机器学习及其经管应用课程思政改革工作提供了借鉴和参考。

关键词:机器学习;课程思政;教学改革;经济管理

一、引言

习近平总书记在全国高校思想政治工作会议上指出"各门课都要守好一段渠、种好责任田,使各类课程与思想政治理论课同向同行,形成协同效

---

①　芦雪瑶,天津商业大学会计学院教师,管理学博士。

应"。在当今大数据时代下,人工智能技术大量应用于财会经管领域,智能财务人才成为财务人才培养的重要方向,而在培养智能财务人才的过程中,引导学生掌握以机器学习为代表的人工智能技术必不可少。因此,为适应国家数字化发展要求与实践,机器学习及其经管应用课程应运而生。

虽然课程以使学生掌握必要的机器学习技术并能够利用相关分析软件和数据库对经管领域经典问题和热点问题进行定量分析的目标为主,但同样重要的是引领学生关注机器学习及其经管应用过程中的伦理道德问题及社会问题,带领学生深刻领会并解决数字化时代的新思政问题。尤其是课程涉及的人工智能技术和经管业务都覆盖了诸多风险点,财会人员需要谨遵职业道德问题和人工智能技术面临的技术滥用问题都是智能财务人才在未来实践中会面临的巨大挑战,通过课程思政建设可以引导学生归入正途,打破学科教育和思想政治教育之间的"信息孤岛",帮助学生们在创造社会价值过程中明确自身价值和社会定位。因此,在机器学习及其经管应用的课程教学过程设计中融入思想政治教学是新时代智能财务人才培养的基本要求,也是提高学生使命担当意识,实现高质量人才培养的必由之路。

二、课程思政目标

机器学习及其经管应用是为适应国家数字化发展要求与实践,为财务管理专业学生开设的限定选修课程。课程旨在全面介绍机器学习重要概念、理论、模型和主流算法以及机器学习技术在经济管理数据处理、预测等方面的应用,帮助学生建立财经领域信息技术认知与应用,培养学生"数据思维",为学生在后续的研究和工作中使用机器学习和数据挖掘解决各类实际经管问题打下基础。课程以课堂讲授为主,结合数据管理设计、案例分析(如文本分析、股票市场预测和企业风险预警)等实验环节,注重理论联系实际,关注机器学习技术在公司中的实际应用,通过案例实验帮助学生对机器学习基本算法及其在经管领域应用有更深刻的认识和更系统的理解,提升学生的学习效果、专业水平及其理论应用于实践能力,为经管专业学生熟悉和掌握现代公司智能化经管业务奠定良好的基础。

课程的思政目标包括：

第一，以培养专业基础扎实、专业技能娴熟、具有辩证思维、伦理道德意识、家国情怀、财务风险与金融风险管理意识和创新能力的新时代应用型智能财务人才为目标，将党的二十大精神、社会主义核心价值观、中华优秀传统文化、财务人员职业道德、人工智能技术相关法律法规以及大数据时代数字资产规范等相关内容融入课程体系中。培养学生应用机器学习技术解决复杂智能财务问题的能力，激发学生的创新意识和数据风险意识。

第二，以实验教学和案例教学等线上线下结合的授课方式，将思政内容融入教学案例，做到"思教融合"，引领学生在亲身参与案例分析的过程中自然地领会思政精神，提高学生发现问题、解决问题的能力，培育学生经世济民、德法兼修的职业素养，教育引导学生"坚定不移听党话、跟党走"，练就过硬本领，勇担时代使命，培养学生德智体美全面发展。

第三，拉近课堂与学生的关系，避免出现"静态""孤立"的课程思政建设，以学生为主体通过沙盘推演、模拟仿真平台等软硬件教学设施推进课程思政建设，让学生身临其境体会实践中智能财务角色和机器学习技术应用，引导学生主动树立"知敬畏、存戒惧、守底线"的高度自觉性。

三、课程思政的设计与实施

改变以往更注重专业技术教学的授课模式，不仅根据教学目标涉及的专业课程教学及实验，还根据教学进度在每章都设计了与章节内容适配的思政教学内容，并以理论教学、实验教学和案例分析等多种方式深度融入专业内容，有助于建立起培养德智体美劳的智能财务人才的长效育人机制，具体课程思政教学设计见表1。根据具体的教学内容和案例特点，课程思政元素的融入形式包括时事论证评价、经典案例分析、企业调研活动等多种方式，通过优秀企业案例激发学生学习热情，以"润物细无声"的方式培养学生的"四个自信"意识、"诚信、公平"意识、"遵法、守法"意识以及使命担当精神等重要思想道德品质，实现"显性思政"与"隐性思政"的同向同行。

表1 机器学习及其经管应用课程思政教学设计

序号	授课要点	课程思政教学设计
1	机器学习导论	通过介绍机器学习发展中的中国速度及国内优秀机器学者与企业,增强学生们的家国情怀与民族自豪感。同时提醒学生要提升遵纪守法意识,防止技术滥用
2	线性回归与逻辑回归	通过讲解线性回归与逻辑回归中严格的假设和评价指标,培养学生严谨的思考与学术作风,与财务实践相结合,指导学生梳理数据风险意识和财务风险意识
3	朴素贝叶斯	引领学生体会有监督学习的效果依赖于标签数据,在实践中有监督学习的标签数据可能是有偏差的,因此也会导致有偏差的结果,可能导致人种错认等伦理道德问题,需要学生对此结果谨慎应用
4	神经网络	培养机器学习算法解决实际领域专业问题的能力,理解国家人工智能发展战略从而积极主动利用人工智能技术解决经管专业问题,引领学生坚定理想信念、善用技术、慎用技术
5	决策树模型	通过决策树模型的构建,培养学生严谨的思考与学术作风,通过指导学生通过挖掘事件发展逻辑链条,提高学生寻找解决问题路径的能力
6	支持向量机	引导学生认识数据背后的规律,培养辩证唯物的哲学观。引入网络信息获取及应用案例,强调网络商家对客户信息获取及使用的精准性和合法性,当精准性与合法性出现矛盾时应如何抉择是技术应用的底线问题,帮助学生树立正确的伦理观
7	深度学习	培养机器学习算法解决实际领域专业问题的能力,理解国家人工智能发展战略从而积极主动利用人工智能技术解决经管专业问题
8	聚类	让学生在理解聚类、K-means算法的过程中,树立严谨的学习态度,增强家国情怀,提升勇担使命的责任感。同时注重引导学生对于数据安全性的谨慎态度,引领学生成为兼具技术能力和高尚道德水平的智能财务人才
9	高斯混合模型	通过对比各类无监督学习模型和算法,帮助学生理解创新算法的重要性,提高学生科技自立自强意识,帮助学生更好理解中国梦的深刻内涵
10	降维	培养学生思辨能力,引导学生提高数字化意识,提高学生创新能力
11	机器学习经管应用案例分析	通过案例分析互动,使学生深刻理解二十大报告精神中对于青年一代要"立志做有理想、敢担当、能吃苦、肯奋斗的新时代好青年"的殷切期望,激发学生创新创业热情

此外,课程还特别注重理论联系中国实际,紧扣机器学习及财务交叉学科在全面建设社会主义现代化国家伟大事业中的角色定位,强调提高学生创新意识和数字化能力,增强学生对于人口问题、共同富裕目标、传承中华文明、改善环境问题、推动可持续发展等重要现实问题的认识,提高学生解决国家迫切现实需求的能力,将新时代十年的伟大变革同新时代新征程中国共产党的使命任务相结合,以中国特色精神谱系,坚定学生对实现中华民族伟大复兴中国梦的信心。

四、课程思政的实施路径

(一)整合课程内容

将思政元素自然地融入机器学习和经管应用的教学内容中。例如,在介绍机器学习算法时,可以强调这些算法如何服务于社会公平正义,如用于减少信息歧视、优化资源配置等。在经管应用部分,可以分析机器学习如何助力企业实现社会责任,推动经济可持续发展。在学生对机器学习的基本方法有了较全面的了解之后可设置专题讨论,引导围绕机器学习在经管领域中的伦理、社会影响等议题进行讨论或者辩论,鼓励学生发表观点,培养批判性思维,引导学生提高主动学习和思考问题的能力。

通过道德哲学理论将职业道德贯穿于整个课程的每一个学习阶段,不断强化学生职业道德认识,提高学生法治意识,引导学生践行社会主义核心价值观。"天下为公、民为邦本、为政以德、革故鼎新、任人唯贤、天人合一、自强不息、厚德载物、讲信修睦、亲仁善邻"是中华优秀传统文化的深刻内涵,更是财务执业人员特别是应用智能技术的财务人员应该遵守的道德要求。课程贯彻职业道德教育也有助于增强学生的文化自信和文化认同感,将学生培养成为先进文化的弘扬者与传播者。

(二)创新教学方法

采用案例教学、问题导向学习(PBL)、校外专家指导等教学方法,引导学生主动思考机器学习在经管领域中的实际应用及其社会影响。通过案例分析过程中的讨论和辩论,可以培养学生的批判性思维和社会责任感,在此过程中,可以鼓励并指导学生积极参与学科或行业竞赛,培养学生以改革创新为核心的时代精神。通过设计具有思政内涵的实践活动,如组织学生参与社会服务项目,或通过沙盘模拟企业决策、政策制定等场景,让学生在角色扮演中体验机器学习决策背后的社会责任和伦理考量;通过邀请相关领域的专家学者开展讲座,展示在真实经管环境中的机器学习技术应用,破除机器学习技术理论上的晦涩难懂,真正让学生理解现实社会中机器学习应用于经管领域的方方面面,激发起学生的学习兴趣和实践,同时也能够帮助学生们更加深入地了解机器学习技术在经管领域的实际应用场景,并思考其局限和风险所在,有助于让学生意识到机器学习技术在经管领域应用的特殊性和谨慎性。

(三)完善评价体系

构建多元评价体系,将学生的思政表现纳入考核范围。在设置作业和课堂讨论的环节时可以选取多种多样的教学案例,引导学生自己挖掘思政内容(包括正面和负面,既要起到正面引导作用,也要起到负面警示作用),通过作业、课堂讨论、实践活动等多种形式,全面评估学生的知识掌握、能力发展和思政素养。同时,在作业、考试等评价环节中,也要专设思政内容对应的评价分数,以评估学生对机器学习在经管领域中的伦理、社会影响等议题的理解和认识。课程还设立教学反馈机制,提倡学生实时反馈课堂建议,不仅要建立科学的评价体系,还要建立学生满意的评价体系,以评促教、以评促学,引导学生关注机器学习及其经管应用过程中可能存在的思政问题并深刻领会解决问题的方法。

(四)建设课程思政资源

积极开发和利用课程思政资源,如建设思政案例库、邀请行业专家举办讲座、开展校企合作等。例如形成课程教学团队构建的思政教学案例库不断增加替代的循环模式,贯彻落实党的二十大报告等最新指导精神,不断补充关于共同富裕、自然环境、重大突发公共事件等现实问题的典型案例,以及不断更新近期具有社会重大影响的案例,引导学生在理解、掌握专业能力的同时,坚定中国道路、关注中国实践、思考中国发展、迸发中国力量。通过资源共享和互动交流,促进课程思政改革的深入发展。将思政教育与机器学习及其经管应用课程紧密结合,培养学生的社会责任感和应用伦理意识,推动课程思政改革的落地生效。

通过实施这些具体的实践策略,可以有效地将思政教育与机器学习及其经管应用课程相结合,培养学生的社会责任感和应用伦理意识,推动课程思政改革的深入发展。

五、结语

随着科技的飞速发展和大数据时代的到来,机器学习作为人工智能的核心技术,正日益成为推动社会进步的重要动力。而在经济管理领域,机器学习技术的运用也为决策分析、市场预测等方面带来了革命性的变革。然而,技术的迅猛发展也对我们的教育提出了新的挑战和要求。如何将思政教育有机地融入机器学习及其经管应用课程中,培养出既具备技术素养又拥有正确价值观的新时代人才,成为了课程思政改革亟待解决的问题。通过将思政教育融入课程中,学生们不仅可以掌握机器学习的核心知识,还能够深刻理解技术背后的社会责任和道德伦理,引导学生在分析问题、解决问题时,更加全面、深入地考虑各种因素。本文列举了机器学习及其经管应用各部分专业知识内容对应的思政教学设计,并提出了四条课程思政的具体实践路径,包括整合课程内容、创新教学方法、完善评价体系和建设课程思政资源,为后续课程思政建设提供了指导和借鉴。但本文对机器学习及其经管应用的课程思政改革的教学设计和实践路径建议仍有不足之处。如何更加自然地将技术与思政相结合、如何更好地激发学生的学习兴趣和热情、培养学生的创新能力和实践能力等问题,仍待继续探索。

参考文献

[1]付明磊,张文安.人工智能原理及应用课程思政的探索与实践[J].高教学刊,2023,9(27):193-196.

[2]苏梅,林蕊."大思政"教育观视域下"大数据财务分析"课程思政建

设实践探索[J].财务管理研究,2023(10):151-155.

[3]温素彬,温皓然,张兴亮,等.兼听则明:智能会计人才培养的调查研究与方案设计[J].财会月刊,2023,44(01):81-86.

[4]岳仁田,王红勇,李善梅.机器学习基础课程思政教学改革与实践[J].高教学刊,2023,9(23):193-196.

[5]张晨,吴勇,张超,等.数智时代财会专业科教协同高质量发展——中国会计学会高等工科院校分会2022年常务理事会综述[J].会计研究,2022(11):190-192.

会计学专业学术型硕士研究生科研创新能力培养研究①

彭　飞② 吴津喆③

摘　要:国家的整体创新能力是衡量一个国家竞争力的重要指标。会计学专业作为商业和管理领域的重要分支,其研究和实践也需要不断创新以适应时代的发展。通过调研发现,各高校会计学专业学术型硕士研究生科研创新能力存在科研实践机会有限、课程设置不够全面、缺少良好的学术氛围以及培养评价体系不完善等问题。针对以上存在的问题,本文从完善课程体系、加强导师指导、鼓励科研参与以及建立激励机制四个方面提出提升会计学专业学术型硕士研究生科研创新能力培养质量的对策路径。

关键词:会计学;学术型研究生;创新能力

---

① 本文系 2022 年度天津商业大学研究生教育教学改革项目"学术型硕士研究生科研创新能力培养研究——以会计学专业为例"阶段性成果。
② 彭飞,天津商业大学会计学院教师,管理学博士。
③ 吴津喆,天津商业大学会计学院教师,管理学博士。

一、会计学专业学术型硕士研究生科研创新能力的重要意义

(一)适应知识经济时代的发展需求

在知识经济时代,知识的创新、传播和应用都离不开创新能力的支持。国家的整体创新能力是衡量一个国家竞争力的重要指标。会计学专业作为商业和管理领域的重要分支,其研究和实践也需要不断创新以适应时代的发展。传统的会计核算和报告已经不能满足现代企业的需求,而更加注重战略决策、风险管理、数据分析等方面的能力。因此,培养会计学研究生的创新能力,可以使会计学专业硕士研究生掌握更先进的研究方法和技术手段,有助于他们更好地适应知识经济时代的发展需求,提升他们在这些新领域中的竞争力,更好地适应职业需求的变化,为未来的职业发展打下坚实的基础。

(二)有利于提升学生学术研究水平

会计学研究生的创新能力培养,不仅有助于他们掌握更加先进的研究方法和技术手段,还能够激发他们的创新思维和意识,提升学术研究的水平和质量。这对于推动会计学领域的学术进步和发展具有重要意义,主要表现在:

第一,深化专业知识理解。科研创新能力的培养需要学生对专业知识有深入的理解和掌握。通过参与科研项目、撰写学术论文等活动,学术型硕士研究生能够更深入地研究会计学的各个领域,深化对专业知识的理解,进而提升学术研究水平。

第二,提升研究方法和技能。科研创新能力培养过程中,学生需要学习和掌握各种研究方法和技术手段。这不仅有助于他们更科学、规范地进行学术研究,还能够提升他们的研究技能,使他们能够独立开展高质量的学术研究。

第三,培养创新思维和解决问题的能力。科研创新能力的培养注重激发学生的创新思维和解决问题的能力。通过参与科研项目,学生能够接触

到各种实际问题,学会运用所学知识进行分析和解决。

第四,积累学术成果和经验。通过参与科研项目、发表学术论文等活动,学术型硕士研究生能够积累丰富的学术成果和经验。这些成果和经验不仅能够为他们未来的学术研究和职业发展打下坚实的基础,还能够提升他们的学术声誉和影响力。

第五,促进学术交流与合作。科研创新能力的培养往往需要学生参与各种学术交流和合作活动。通过这些活动,学生能够与同行进行深入的交流和合作,了解最新的学术动态和前沿研究,这对于提升学术型研究生的科学研究水平具有重要的促进作用。

(三)促进经济社会的快速发展

会计学作为商业和管理的核心学科,对企业的财务管理和决策起着至关重要的作用。加强培养会计学专业学术型硕士研究生的科研创新能力,能够培养出更多具备高水平会计专业知识、能够运用先进研究方法和技术手段进行财务分析的人才。这些人才能够更准确地评估企业的财务状况、预测未来的发展趋势,从而为企业提供更优化的资源配置和决策支持,推动企业的健康发展。

在知识经济时代,科技创新是推动经济社会快速发展的重要动力。加强培养会计学专业学术型硕士研究生的科研创新能力,可以激发他们的创新思维和意识,推动会计学领域的科技创新。同时,这些研究生在科研过程中产生的创新成果,如新的会计理论、方法和技术,可以为企业提供更高效、更准确的财务管理和咨询服务,促进科技创新成果的转化和应用,推动经济社会的快速发展。

随着全球化的深入发展,国际的经济交流与合作日益频繁。加强培养会计学专业学术型硕士研究生的科研创新能力,可以培养出更多具备国际视野和竞争力的高端会计人才。这些人才能够更好地适应国际经济环境的变化,参与国际经济合作与竞争,提升我国在国际舞台上的地位和影响力,为我国的经济社会发展赢得更多的机遇和空间。

（四）提高学生综合竞争力

科研创新能力的培养需要学生深入研究会计学的各个领域，掌握最新的理论和技术。这不仅能够加深他们对会计学的理解，还能够使他们具备更全面的知识和技能。科研创新能力的培养注重激发学生的创新思维和解决问题的能力。通过参与科研项目和实践活动，学生将学会如何运用所学知识解决实际问题。

科研创新能力的培养往往需要学生与其他学科领域的学者进行合作。这种跨学科的合作将使学生学会如何与不同背景的人进行有效沟通，促进知识的交流和融合。在未来的工作和研究中，这种跨学科合作和沟通能力将使学生更具竞争力，更容易在团队中脱颖而出，使学生在未来的职业生涯中更加成功，为他们的个人发展奠定坚实的基础。

二、会计学专业学术型硕士研究生科研创新能力培养的存在的问题

（一）科研实践机会有限

高校或研究机构无法为会计学专业学术型硕士研究生提供足够的科研实践锻炼机会。究其原因主要在于：

一是资源限制。部分高校或研究机构可能由于资金、设备等资源有限，无法为会计学专业学术型硕士研究生提供充足的科研实践机会。会计学作为一门热门学科，吸引了大量的学生报考。这使得会计学专业的研究生教育面临激烈的竞争，而高校的资源和师资力量有限，难以满足所有学生的需求。这可能导致部分学生在培养过程中得不到足够的资源和关注，影响其科研创新能力的发展。另外，高校和教育机构在资金分配上也面临较大压力，特别是在会计学专业这种涉及大量实践和研究的领域，需要投入更多的资源，如实验室设备、软件工具、数据库等。资金不足可能导致无法提供足够的资源来支持研究生的科研实践和学习需求。

二是科研项目缺乏。随着会计学研究领域的深度和广度不断扩展，要求研究生具备较高的学术素养和研究能力。然而，选题难度过大可能导致

研究难以开展,因为某些选题需要深入的专业知识、丰富的实践经验和较高的研究能力。未经学术锻炼的研究生,由于学术水平或经验不足,可能难以承担这样的科研项目。另外,会计学作为一门热门学科,竞争激烈。然而,合作机会有限可能限制了科研项目的开展。与其他高校、研究机构或企业的合作是开展科研项目的重要途径之一,但合作机会的有限性可能限制了科研项目的数量和质量。

三是导师指导不足。导师在科研项目的开展中起着至关重要的作用。如果导师的科研能力有限,可能无法为研究生提供有价值的科研项目。此外,导师的科研项目数量和质量也直接影响到研究生的科研实践机会。如果导师的科研项目较少或质量不高,那么研究生就难以获得实践机会。

(二)课程设置不够全面

高校在制定课程设置时,没有充分考虑到学术型硕士研究生的需求和特点,以及学生未来的职业发展方向。这可能导致研究生课程设置过于理论化,缺乏实践性和创新性,无法满足研究生的全面发展需求。会计学作为一个快速发展的学科,其理论和实践都在不断更新和进步。然而,一些高校的课程设置未能及时跟上这些变化,导致课程内容过时或与实际需求脱节,存在课程规划不足以及知识更新滞后的问题。

另外,会计学作为一个独立的学科领域,长期以来形成了自己的学科体系和研究范式。这导致一些学者和教育者可能更倾向于在会计学的框架内进行教学和研究,而不太愿意跨越学科边界进行融合。此外,一些传统观念认为会计学应该保持其独特性和专业性,对跨学科融合持保守态度。同时,会计学作为一个发展较为成熟的学科领域,与其他学科相比可能存在一定的学科发展不平衡现象。这可能导致一些高校在会计学专业课程设置中更侧重于会计学的内部知识体系,而较少关注与其他学科的交叉融合。

(三)缺少良好的学术氛围

在一些高校或研究机构中,会计学的学术环境不够活跃,缺乏浓厚的学术氛围。主要原因在于由于学术活动较少、学术交流不畅或学术竞争激烈等原因造成的。缺乏活跃的学术环境不利于激发学生的学术兴趣和热情,也不利于培养他们的学术素养和创新能力。

会计学专业学术型硕士研究生的培养需要丰富的学术资源支持,如学术文献、数据库、研究经费等。然而,在一些高校或研究机构中,这些学术资源可能有限,无法满足学生的需求。缺乏足够的学术资源会限制学生的学术研究和创新能力发展。而且在一些高校中,会计学专业的学生数量可能较多,而教师资源相对有限,导致师生比例失衡。这种情况下,教师可能无法给予每个学生充分的关注和指导,学生也缺乏与教师深入交流的机会。师生比例失衡会影响学术氛围的营造和学生的学术发展。

同时,会计学作为一门应用广泛的学科,其实践性和职业导向性较强。这可能导致一些学生更加注重实践应用和就业需求,而对学术研究缺乏兴趣和热情。此外,一些高校或研究机构的学科文化可能更侧重于实用性和应用性,对学术研究不够重视。这种学科文化倾向也会影响学术氛围的营造和学生的学术发展。

(四)培养评价体系不完善

科研创新能力的评价是一个复杂的过程,需要建立完善的评价体系。然而,一些高校或研究机构可能缺乏科学、合理的评价体系,导致评价结果不够准确、客观,这可能会影响学生科研创新的积极性和动力。主要表现在:

一是评价标准的模糊性。在科研创新能力评价方面,往往缺乏明确、具体的评价标准。这导致评价过程可能受到主观因素的影响,无法准确、客观地反映研究生的科研创新能力。

二是重数量轻质量。在一些评价体系中,过于强调科研成果的数量,如发表的论文数量、参与的项目数量等,而忽视科研成果的质量。这种倾向可能导致研究生追求数量而忽视研究的深度和创新性。

三是评价缺乏多样性。评价体系可能过于单一,过于强调某一方面的能力或成果,而忽视了其他方面的能力和贡献。例如,一些评价体系可能只关注论文发表,而忽视了研究生在学术会议、实践项目等其他方面的表现。

四是缺乏反馈机制。一些评价体系可能缺乏有效的反馈机制,无法及时、准确地为研究生提供关于他们科研创新能力的反馈和建议。这可能导致研究生无法及时了解自己的不足和需要改进的地方。

三、培养会计学专业学术型硕士研究生科研创新能力的对策路径

(一)完善课程体系

一是优化会计学专业学术型硕士研究生课程设置,确保课程内容涵盖会计学的前沿理论和研究方法。引入跨学科课程,促进学科交叉融合,培养学生的综合素养和创新能力。增加实践教学环节,让学生在实践中发现问题、解决问题,提高实践能力和创新意识。课程讲授中注意培养学生批判性思维,鼓励学生对已有研究进行批判性思考,提出自己的观点和疑问。通过组织讨论、辩论等活动,培养学生的批判性思维和独立思考能力。

二是加强社科研究方法课程的教学,让学生掌握科学的研究方法和数据分析技术。开设专门的科研方法课程,介绍常用的研究设计、数据分析和统计方法,提高学生的科研能力和学术水平。合理设计课程结构,确保学生全面掌握会计学的基础知识和核心理论,同时注重培养学生的批判性思维、创新能力和独立思考能力。同时,引入前沿讲座和研讨会,定期邀请会计学领域的专家学者来校举办前沿讲座和研讨会,让学生了解最新的研究动态和学术成果,激发他们的科研兴趣和热情。

(二)加强导师指导

第一,明确导师职责,制定明确的导师职责规范,明确导师在研究生培养过程中的责任和任务。这包括指导研究生的研究方向、研究计划、论文写作等方面,确保研究生得到充分的指导和帮助。第二,定期举办导师培训班或研讨会,提高导师的指导能力和水平。培训内容可以包括最新的研究方法、教育理念、学术交流等方面的知识,使导师能够更好地指导研究生进行科研创新。第三,建立导师与研究生互动机制,鼓励导师与研究生建立定期的互动机制,如定期的研究讨论会、个别指导会议等。这有助于研究生及时向导师汇报研究进展,获得反馈和建议,提高研究效率和质量。第四,强化

导师的科研指导,导师应积极参与研究生的科研项目,提供科研思路、方法和技术上的指导。同时,鼓励导师与研究生共同发表论文、参与学术会议等,提升研究生的科研能力和学术影响力。第五,建立导师评价制度,对导师的指导工作进行评价,包括研究生的学术成果、研究进展、论文质量等方面。根据评价结果,对导师进行奖惩,激励导师更好地履行指导职责。第六,注重加强导师团队建设,鼓励导师之间组建团队,共同指导研究生。通过团队合作,可以充分利用不同导师的专业优势和资源,为研究生提供更全面的指导和支持。

（三）鼓励科研参与

鼓励会计学专业学术型硕士研究生参与科研活动,是提升其科研创新能力的重要途径。具体措施包括:第一,鼓励研究生积极参与导师的科研项目,为其提供实际的研究机会。这有助于研究生了解科研的全过程,包括问题的提出、研究设计、数据收集与分析、论文撰写等。第二,允许研究生根据自己的兴趣和专业背景,自主选择研究方向和课题。这可以激发研究生的研究兴趣和创新精神,培养其独立思考和解决问题的能力。第三,学术会议参与,鼓励研究生参加国内外学术会议,为其提供展示研究成果的平台。通过参与学术会议,研究生可以了解最新的研究动态,拓宽学术视野,与同行进行深入的学术交流。第四,支持研究生在学术期刊或会议上发表论文,提高其学术影响力。这不仅可以增强研究生的自信心和学术动力,还有助于其在学术界建立声誉。第五,设立科研奖励机制,对在科研活动中取得优秀成果的研究生给予奖励。这可以激发研究生的科研热情,提高其参与科研的积极性。

（四）建立激励机制

为了培养会计学专业学术型硕士研究生的科研创新能力,建立有效的激励机制是至关重要的。可通过设立专门的科研奖学金,用于奖励在科研活动中表现出色的研究生。这些奖学金可以基于研究成果的质量、创新性、实用性等因素进行评选,以激励研究生积极参与科研活动并努力提升自己的科研能力。另外,为研究生提供科研项目资助,支持他们开展自己感兴趣的研究项目。这可以减轻他们在经费方面的压力,让他们更加专注于科研工作,从而激发科研创新的热情。同时,为研究生提供参加国内外学术会议、研讨会等学术交流活动的机会,让研究生能够展示自己的研究成果,与同行进行深入的学术交流。一方面可以营造浓厚的学术氛围,激发研究生的学术兴趣和热情,鼓励研究生参与学术社团、组织学术活动等,培养他们的学术素养和组织能力。另一方面,也有助于提升研究生的学术影响力,还能够激发他们的创新思维和合作精神。

参考文献

[1]解维敏,刘晓东.学术型研究生人才培养模式的研究与实践——基于会计学专业视角[J].辽宁经济,2019(03):74-75.

[2]郭慧婷,汤朦.会计研究生实证研究能力问卷调查——以长安大学为例[J].财会学习,2019(05):220-221.

[3]王爱华,朱霖昊,郝敏.能力导向的学术型研究生校内导学督学体系构建[J].高教学刊,2017(02):18-22.

[4]牛彦秀,武海天,毛一扬.研究生论文写作能力培养的现状调查及对策分析[J].当代教研论丛,2017(01):24-25.

[5]刘祥和.会计专业研究生学生创新培养实证研究[J].长春工业大学学报,2016(03):307-312.

[6]张淑惠,罗孟旎.我国会计学学术型研究生培养机制新研究——基于利益相关者理论[J].教学研究,2015(04):36-40.

高校职业生涯规划教育体系构建研究

弭力元[①]

摘　要:本研究旨在探讨高校职业生涯规划教育体系的构建与发展。文章首先分析了当前高校职业生涯规划教育的现状,指出了存在的问题和挑战,如教育内容的单一性、缺乏个性化指导、与市场需求脱节等。随后,文章提出了构建全面、系统、科学的职业生涯规划教育体系的必要性,并深入探讨了其构建原则和核心要素。在此基础上,文章构建了一个包括职业规划意识培养、自我认知与定位、职业技能提升、职业探索与实践、职业决策与行动五个方面的职业生涯规划教育框架,并提出了相应的实施策略和建议。研究认为,高校应加强对职业生涯规划教育的重视,完善教育内容和方法,提高教育质量,以帮助学生更好地进行职业规划和未来发展。同时,高校需深化与企业和社会的合作,洞察市场需求,为学生提供丰富的实践平台及职业发展资源,确保教育与职业的无缝对接,从而推动学生的全面发展。本研究对于高校职业生涯规划教育体系的构建与发展具有重要的理论和实践意义,有助于推动高校职业生涯规划教育的创新与发展,为社会输送更多杰出的人才。

关键词:职业生涯规划;高校教育;就业

---

①　弭力元,天津商业大学会计学院教师,管理学硕士。

一、引言

在全球化竞争日益激烈的今天,职业选择和职业发展成为大学生必须面对的重要问题。职业生涯规划不仅是大学生实现自我价值的重要途径,也是其未来生活质量的保障。因此,构建科学、系统、高效的高校职业生涯规划教育体系至关重要,它将有助于培育出与社会需求紧密契合的高素质人才,为社会的持续进步和发展注入新的活力。

随着教育理念的不断更新和职业发展环境的快速变化,高校职业生涯规划教育面临着新的挑战和机遇。传统的职业生涯规划教育模式往往偏重于理论知识的传授,忽视了学生的个人特点和实践能力的培养。因此,构建一个符合时代要求、具有创新性和实践性的职业生涯规划教育体系成为了高校教育改革的重要任务。

本研究旨在探讨高校职业生涯规划教育体系的构建问题,通过深入分析当前职业生涯规划教育的现状和问题,结合市场需求和学生个性化需求,提出构建科学、系统、有效的高校职业生涯规划教育体系的策略和建议。本研究不仅有助于推动高校职业生涯规划教育的创新与发展,更有助于提升大学生的就业竞争力和职业发展潜力,从而为社会培育更多高素质人才,作出积极贡献。

通过本研究,我们期望能够构建一个符合学生个性化需求、贴近市场需求、注重实践能力培养的高校职业生涯规划教育体系,为大学生的职业规划和未来发展提供有力的支持和保障。同时,我们也期望通过本研究,为高校职业生涯规划教育的理论研究和实践探索提供有益的参考和借鉴。

二、当前高校职业生涯规划教育的现状、存在的问题和挑战

(一)当前主要现状

目前,很多高校开始将职业生涯规划教育纳入人才培养体系,充分表明了对这一教育领域的重视。然而,职业生涯规划教育的实施情况并不尽如

人意,仍存在一些问题。

(二)存在的问题

第一,教育内容单一,缺乏个性化指导。当前,很多学校的职业生涯规划教育主要为理论指导,没有充分满足学生的个性化需求,这在一定程度上限制了学生职业发展的潜力和空间。

第二,教育师资力量不足,专业化程度不高。目前,很多高校缺乏专业的职业生涯规划教育师资,教师素质参差不齐,专业化程度不高。

第三,教育与市场需求脱节。许多高校在职业生涯规划教育方面尚未与市场需求紧密结合,这使得学生的职业规划与市场需求之间存在明显的差距,影响了学生未来的就业和发展。

(三)面临的挑战

如何更好地满足学生个性化需求,提供全面、系统的职业生涯规划教育;如何提升教师的专业教育水平,加强队伍建设;如何更好地结合市场需求,调整职业生涯规划教育的内容和方式,以适应社会发展的需要,是目前高校需要面对的挑战。

高校职业生涯规划教育需要进一步完善和发展,需要高校、政府、企业等共同携手,提高学生的专业素质和实践水平,以培育出更多优秀的人才,为社会的发展做出积极贡献。

三、构建全面、系统、科学的职业生涯规划教育体系的必要性

构建职业生涯规划教育体系的重要性不容忽视,它对于个人的职业发展和社会的整体进步都具有深远的影响。

(一)个人发展指导

职业生涯规划教育体系能帮助学生或个体了解自身的兴趣、优势和潜在能力,从而指导学生选择最优职业发展方向。通过生涯规划学习,学生可以更有目的地发展自身技能,实现个人价值。

（二）提高就业质量

有效的职业生涯规划能够帮助个体在就业市场中更具竞争力，从而找到更加满意的工作岗位。这不仅能够提高个体的就业质量，也有助于提升全社会的就业水平。

（三）适应职场变化

随着科技的进步和经济的发展，职场环境在不断变化。职业生涯规划教育体系能够帮助学生或个体更好地适应这些变化，不断提升自身以适应新的职场需求。

（四）提高职业满意度

通过职业生涯规划，个体能够更清楚地了解自己的职业目标和期望，从而在工作中实现更高的职业满意度。这对于个体的心理健康和职业发展都至关重要。

（五）提升社会整体效率

当个体能够找到适合自己的职业并充分发挥其能力时，社会的整体效率也会得到提升。

四、高校职业生涯规划教育体系的构建原则

（一）学生主体性与教师导向性相结合

以学生为中心，围绕学生、服务学生，同时进行专业引导，帮助学生制定符合自身特点的职业规划。

（二）市场需求导向

职业生涯规划教育应紧密结合市场需求，了解行业发展趋势和用人单位的需求，帮助学生选择符合市场需求的职业方向。

（三）系统性与全面性

生涯规划教育包括自我认知、职业准备、职业选择、职业发展等多个方面，形成一个完整的教育体系，确保学生在整个大学生涯中都能得到有效的

职业指导。

（四）个性化与差异化

针对不同学生的特点，提供个性化的职业规划指导，确保每个学生都能发掘自身优势，实现差异化发展，从而更好地适应社会的多元化需求。

五、职业生涯规划教育框架

（一）职业规划意识培养

目标设定：引导学生明确短期和长期职业目标，确保自身能力和市场需求相匹配。

职业规划理念灌输：通过课程、讲座等形式，使学生认识到职业规划的重要性，并了解职业规划的基本步骤和方法。

（二）自我认知与定位

自我评估：通过心理测试、自我分析等方式，使学生了解自身的性格、价值观、爱好等。

职业倾向分析：结合专业背景和市场需求，分析学生适合的职业领域和发展方向。

定位明确：根据上述分析，帮助学生自我认知，确定职业发展方向。

（三）职业技能提升

课程学习：通过课内外专业学习，提高自身专业素质。

实践训练：通过实验、实训、项目等方式，提升学生的实践能力和创新能力。

证书考取：鼓励学生考取与职业目标相关的证书，增强职业竞争力。

（四）职业探索与实践

实习经历：安排学生参加实习，了解职业环境，积累工作经验。

社会实践：鼓励学生参与各项实习实践活动，包括志愿活动和专业实习。

创业尝试：对于有创业意愿的学生，提供创业指导和支持，助其实现创业梦想。

（五）职业决策与行动

决策指导：帮助学生分析职业选择的利弊，制定明确的职业决策。

行动计划：制定实现目标的行动计划，包括阶段性计划和长期计划。

跟踪评估：定期对职业规划进行评估和调整，确保职业规划的有效实施。

通过以上五个方面的职业生涯规划教育框架，可以系统地引导学生树立正确的职业规划意识，明确自我认知与定位，提升职业技能，积累实践经验，并最终做出明智的职业选择。有助于学生在大学期间为未来的职业生涯做好充分准备，提高就业竞争力和职业发展潜力。

六、职业生涯规划教育框架的实施策略与建议

（一）职业规划意识培养

1. 实施策略

课程整合：将职业规划意识培养融入日常教学中，如通过就业指导课程、专业课程等，使学生从入学开始就意识到职业规划的重要性。

校园活动：组织职业规划讲座、工作坊等活动，邀请行业专家、校友分享经验，激发学生对职业规划的兴趣。

2. 建议

加强师资力量：提升教师的职业规划教育水平。

建立反馈机制：定期评估学生的职业规划意识水平，以便及时调整教育策略。

（二）自我认知与定位

1. 实施策略

心理测评：利用心理测评工具，使学生明确自身的性格、兴趣、价值观等。

职业倾向测试：通过职业倾向测试，帮助学生明确适合自己的职业领域

和发展方向。

2.建议

确保测评质量:选择科学、有效的测评工具,确保测评结果的准确性和可靠性。

个性化指导:根据学生的自我认知结果,提供个性化的职业规划建议和指导。

(三)职业技能提升

1.实施策略

课程设置:优化课程结构,确保学生掌握扎实的专业知识和技能。

实践平台:通过与校友企业合作落成实习基地,为学生提供走进企业的机会,提升实践能力。

2.建议

加强校企合作:与企业合作开展实践项目,使学生更好地了解职业环境,提升职业技能。

鼓励自主学习:鼓励学生利用课余时间自主学习,提升职业技能水平。

(四)职业探索与实践

1.实施策略

实习项目:组织学生参加实习项目,积累工作经验,了解职业环境。

社会实践:鼓励学生参与志愿活动、专业实习等,拓展视野。

2.建议

建立实习资源库:与多家企业建立合作关系,为学生提供丰富的实习机会。

提供社会实践指导:为学生提供社会实践的指导和支持,确保实践活动的质量和效果。

（五）职业决策与行动

1. 实施策略

决策辅导：为学生提供职业决策辅导，帮助他们分析职业选择的利弊。

行动计划制定：指导学生制定实现职业目标的行动计划，包括短期和长期计划。

2. 建议

建立跟踪机制：定期跟踪学生的职业规划实施情况，提供必要的指导和帮助。

鼓励调整与优化：鼓励学生根据个人的实际情况和市场变化，灵活调整和优化自己的职业规划。通过持续的自我评估和职业发展指导，学生可以及时发现问题，调整方向，确保职业规划的有效性和可行性。这样的动态规划过程将有助于学生更好地适应职场变化，提升就业竞争力和职业发展潜力。

通过上述策略的实施与建议的落实，可以更加有效地推动职业生涯规划教育框架在高校中的实施，帮助学生深入了解自身特点、挖掘潜在优势，并紧密结合市场需求，制定合理的发展目标。

七、不同年级职业生涯规划的主要目标和内容

大学期间不同年级学生的发展阶段和需求不尽相同，职业生涯规划的主要目标和内容也要根据不同年级进行区分和调整。针对大学四个年级的职业生涯规划的主要目标和内容的建议分析如下：

（一）一年级：职业探索与基础建立

主要目标是了解自己的兴趣、能力和价值观；对不同职业和行业进行初步探索；建立良好的学习基础和学术表现。

学生可以通过参加职业规划课程和讲座，了解职业规划的基本概念；参与校园社团和活动，发现自己的兴趣和潜能，确定职业发展方向；与学长学姐、教师或行业人士进行交流，了解职业环境；保持良好的学术成绩，为未来

的职业发展打下坚实基础。

(二)二年级:技能提升与职业深化

主要目标是深化对职业领域的了解;加强专业知识学习,提升自身专业能力;积极参加实习、志愿服务等。

学生可以通过参加专业相关的课程和实践项目,提升专业技能,积极获取实习和兼职机会,了解职业环境和工作流程;参加行业研讨会、讲座等活动,拓宽职业视野;开始关注就业市场和招聘信息,为未来的求职做好准备。

(三)三年级:职业准备与决策

主要目标是明确职业定位和发展方向;准备求职材料,如简历、面试技巧等;开始积极求职,关注招聘会、双选会,参加面试等。

学生可以通过进行决策分析,明确自己的定位和求职目标;参加招聘会和校园面试,积累求职经验;寻求学长学姐、教师或职业导师的指导和帮助,优化求职策略;继续提升自身能力,为未来的就业做好充足准备。

(四)四年级:职业实现与调整

主要目标是成功找到合适的工作或进一步深造;顺利过渡到职场或研究生生活;根据实际情况调整职业规划。

学生可以通过以下几种方式,完成求职流程,成功获得工作机会或研究生录取;参加入职培训或研究生课程,为未来的职业发展做好准备;与职场导师或研究生导师建立联系,寻求指导和帮助。同时,要根据实际情况调整职业规划,确保职业发展的持续性和稳定性,保持与校友和同行的联系,拓展职业网络和人脉资源。

通过实施针对不同年级的职业生涯规划目标和内容,学生能够更加有目的性地规划自己的大学生涯,确保每一步都朝着未来职业发展的方向迈进。

八、结语

本研究致力于深入探索高校职业生涯规划教育体系的构建与完善,提高学生的职业素养和就业能力。一个科学、系统、有效的职业生涯规划教育体系,能够帮助学生更好地认识自我,提升个人能力,从而实现个人价值与社会发展的双赢。我们提出了构建新型职业生涯规划教育体系的构想,该体系应更加注重学生的个性化发展和实践能力的培养,同时紧密结合市场需求,确保学生的职业规划与未来就业市场的契合度。

展望未来,我们将继续关注高校职业生涯规划教育体系的发展与完善,不断探索更加符合学生实际和社会发展需求的教育模式。我们相信,通过不断的努力和实践,高校职业生涯规划教育体系将为学生的职业发展和社会进步发挥更加重要的作用。

参考文献

[1]沈之菲.生涯心理辅导[M].上海:上海教育出版社,2000年版。

[2]张再生.职业生涯开发与管理[M].天津:南开大学出版社,2003年版。

新时代高校形势与政策课程教学优化与创新初探

高　策①

摘　要:形势与政策课程是高校思想政治教育不可或缺的关键一环,应当充分发挥其育人主渠道与主阵地的作用,落实好高校立德树人的根本任务。目前,高校形势与政策课程建设质量水平参差不齐,切实增强形势与政策课程育人效果,进一步提高教学质量,具有重要的现实意义。本文分析了高校形势与政策课程教育教学现状,充分结合时代特征与新时代大学生特点,对课程教学优化与创新进行探索。

关键词:高校教育;形势与政策课程;教学优化与创新

当前,形势与政策课程在高校教育教学中受到的重视程度不断提高,在高校思想政治教育中扮演着至关重要的角色,是高校思想政治课程的重要组成部分,在高校意识形态工作中同样发挥着重要作用。高校为大学生上好这门课,可以进一步教育引导大学生准确把握国际与国内形势,坚定理想信念,成长为中国特色社会主义事业的合格建设者和可靠接班人。高校的形势与政策课程也在逐渐向着专业化与规范化的方向发展,其发展大致可以分为以下几个阶段:即"初步探索(1949—1955年)、第一次课程化建设(1956—1965年)、重大挫折(1966—1976年)、第二次课程化建设(1977—

---

① 高策,天津商业大学会计学院教师。

1989 年)以及科学规范(1990 年至今)"[1]。通过其发展的时间线来看,高校的形势与政策课程发展与国家总体发展阶段存有内在逻辑关系,因此,该课程的内容与时代发展与变迁息息相关,具有很强的时代特征。但是,我们也应清楚地看到,有些高校对该课程的建设发展投入力度不足,重视程度还不够高,例如存在师资配置结构不合理、教学模式老化、考核机制不完善等问题,课堂抬头率不高,学生学习动力不足,一定程度上导致了该课程难以取得良好的教育效果,无法达到既定教学目标。因此,高校要在坚持马克思主义基本原理的基础上,根据我国发展客观情况的变化,结合不同院校、不同专业大学生的教育与成长规律,有针对性地对形势与政策课程做出相应的优化与创新,在中华民族伟大复兴战略全局和世界百年未有之大变局相互激荡的新时代,使这门课程的育人效果更加凸显。

一、高校形势与政策课程定位与功能

从字面来看,形势与政策课程应当包含两个方面的内容。在本门课程中,"形势"我们可以理解成当今的局势和发展的趋势,"政策"主要是指在当前的形势下,我们国家所制定和执行的相关政策。由此可以看出,高校的形势与政策课程内容也应当是与时俱进的,是要随着国家的发展与国内国际局势的不断变化进行更新与调整,从而适应高校思想政治教育的教学目标。通过此门课程的学习,要让学生在认清世界发展趋势的基础上,进一步理解和认同我国在当前局势中所执行的相关政策和开展的活动。作为高校思想政治教育中的重要组成部分,形势与政策课程既有思想政治教育课程所具备的广泛特征,又有其自身特点和要求。马克思主义形势政策观是对"马克思主义世界观的应用,是马克思主义分析判断形势、制定执行政策的立场、观点、和方法"[2]。高校的形势与政策课程就是以此为理论基础,要教育和引导学生能够以马克思主义的科学方法来正确分析当下国际和国内形势,进而全面理解我国政策,培养学生树立正确的形势政策观。高校发挥好形势与政策课程的教育功能,还可以培养学生的爱国精神、社会责任感、民族自豪感,在纷繁复杂的国际形势中树立正确的政治方向,具有明辨是非的能力,避免被别有用心的人利用。大学生思想活跃、容易冲动,有时会出现一些不理智的行为。在思考和理解一些国际和国内热点事件时,大学生可以从整个国家、民族与社会的角度出发,增强对党和政府的认同感,将个人发展与建设社会主义现代化强国紧密联系在一起,成长为建设祖国的栋梁。

二、高校形势与政策课程建设存在的问题

(一)教育模式较为单一

当前,我国高校的形势与政策课程大多采取传统教学模式,也就是以教师讲授理论知识为主,学生互动不足,并且课程人数容量较大,导致教师难以对学生的课堂表现进行全面掌控。这种教育模式在高校形势与政策教育教学中也曾发挥过重要的作用,但是随着时代的发展,总体来看,这种教育模式已经不能很好地适应当今的形势和大学生的特点与需求。在信息化时代,人们获取信息的渠道增多,网络和多媒体工具已经成为大学生日常生活和学习中不可或缺的重要部分,学生的自我意识与个性化需求在不断增强。传统模式中面向学生的单向教育,会使很多大学生提不起兴趣,大段的理论讲授,有时会造成"左耳进右耳出"的现象,一节课上完之后,学生有时会感觉所学内容与自己的关联度不高,内容过于严肃和单调,学生对于知识的掌握与理解难以达到既定的教学目标。这种教育模式所缺乏的是对受教育者个体差异的考量与尊重,没有充分考虑到新时代大学生的成长环境和发展规律,在教学的模式和内容选择上缺乏重点,与学生的契合度不高。

(二)教学内容缺乏一定的针对性和实效性

从哲学角度来看,一切事物均处在不断的发展与变化之中,对于高校的形势与政策课程来说,发展变化是一个贯穿该门课程始终的主题。因此,在该门课程教学内容的选择和把控上,也要遵循这个主题,既要将课程的理论讲深讲透,又要与当今发展大势相结合,与时俱进,充分涵盖当下国际国内的热点事件与话题,并以此来辅助理论内容的讲授。前文提到,当前高校的形势与政策课程采用传统教学模式居多,采取大课堂教学或专题讲座的形

式,在教学内容上多以教材理论知识讲授为主,虽然也对热点事件和新闻进行了一定程度的结合,但是大多数情况下选取的案例不够新,没有把当下大学生热议和关注的话题和课程内容进行有效结合。因为在新媒体时代,信息量大,迭代更新很快,这就要求在教学内容的选取上突出"新"与"快"两个特点,学生所关注的,可能并不是课件中的话题,这就要求老师们在备课的时候,首先要有敏锐的视角,关注时事新闻,通过自己的思考将其与课程教学理论内容充分结合,要将当下话题量和关注度最高的话题和学生共同探讨,从而提高学生兴趣,积极参与课程讨论,用马克思主义的科学观点和方法进行分析,加深学生对理论知识的理解,真正做到形势与政策课程"听过有痕"。

(三)教师队伍结构不够合理

高校的形势与政策课程具有很强的综合性,不仅要涵盖学科相关的理论知识,也要对当今国内国际发展大势进行深刻理解,为学生解读。这就要求形势与政策课程的教师不仅要具备较多的政治理论知识储备,还要有多学科的知识储备,更重要的是要有职业敏感性,并且善于观察、发现和学习。目前,我国高校形势与政策课程的教师大多为思政课教师兼任、辅导员以及党政管理干部,配备形势与政策专任教师的高校并不占主流地位。课程配备的专任教师少,兼职教师多,这就在一定程度上导致了任课教师在形势与政策课程讲授的水平和高度上出现参差不齐的现象。兼职教师平时还有本职工作要做,"身兼数职"的情况也使得兼职教师有时分身乏术,难以分配更多的时间和精力放在形势与政策课程教学上。同时,由于不同教师的专业学科背景有差异,在形势与政策课程讲授过程中可能更偏重于对自身擅长的学科领域进行深入讲解,对自己了解不多的领域无法带领学生进行更深一步的探讨,这也会导致教育效果不理想。

(四)日常教育氛围不浓

要进一步提升高校形势与政策课程的教育效果,除了要抓住课堂教学,保证良好课堂的教育效果之外,还要充分发挥好"第二课堂"的育人作用,营造起浓厚的形势与政策课程日常教育氛围,让学生在平时的学习和生活中也能潜移默化地接受教育。因此,高校可以利用好学校的宣传栏、标语、板报等媒介,在教学楼、食堂、宿舍等学生活动较多的地点,选取重大时间节点和重要节日,挑选出贴近学生生活与学习实际的内容,搭建好"形势与政策"教育的日常宣传阵地,从而达到对"第一课堂"教育效果巩固的目标。此外,在互联网日渐发达的今天,高校还可主动占领互联网宣传阵地,用好抖音、微视频、小红书等学生常用的社交与信息获取软件,一是可以转发权威官方媒体有关形势与政策教育目的的视频与文章;二是可以恰当结合学校学科专业特色与发展历程,挖掘可以与形势与政策课程有效结合的方面,组织本校师生参与到相关微视频、微电影、微课的制作中,以学生感兴趣的方式,在活动中学习相关知识。

(五)课程考查形式较为单一

目前,高校对形势与政策这门课程的考查方式,多为课堂出勤率加上撰写课程论文。前文探讨过,形势与政策课程的内容涉及知识面很广,并且与当下国际国内时事热点结合紧密,采取课程论文的方式来对学生进行考查,有时候并不能全面真实且全面有效的检验学生对课程的理解和掌握程度。有些学生对待论文不认真,甚至会出现抄袭等现象。所以高校应当结合学校学科特点与专业特色,创新形势与政策课程的考查方式。例如可以采取翻转课堂形式,划分小组,由学生来进行某一部分内容的展示,提出自己的观点和看法,然后同学们共同讨论,过程中则由任课老师进行监督,遇到问题及时解决与纠正,确保课程的顺利进行。

三、形势与政策课程教学优化的几点思考

(一)进一步加强师资队伍建设

不论在哪一门课程的教学中,教师队伍的学术水平和综合素质都发挥着至关重要的作用。作为高校形势与政策课程的教师,首先要切实提高政治站位,具备极高的政治素养,这样才能带领学生学习好、理解好、运用好形势与政策课程。其次,高校要进一步完善形势与政策课程的师资队伍结构比例,打造一支以专职教师为主,兼职教师为辅,专兼结合的优秀教师队伍,

同时要加强对老师的培训,多开展课程相关的教研与集体备课活动,搭建平台,定期开展学术分享交流会,让资深教师多对新教师提供帮助和指导。此外,高校还要完善形势与政策课程教师的准入制度和考核制度,选拔一批政治素养高、专业能力强的教师,并根据高校工作实际情况开展考核,表扬先进,激励老师们严谨治学,提升教学能力。教师除了注重业务能力的提升以外,还要注重自己的言行,注重言传身教的作用,不论是在课堂上还是在生活中,都要以身作则,给学生树立正确的榜样。

(二)创新教学模式

当前高校的形势与政策课程多采用"大课堂"方式进行,往往老师站在讲台上讲了很长时间,提出了很多问题,参与互动的学生却寥寥无几,课堂抬头率低。教师应结合教学实际,适当创新教学模式,提高学生对课程学习的积极性与参与度。例如在理论知识讲授的同时,辅以视频、电影等多媒体资料,加深学生对理论知识的直观认知,加深学习印象。课堂上可以多采取小组讨论的方式,加强学生与老师、学生与学生之间的交流,活跃课堂气氛。课后可以鼓励学生多开展实践活动,比如参观博物馆、开展知识竞答、举办主题辩论赛等,旨在拓宽学生获取知识的渠道和路径,对课堂学习内容进行有效巩固和补充。

(三)把握教学重点内容,着重增强时效性

高校的形势与政策课程肩负着向学生传播国家主流意识形态,加强学生思想政治教育的重要作用。除此之外,还要结合国际国内热点事件、发展形势等,向学生解读好国家的大政方针,从而增强学生的爱国主义精神和民族自豪感,同时培养学生以科学公正的方式分析与看待问题的能力。形势与政策课程的教学内容既存在稳定性,又有其独有的动态性。从其稳定性来看,要求该门课程的教学内容首先要严格按照教育部的相关要求来进行,不得随意增减内容,任课教师务必以具备权威性的观点和论点进行教学,未经权威论证的言论不得随意在课堂上讲给学生,以免造成不良影响。从其动态性来看,要求形势与政策课程的教学内容要具备实效性,任课老师要把握好热点新闻和热点事件,与理论知识相结合,坚持稳定性和动态性协调统一,在保证教学内容权威的基础上进一步增强教学内容的时效性,提高学生学习兴趣,提升教育效果。

四、结语

本文分析了高校形势与政策课程的定位与功能,从教学模式、教学内容、师资队伍结构等方面对该课程进行了分析,提出了亟待解决的问题,并从加强师资队伍建设、创新教学模式、把握教学重点与增强课程实效性等方面提出了改进意见。高校形势与政策课程的教学优化和改革创新是一个系统性工程,并且有着重要的现实意义,从国家层面和高校层面都要有足够的重视,加大投入力度,任课教师要有高度的责任心,为学生讲好生动形象的形势与政策课程,宣传国家主流意识形态,引导学生坚定理想信念,增强"四个意识",做到"两个维护",自觉在思想上、政治上、行动上同党中央保持高度一致,为实现中华民族伟大复兴的中国梦贡献青春力量。

参考文献

[1]苏洁,邓春梅.高校形势与政策教育模式创新研究[M].北京:光明日报出版社,2014:43.

[2]张录平.马克思主义形势政策观的基本内涵与根本要求[J].湖湘论坛,2011,24(01):48-51.

大数据云背景下财务管理专业人才培养对策与建议

王雅茹[①]

摘　要:当前大数据云背景下,高校作为人才培养的摇篮,加快培育具有新时代数字能力、满足数字经济发展需要的高水平人才成为当务之急。对财务管理专业而言,数字经济时代财务管理角色的转型升级也为学科发展和人才培养带来了新的机遇和挑战。本文结合我国当前大数据云背景下社会对数字财务人员的需求,以及高校财务管理专业人才培养现状,从人才定位、人才培养课程体系、人才培养师资、教学观念和教学方法、实践平台等多个维度和视角,系统性地探讨了数字大数据云背景下高校财务管理人才培养中存在的问题,并提出了相应的对策和建议。本文的研究有助于发现数字财务人才培养中存在的不足之处,为高校数字财务人才培养指明方向,对高校数字财务人才培养体系建设有着重要的参考价值,为培养数字时代的高水平人才、为我国数字经济的高质量发展提供借鉴意义。

关键词:大数据云背景;财务管理;人才培养;教学改革

一、引言

近年来,随着大数据、云计算、区块链、人工智能等数字技术兴起、发展

---

①　王雅茹,天津商业大学会计学院教师,管理学博士。

和广泛应用,数字社会建设步伐不断加快,一个全新的数字化云时代已经悄然来临。在当前数字化背景下,数字经济已上升成为国家战略,是提高社会生产力、提升国家竞争力的关键力量[1]。数字经济是指以信息基础设施和数字化为基础的经济活动。习近平总书记指出:"发展数字经济是把握新一轮科技革命和产业变革新机遇的战略选择。"中共中央制定的《中华人民共和国国民经济和社会发展第十四个五年(2021—2025年)规划和2035年远景目标》中也强调:"发展数字经济,推动数字产业化和产业数字化,打造具有国际竞争力的数字产业集群。"根据国家统计局发布,2022年我国数字经济规模已高达50.2万亿元,同比增长10.3%,占GDP比重达到41.5%。

数字经济的快速发展离不开人才的支撑。高校作为人才培养的摇篮,加快培育具有新时代数字能力、满足数字经济发展需要的高水平人才成为当务之急。对财务管理专业而言,大数据云时代财务管理角色的转型升级也为学科发展和人才培养带来了新的机遇和挑战[2]。然而目前,与传统财务人员相比,数字财务人才应当掌握的技能有哪些、数字技术和财务知识的融合如何影响人才就业等问题亟待思考。而且,我国高校数字财务管理人才的培养仍处于探索阶段,人才培养应如何定位?高校应注重对学生哪些能力的培养、课程培养体系应如何构建?作为数字财务人才培养的关键,教师应具备哪些教学能力和教学方法?高校应如何构建实践平台以使学生更好地满足社会对数字人才的需求?这些问题也尚未有明确的答案。

因此,本文结合我国当前大数据云背景下社会对数字财务人员的需求,以及高校财务管理专业人才培养现状,从人才定位、人才培养课程体系、人才培养师资、教学观念和教学方法、实践平台等多个维度和视角,系统性地探讨数字化时代财务管理人才培养中存在的问题,并提出了相应的对策和建议。本文立足于数字经济环境视角,通过深入分析大数据云背景下财务管理人才需求的变化,阐明数字财务管理人才培养存在的问题及提出相关的对策建议,对高校数字财务管理人才的培养具有一定的借鉴意义。本文的研究有助于发现大数据云背景下数字财务人才培养中存在的不足之处,为高校数字财务人才培养指明方向,对高校数字财务人才培养体系建设有着重要的参考价值,从而为培养数字时代的高水平人才、为我国数字经济的高质量发展夯实基础。

二、大数据云背景下财务管理人才需求的变化

在当今大数据云时代背景下,随着数字技术不断更新迭代、数字经济的持续发展,智能财务机器人、智能财务中心等新型财务模式对传统财务职业造成冲击,数字时代企业和社会对财务管理人才的需求与以往存在较大的区别。首先,未来财务人员要基于信息和数据进行决策。以往传统财务人员以财务报表数据处理和会计核算为工作重心,而数字财务人员更注重对财务报表数据和企业其他有用信息的加工、处理和分析,从而满足企业管理层制定的经营决策的需要。数字财务人员通过获取多渠道、多层面的财务、经营信息和数据,在合理时间内对庞大数目的企业数据进行处理,然后利用数据进行预测、控制和评价,为企业决策制定和价值创造提供相关支持[3]。其次,未来数字技术对财务人员提出了更高的要求。在财务管理领域,以互联网为基础的云财务作为一种基于云计算技术的新兴虚拟财务管理信息系统,不仅为企业财务核算、财务管理和财务决策提供了新的解决思路和实现路径,而且对财务人员提出了更高的要求,新时代的财务管理人员要以数据分析和数据处理作为目标学习能力,成为接轨数字化高效运营的财务人才[2]。总体而言,高校财务管理专业人才培养应将财务专业的人才培养目标定位为在大数据分析基础上的企业财务决策信息化。为了应对大数据云背景下的人才需求缺口,高校财务管理人才培养必须着眼于加快构建适应大数据、云财务变化的人才培养体系,根据未来财务岗位的需求,有针对性地培养企业需要的、具有新思维、理解新规则、掌握新工具的新型数字财务人才。

三、大数据云背景下财务管理人才培养存在的问题

(一)人才培养定位模糊

大数据云背景下,财务管理人才的培养目标定位应基于国家数字经济

战略,考虑当前社会和企业的需求,对培养价值和培养选择作出理性的判断,关注人才综合素质和能力的塑造,构建科学合理的人才培养模式。高校应抓住数字经济快速发展的契机,扩大数字财务人才的培养规模,加快实现数字经济与数字财务人才培养的融合。然而,从当前高校数字财务人才的培养模式来看,部分高校财务专业对当前数字经济的发展认识不足,其人才培养目标并没有结合当前数字背景进行相应的变革,仍然延续传统的财务人才培养策略,人才培养定位模糊,培养的财务管理人员难以满足大数据、云会计背景下社会和企业对财务人员能力的需求。

(二)人才培养课程体系与当前需求脱节

虽然诸多高校都开设了财务管理专业,但部分高校的人才培养课程体系设置却无法跟随外界数字环境的改变而变化,难以对课程体系进行不断地补充、更新和完善。部分课程设置、教学内容比较陈旧,缺少最新的大数据云财务知识,导致学生获取的专业知识与技能培训存在与数字经济需求脱节的问题,较难满足大数据、云会计背景下财务管理人才的培养需要。同时,尽管也有部分高校在人才培养课程体系中加入数字相关课程,但仅仅是专业名称和部分课程名称的变化,配套的课程资源和课程标准依然空白。此外,多数课程考核评价仍采用考试或论文写作形式,且以考察专业理论基础知识为主。然而,现实表明,除了掌握扎实的理论基础知识,对数字化的感知能力、数字分析能力和数字创新能力是当前环境下企业更加注重的人才素养,传统的课程考核评价方式可能无法很好地考查学生所掌握的数字化知识情况,因此当前高校人才培养课程体系及考核评价方式亟待进一步完善。

(三)人才培养师资短缺

学生是高等教育的中心,而优秀的教师是高校人才培养的重要支撑。高质量的人才培养离不开高水平的师资。在当前大数据云背景下,数字财务人才培养的跨学科特点对财务管理专业教师综合素养提出了更高的要求,即教师不仅需要掌握扎实的财务管理基础知识,还需要具备较高的数字素养,以及一定的财务数字化实践经验。现实中部分高校教师思维方式比较固化,坚持传统的教学观点,数字化意识淡薄,不具备较好的数字思维和数字素养,主动运用大数据进行教学创新的观念不强。部分新教师为应届博士毕业,虽然在博士阶段掌握了比较丰富的专业理论知识,但将财务知识、大数据与实践相结合的经验不足,对学生的指导能力有限。因此,目前能够将大数据、实践经验与专业知识相结合的师资普遍严重短缺,这不利于新时代数字财务人才的培养。

(四)教学观念和教学方法相对滞后

一方面,在教学观念上,考试主义、分数至上的思想在大学课程教学中普遍存在。"唯分数论"的思维观念在一定程度上扭曲了高校课程教学的价值取向,这会严重限制学生数字思维的构建与数字能力的形成。另一方面,在教学方法上,部分高校在数字财务人才培养方面仍坚持传统的教学方法,实行以教师为中心的大班授课制度,很少使用慕课、网易云课堂、"雨课堂"等新的教学方式,这使教师在课堂教学中处于主体地位,学生成为知识的被动接受者,形成单向的知识灌输,影响学生学习的积极性。同时,课程安排以理论课为主,实践课程很少,"重知识传授、轻能力培养",忽视了学生数字意识和实践能力的培养,这将影响学生数字创新能力和实践能力的发展。

(五)实践平台建设不足

大数据云背景下,学生数字财务能力的培养离不开实践,校企合作、产教融合是高校实现数字人才培养目标的重要途径。然而,实际上,多数高校与企业的合作仍处于较低层次,只是一种表面化的合作形式,往往合作不稳定、合作内容不够系统深入,实践平台的建设不足,忽视对学生主动数字创新意识的培养,导致学生在实践中的收获有限。而且,校企合作的各个环节缺乏与数字人才培养相匹配的管理制度和规范,导致数字人才的培养达不到理性的效果。

四、大数据云背景下财务管理人才培养的对策建议

（一）明确数字人才培养定位

大数据云背景下的数字财务人才培养目标需要结合国家数字经济战略，以及当前社会和企业的需求，明确数字人才培养定位，结合当前数字技术，培养具有创新意识、数字思维、扎实财务知识和较强实践能力的复合型、创新型人才。数字财务人才的培养并非一概而论，高校还应注重结合学生特点，因材施教。王化成、支晓强的研究也指出，高校可以针对未来不同新型财务岗位的需求，培养不同的智能财务专家，比如智能财务核算师、智能财务规划师、智能财务运营师和智能财务工程师等。[4]未来也可以根据企业数字财务工作性质类型，分别培养出具有宏观战略意识的财务分析型人才、具有多元化能力和数字思维的财务管理型人才以及具有数据分析技术、接轨数字化高效运营的财务技术型人才。

（二）优化人才培养课程体系

数字背景下财务管理专业人才培养应立足于新形势对人才的需求，契合大数据的时代特征，优化人才培养方案，理顺课程体系，课程设置突出数字经济的新内涵。具体而言，一方面，要注重培养学生的综合素养。数字经济具有广泛覆盖的特点，天然具有复合属性，本质上需要多种学科知识的融会贯通。数字时代的财务管理专业与理、工、文、法等其他学科专业之间有很强的关联性，因此应注重打破学科之间的壁垒，将财务管理专业与不同学科、专业进行有机结合，注重系统思维、数字能力、科学基础与人文精神的交叉融合。另一方面，要注重将数字知识和数字技术融入财务管理专业培养课程体系中。除了对学生进行基础理论能力的培养，使学生掌握财务管理专业的基本理论知识，还应在人才培养课程体系中有机地去融入数字知识，使财务管理专业经典理论与大数据云时代数字驱动与技术驱动下的理论和方法匹配。同时，还应注重培养学生利用数字技术或数字工具解决财务问题的能力，培育学生的数字思维，提高学生的数字素养，并采用灵活的方式考核学生掌握专业知识和数字知识的程度。通过在课程体系设置中加入数字工具类模块的课程（如 Python 程序开发与财务应用、机器学习在财务管理中的应用、财务机器人 RPA）、数字系统框架类模块的课程（如财务系统架构设计)和大数据分析课程(如文本数据挖掘、财务数据分析与决策),从而达到培养学生掌握使用数字工具、构建数据系统和数据分析能力的目的。

(三)建立高素质的数字财务教师团队

一个具有渊博学术知识、高数字素养的教师团队是大数据云时代财务管理人才培养的核心和保障。首先,积极引进具有交叉学科背景或掌握大数据、云计算、区块链、人工智能等跨专业数字知识的人才加入团队,打造数字时代具有竞争力的师资队伍。其次,为了提高教师团队的数字化素养,有必要对教师进行数字化培训。通过数字培训,可以短期内让教师走进数字化、了解数字化,从而提高教师的数字化素养。最后,鼓励教师与企业积极对接,建立良好的高校—企业双向交流机制,鼓励教师进入企业学习,开展科研项目,提升自身教学科研水平、实践经验和数字应用的能力。同时,积极邀请具有丰富数字化经验的企业家、高管进入课堂,通过兼职教授、校外导师或实践专家等多种形式,弥补现有师资队伍中数字资源和实践经验的不足。

(四)优化教学观念和教学方法

在教学观念上,要优化人才培养观念,与时俱进,推动教学理念上的创新,树立科学的数字教学意识。在数字财务人才培养过程中,要充分利用大数据、云计算、区块链、人工智能等先进数字技术,通过积极探索大数据云背景下教学观念、教学方法、教学内容等多个环节的变革与创新,实现数字与教学的深度融合。同时,要改变考试主义、分数至上的教学理念,改进教学质量评价体系,对课堂教学的质量实行多角度、全方位的科学管理。在教学方法上,通过采用多元化的教学手段,如通过课程选修、专题讲座、课堂讨论、数字创新比赛等多种形式,充分利用最新的数字技术构建数字学习环境,积极开拓学生提高数字素养的途径;促进教学资源共享,采用数字化手段推动财务管理教学内容的创新;改变教师单向知识灌输的教学方法,使教学方式从传统上的"知识传授型"教学转向全新的"研究探索型"教学,培养学生数字意识和实践能力,为数字时代培养优秀的数字型创新人才。

（五）发展校企合作数字实践平台

高校应落实校企协同，与企业深度开展产教融合数字创新，通过搭建和发展校企合作数字实践平台，着力培养具有"财务+数字技术"能力的人才。通过建立由企业、教师和学生构成的财务数字化课题组，让学生在课题参与过程中，一边学习基础理论知识，一边进行动手实践，在数字化实践过程中积累丰富的数字经验，开阔学生数字化实践的视野，并根据学习和实践所得在导师指导下自主完成课题研究，实现"干中学"。同时，在先前课题积累的基础上，形成一批数字化转型的案例库、案例数据，然后进一步定制开发财务大数据实践教学平台，开展全方位的教学创新，为培养数字财务人才创造良好的条件和环境。

五、总结与展望

随着数字技术的蓬勃发展，全球已全面进入数字经济的时代，数字化对高校人才培养产生了深远的影响。在大数据云背景下，培养具有新时代数字能力、满足数字经济发展需要的高水平人才，已经成为新时代高校财务管理专业人才培养工作的当务之急。然而，当前财务管理人才培养过程中仍存在着人才培养定位模糊、人才培养课程体系与需求脱节、人才培养师资短缺、教学观念和教学方法相对滞后及实践平台建设不足的问题。为了进一步提高高校财会教育数字化水平，高校有必要通过明确数字人才培养定位，优化人才培养课程体系，建立高素质的数字财务教师团队，优化教学观念和教学方法，以及努力发展校企合作数字实践平台，提升数字财务人才培养水平，构建数字财务人才培养的新模式。

参考文献

[1]张敏,贾丽,史春玲.数字经济背景下的智能财务人才需求研究——基于调查问卷数据的实证分析[J].厦门大学学报（哲学社会科学版）,2023,73（02）:56-58.

[2]张先治.新中国基于会计的财务管理发展历程及改革探索[J].会

计研究,2020(08):3-17.

[3]Bian Y.. Study on Talent Cultivation for Business Administration Major in Digital Economy Era[J]. Advances in Social Sciences,2021,10(12):3483 -3488.

[4]王化成,支晓强.会计专业学位研究生教育综合改革的探索与实践 [M]北京:中国财政经济出版社,2019。

[5]Yan Y.. Exploration and Practice of New Bussiness Education in the Context of Digital Economy[J]. Informalion Systems and Economics,2023,4 (10):143-150.

[6]陈晓芳,夏文蕾,张逸石,李铭泽.新时代新商科的内涵及"多维度 协同"培养体系改革[J].财会月刊,2021(05):107-113.

[7]纪雯雯,刘向兵.数字经济发展对未来教育的影响与应对[J].国家 教育行政学院学报,2021(03):58-66.

[8]周守华.财务管理理论前沿专题[M].北京:中国人民大学出版 社,2013。

大数据时代应用型高校财务管理课程
教学方法改革与实践

缪　晴[①]

摘　要:随着科技的飞速发展,大数据已经渗透到各个行业和业务职能领域,成为我们认识世界的重要工具,不仅丰富了我们对世界的理解,也深刻影响了我们思考和解决问题的方式。尤其在财务管理领域,大数据的应用为决策者提供了前所未有的洞察力。然而,在本科财务管理教学课程中,对于大数据的认识和应用还存在一些问题,本文旨在探讨这些问题,并提出相应的对策。

关键词:大数据;财务管理课程;教学改革

一、引言

在传统的财务管理教学中,融资分析、投资分析、投融资决策等核心内容占据主导地位。然而,随着大数据时代的来临,企业财务决策的制定越来越依赖于海量的数据,涵盖内部和外部环境、业务运营以及财务数据处理等多个方面。因此,学生不仅需要掌握基本的财务管理知识,还需要具备运用大数据工具和技术的能力。在这样的背景下,数据收集、清洗和整理成为了教学过程的重要环节。学生应该学会利用网络资源,搜集大量的相关数据,

---

①　缪晴,天津商业大学会计学院教师,管理学博士。

从而进行数据的整理,形成完整的数据集,进而准确地分析数据。Python技术在此过程中扮演着关键角色,不仅可以帮助学生爬取数据,还能够将数据的导入、分析、呈现和绘图集成到一个程序中,使数据分析的结果更加直观。这种技术为财务管理提供了强大的技术支持,使得数据分析的结果能够更好地服务于企业的决策。然而,在当前的财务管理课程中,确实存在对如何运用Python获取数据的内容涉及较少的问题。因此,为了培养财务管理专业学生的大数据思维和能力,对教学模式进行改革是十分必要的。通过改革,我们期望能够培养出既具备传统财务管理知识,又具备大数据分析能力的综合性人才,以便更好地服务于企业的财务决策和管理需求。

二、大数据能力培养的意义

随着世界经济一体化进程的加快,我国的资本市场也呈现出蓬勃发展的态势。企业作为我国资本市场中最主要的一环,其运行对于促进我国的社会发展和经济发展具有十分重要的意义。因此,对企业进行财务管理不仅关乎其自身发展,更对整个社会经济的发展具有重大影响。当前,随着信息科技的飞速发展,我们已进入了大数据时代,这为企业财务管理带来了新的机遇和挑战。企业需要充分利用大数据技术进行财务管理,实现财务管理的信息化和智能化。因此,对于财务管理专业的学生和从业人员来说,掌握大数据技术是非常重要的。然而,当前许多学校的财务管理课程仍然沿用传统的教育方式,未能将大数据技术融入到教学中,这使得学生和从业人员无法适应快速发展的市场需求。因此,为了提高财务管理专业的教学质量,使学生更好地适应市场需求,我们有必要对财务管理课程进行大数据化教学改革。通过改革,我们可以将大数据技术引入财务管理课程中,使学生能够掌握最新的财务管理技能,为未来的职业发展做好准备。同时,通过与企业和社会的紧密合作,我们可以确保教学改革的有效性和实用性,为学生提供更好的就业机会和职业发展前景。

三、大数据时代财务管理教学中存在的问题

(一)财务管理教材尚未与大数据接轨

随着大数据时代的到来,教学过程的数据化程度越来越高,对于相关软件和操作流程的教材需求也日益凸显。但是,教科书的更新,不但要由具有信息化教育资格与经验的老师来完成,还要结合学员的学习状况和具体的教学流程来对其进行补充与改进,这本身就是一个耗时和复杂的过程。同时,学生的学习情况以及实际教学过程也需要不断进行跟踪和反馈,以便对教材进行补充和完善。因此,随着大数据的飞速发展,相应的教科书已经落后于实际的教学过程。

(二)缺乏财务管理大数据实训平台

当前许多高校的实践课程都侧重于会计的核算与监管等方面,例如金蝶软件、用友软件以及 ERP 沙盘仿真培训等,这对于传统财务和会计工作是必要的。但是,在大数据、人工智能等技术飞速发展的今天,财务管理专业的实践教育必须与时俱进,财务管理专业的学生需要具备更高级的大数据分析和处理能力。引进实训平台工具,使学生在学习的时候有一个很直接的体验,从而增强学生在现实中解决问题的实践技能,进而为造就更多的大数据人才提供坚实的基础。

(三)财务管理教学实施主体的认知误区

目前,传统的财务管理教学模式主要是以教师为中心,给学生讲解知识,而学生被动地接受教师传授的理论知识。这样的教学模式虽然在加强理论知识上取得了很好的成效,却不能提升学生的实践能力。随着数据时代的来临,财务管理正向实践操作的方向发展,企业也需要有大数据处理能力的财务管理人才,从而达到企业的不断改进与最优的价值增长的目的,因此,传统的教学方法在教育方面存在着很大的局限性。另外,教师之"教"与学生之"学"之交互,亦可使之课堂气氛更为浓厚,教育之进展亦将更为明显。所以,仅仅依靠老师在课堂上的单向授课,是难以达到教育的目的,需要对当前的课堂教学方式进行变革。

（四）教师缺少数据处理的实践经验

在大数据时代,教师数据处理能力的实践经验显得尤为重要。教师不仅要掌握理论,更要具备实际操作能力。特别是在数据清洗、挖掘和可视化方面,教师需要与时俱进,提升技术水平。尽管目前教师已具备了较为扎实的基础理论知识,但由于实际操作机会的稀缺,教师在财务管理与大数据的结合方面仍面临挑战。这使得学生在学习过程中难以获得关于如何利用大数据进行财务管理决策的实践经验。因此,教师的实践经验和技能水平直接影响到学生能力的培养。

（五）学生缺乏学习 Python 语言的动力

在这个数据大爆炸的年代,以数据为中心的技能和思维需要给予足够的关注,而学生们只有对这一点有了足够的认识,才能对数据进行掌控,并准确对数据进行分析,从而对结果进行高效的沟通。然而,在传统的教学模式下,学生的学习重点仍然集中在专业的理论知识上,而在大数据时代下,这种学习方式显得力不从心,与时代发展相脱节。财务管理专业的同学必须要打破传统的课堂模式,学会从互联网平台上搜集相关知识,提升其自身大数据能力。但是,大数据人才的培养是一个长期的过程,它要求学生具备一定的数学基础,同时也要具备一定的计算机基础。但是,财务管理专业的学生在编程方面并未经过系统的学习,很难用 Python 等语言获取数据,学习效率也不高,还丧失了学习的动力。因此,对于财务管理专业的学生来说,必须要有一些编程的技能,与计算机人员进行更多的接触,从而能够对数据的品质进行判断,才能够通过 Python 等工具来提升财务大数据分析的效率。

四、财务管理教学中大数据能力培养的措施

为了适应新的形势,对高校财务管理大数据进行全面的分析,需要从以下几个角度来进行:

（一）修订专业培养方案

当前,我国的经济和技术科技环境瞬息万变,财务管理又是一个与实践

紧密相关的专业,必须进行与时俱进的调整。因此,在新的修订方案中,要注重学生对大数据的应用,以期可以迅速适应时代的发展,深化课程与实际结合的核心目标。因此,在大数据环境下,已经被淘汰的传统核心课程,需要被剔除,并加入有关大数据的计算机课程,旨在培养学生掌握数据处理和计算能力,并具备大数据实践经验。总体而言,财务管理大数据的能力培养还需要较长的一段时间。在这个过程中,不仅要求学生具有较强的财务管理知识和分析能力,更需要让学生在不断地进行研究与练习中,在实践中熟练掌握大数据的技术,并为公司的发展作出贡献。

(二)搭建财务大数据实训平台

随着网络、云技术等新兴科技的快速发展,我们能更便捷地搜集到企业的财务数据,这为财务管理课程提供了大量的数据基础,能更好地模拟企业情况进行决策,使课程内容更加贴近于企业实际的、动态的商业环境。同时,实训平台能够设置不同的岗位,满足不同学生的需求,从而推动大数据教学改革中理论与实践的结合。例如,湖南某大数据网络科技有限公司研发的云上实训竞赛平台是一项创新性的教学工具,该系统根据不同岗位设置了大数据工程师、金融分析师、投资分析师、金融分析师4个培训模块,实现了个性化的教育,以适应不同类型的学员。在进行投资决策服务之前,学生需要在统一的云计算环境下,完成系统的构建、算法的设计与调试。这个过程既可以锻炼同学们的技能,又可以训练他们解决问题的方法,还可以培养他们的团队协作能力。通过实战训练,学生们可以利用 Python 等相关的互联网大数据,开展大数据抽取与净化、融资分析、投资分析以及决策等方面的研究,这也使同学们对大数据在金融领域的运用有更深刻的认识。其中企业的资料均来自于实际的会计报告,包括资产负债表、损益表和披露的附注等。另外,平台还提供证券、统计等相关资料,使同学们的知识储备更加充实。在该实训平台中,学员能够对实际数据进行多次的亲身经历,既可以训练他们对数据进行分析的技能,又可以帮助他们把财务和数据信息进行连接。建立实训平台的教学模式可以使学员在学习中积累企业实战经验,掌握新的技术,从而更好地适应日趋复杂的信息环境。同时,该教学方式还能促进学员的可持续学习与长远发展。实训平台的搭建不仅可以为学校的财务管理课程提供强大的支撑,也为培养学生自己开发大数据的能力提供了有效的资源

(三)课程中体现学生主体地位

在课程中,倡导学生自学、自问、自讲,教师进行补充的教学理念,尽最大的努力挖掘学生的学习潜能,推动其创新思维的发展,建立一种学生积极参与的实践性教学模式。比如,在目前的教育教学中,信息技术、网络技术、多媒体技术等已经被广泛地运用起来,在教学中利用这些技术,可以显著地提高教学的灵活性和有效性,从而使教学效果更为显著。

(四)增加教师财务与大数据的经验

将 Python 等课程加入到财务管理的教学中并非易事。这要求教师在教育过程中,除了要传授财务管理方面的知识,还要将一些计算技能与统计方法结合起来,需要教师既要有程序设计的能力,又要有统计的背景,还要有大数据的实际操作经验。然而,缺乏实际操作能力是制约财务管理类专业人才培养的重要因素。要破解这个难题,可以从三个层面入手:一是引入薪资激励制度,聘请拥有大数据背景、有丰富实践经历的"双师型"师资队伍,能够在理论上进行引导,同时拥有丰富的实践,能够更好地将大数据处理和统计学等相关知识与教育相结合。二是从企业中引进具备较强实践能力的财务专业人士,与学院开设的实习项目相结合,与学员进行面对面的教学,交流自己的工作经验与产业动向,使同学们能够更好地了解并运用大数据在财务领域的实践。三是强化师资队伍建设。大学可以通过轮换的形式,对相关领域的知识进行培训、学习、研讨、调研、交流,从而提高他们的职业素质和教育水平。这对于促进教育领域的教师改革、适应大数据环境的需求、提高大学生财务管理大数据的综合素质具有重要意义。通过这种方式,大学能够明显地提高教师的教育水平,使其在整体上实现对专业师资的教育变革和革新,给学生带来更好的学习经验,帮助他们提高财务管理的大数据综合能力。

（五）激发学生学习热情

在现今大数据技术飞速发展的时代,财务管理领域的核心工作已转向高效处理海量数据。许多公司都将大数据分析的需求加入到了招聘当中。我们应该将Python等课程融入财务管理的课堂中,调动学生的学习积极性与潜力,提高他们的自学能力。具体而言,线上线下相结合的教学模式,线上教授理论知识,线下培养实践能力。同时,通过引入智能测评、课程比赛等方式,激励学员积极参加并给予积分,从而激发学员学习的动力,促使其更加积极地参加网络、线下的教育活动,如开展"国家大学生公司价值创造实战竞赛""大学生金融大数据运用能力竞赛""ERP沙盘竞赛"等活动,促进大学生的创新意识和竞争力。在比赛中取得优秀表现的同学,将有机会免修其他指定的专业课程。而这样的竞赛奖励旨在更好地调动同学们的学习积极性,提升他们的大数据应用水平,并加强他们在求职时的竞争实力。

五、结论

在财务管理大数据应用方面,核心在于对数据的深入挖掘和整理、识别和处理,以及利用数据做出准确的决策。因此,在财务管理的课程中,不仅要传授知识,还要引入Python技术与实际操作结合,提升学生运用大数据的能力,实现科技与教育的深度融合,培养出更多具备大数据思维和技能的专业人才,这也将在更广泛的行业中发挥重要作用,为企业提供数据驱动的决策支持,推动财务管理领域的创新和发展。

参考文献

[1]黄孔雀,许明.英国高校数据能力培养策略研究[J].中国大学教学,2018(08):91-96.

[2]杨颖,许本强.基于成果导向的财务管理学课程规范体系构建[J].商业会计,2020(10):120-122.

[3]纪金莲,王凤羽.应用型财务管理专业实践教学体系构建——基于职业岗位能力导向[J].财会通讯,2019(16):49-53.

[4]叶苗苗.财务管理教学中大数据能力培养方法与实践改革[J].商业会计,2020(12):114-116.

研究生文献阅读课程思政教育的思考和探索

——以国际税收文献阅读课程为例

陈思阳①

摘　要:作为研究生的核心课程,文献阅读课在实现研究生培养目标的过程中,发挥着不可替代的作用。然而在教学过程中,由于文献阅读课程存在专业性较强、学习难度较大的特点,因此任课教师一般更为注重专业知识的梳理,相对忽视了研究生文献阅读课程中思想政治教育的重要性。本文通过分析研究生阶段课程思政教育存在的问题,提出了完善思政教育的一般思路和教学设计。重点在于加强教师对思政教育的认识和重视,引导思政教育与专业知识结合,倾听"00后"研究生的需求,提供个性化的教育。在国际税收文献阅读课程的教学设计中,通过案例和思政知识的结合,引导学生思考和讨论跨国企业税收筹划中的道德问题。这种方式可以使学生在专业知识学习的同时,更好地理解并内化思政教育的理念,从而更好地成长为具有社会责任感和道德品质的人才。

关键词:文献阅读;思政教育;国际税收

---

①　陈思阳,天津商业大学会计学院教师,管理学博士。

一、引言

千秋伟业，人才为先。2020 年，习近平总书记强调："研究生教育在培养创新人才、提高创新能力、服务经济社会发展、推进国家治理体系和治理能力现代化方面具有重要作用。"作为提升研究生科研能力和科研素养的核心类课程，文献阅读课在实现研究生培养目标的过程中，发挥着不可替代的作用。在任课教师的引导之下，学生预习相关领域的经典文献，并以翻转课堂的形式针对文献的研究主题、研究背景、主要逻辑、实证设计等内容进行汇报，并由任课老师针对文献中的重点、难点进行着重讲解，再结合前沿性文献延伸拓展，是当前绝大部分高校开展文献阅读课程的主要教学内容和教学方式。然而在教学过程中，由于文献阅读课程存在专业性较强、学习难度较大的特点，因此任课教师一般更为注重专业知识的梳理，相对忽视了研究生文献阅读课程中思想政治教育的重要性。

思政教育是重塑学生价值观念，守住当代青年思想"阵地"，实现立德树人的有力抓手。尽管高校已经针对思政课建设作出了重要部署和要求，但在实践中还存在一些问题需要我们认真思考和解决。首先，部分教师对于思政教育的重要性认识不到位，导致思政教育在教学过程中流于表面，呈现"形式化"特征，教学质量良莠不齐。其次，思政教育和专业知识结合不到位，教学内容和教学方式均有待改进和丰富。最后，新时代青年具有更加鲜明的个性和洞察力，然而由于思政教育不够符合学生的实际需求，学生对于思政课程的认识停留在片面的、被动的"爱国教育"中，无法激发学生对于思政课程的学习积极性。习近平总书记近期指出，要"提高思政课的针对性和吸引力"，这为我们改进思政教育工作指明了方向。通过各体系协同共建思想政治工作体系，立足现实用"时代话语"对中国故事推陈出新，同时不断提升教育工作者的理论功底和业务能力，才能润物无声地引人以大道，为中国式现代化建设和民族复兴培养出堪当重任的人才。本文以研究生课程国际税收文献阅读为例，通过理论剖析课程中思政教育的现状，分析现有课程中思政教育存在问题的成因，并针对本课程的研究内容和教学特点,设计各教学模块的思政素材及教学设计,以期对如何完善研究生思政教育提供参考性的解决办法。

二、研究生阶段课程思政教育存在的问题

(一)研究生阶程思政教育存在的共性问题

鉴于研究生阶段的课程重难点较多,教师和学生的精力主要集中在专业知识的学习上这一特点,研究生阶段的思政教育存在以下共性问题。

第一,教师在思想上不够重视思政教育,思政课程设计流于表面。《师说》有云,"师者,所以传道授业解惑也",教师是学生思想成长路上的摆渡人。尽管无论是中央还是各高校不断倡导加强思政课程的建设,但依旧有部分承担研究生教学工作的教师,将时间和精力更多地聚焦在专业知识的传授和对学生科研能力的培养上,忽视了对于学生价值观、道德观的塑造。当然我们绝不是将传授专业知识、提升学生科研能力与思政教育对立起来,这本不是非此即彼的选择题。但在现实的教育过程中确实存在部分教师认为"知识教好,文献读懂,论文发出来就是完成研究生教学任务"的错误观念。同时思政教育框架既涉及政治理论知识,也会关注社会热点问题和时事政治,以此帮助学生了解和思考当今社会的现实问题,引导他们积极参与社会发展和改革。但部分高校教师并未针对思政教育内容进行深入的学习和了解,导致思政课程的设计苍白,只是为了应付检查,流于形式,效果有限。

第二,思政课堂教学效果不佳。由于思想上的不重视,导致行为上的不作为,研究生课程的思政教育首先缺乏实践性教学。部分研究生思政教育过于理论化,缺乏与现实社会实践相结合的内容。学生缺乏实际操作的机会,难以将理论知识应用到实际生活中。其次缺乏互动和讨论。部分教师缺乏与学生进行互动和讨论的意识,导致教学内容呈现单向传递模式,影响了学生的思辨能力和批判思维。最后缺乏系统性和持续性。在研究生阶段,思政教育内容的系统性和持续性不足,学生缺乏深入思考和探索的机会,难以从根本上影响学生的思想观念和行为习惯。

第三,传统思政教育无法引起"00后"研究生的共鸣。"00后"研究生作为新时代的代表群体,他们在接受教育的过程中已经具备了开放、包容、多元化的思维特点。他们对于传统思政教育所强调的理论知识和意识形态思想可能会感到厌倦和抗拒。强调灌输和单一观念的思政教育,往往无法引起"00后"研究生的共鸣,他们会认为这样的教育可能会限制个人的自由发展和思考空间,甚至会引起他们的反感。因此"00后"研究生希望思政教育能够更加注重个体差异性,提供更多的自主选择和探索的机会,让学生在思考和实践中真正体会到思政教育的价值和意义,这也是现在研究生思政教育中较为缺乏的部分。

(二)案例课程的内容和课程特点

国际税收文献阅读课程一般为税务专业硕士、财政管理硕士或者会计硕士开设,旨在帮助学生掌握国际税收的基本原理,培养学生分析和解决国际税收问题的能力,同时要求学生了解国际税收相关的文献脉络和前沿性的话题,开发学生基于以往文献寻找创新性选题并完成相应研究的能力。为达到预期教学目的,课程由国际税收基础知识和文献阅读两大部分构成。基础知识首先是结合国际税收的产生背景,介绍国际税收的基本概念,解释国际税收中存在的问题,进而提出解决上述问题的方式方法,并着重强调我国的国际税收制度。接着课程从企业利益的角度出发,介绍跨国企业的税收筹划策略、企业组织形式的选择,最后介绍企业在日常活动中可能涉及的税务筹划问题。具体来说,国际税收基础知识部分主要由八个部分构成,第一部分基于国际税收产生的经济全球化背景,了解经济全球化背景下的国际税收问题。第二部分针对跨境交易所得征税的国内税法,基于国际税收中出现的问题,需要学生掌握理论上消除上述问题的方法。第三部分和第四部分涉及现实贸易中国家间应对国际税收主要问题的方法,需要学生了解贸易协定制定的具体规则,以及国际税收协的滥用和反滥用。第五部分着重介绍中国的国际税收制度。第六部分国际税收筹划,需要了解并掌握跨国企业的税收筹划策略。第七部分企业组织新形式选择中的国际税收筹划,要求学生掌握企业常设机构、分支机构等的选择。第八部分金融活动、知识产权以及供应链价值管理中的国际税收。文献阅读部分,结合国际税收基础知识部分的内容,从 *Accounting Review* 、*Contemporary Accounting Research*、*Journal of Accounting Research*、《管理世界》和《会计研究》等国内外的会计学国际顶尖杂志中匹配相应外文文献,针对文献中的行文逻辑、理论基础、研究设计等内容进行学习,并在数据可获得的前提下对文献的实证过程进行复刻,最后启发同学思考基于本章基础知识和文献,还有哪些可以进行研究的话题。

基于对国际税收文献阅读课程内容的介绍,总结出该课程有以下特点。第一,基础知识内容较多,学习难度较大。以国际重复征税的免除方法为例,需要学生了解国际重复征税的产生原因及其影响,熟悉国际重复征税免除的方法,熟悉针对跨境股息所得的间接抵免和参股豁免法的内涵和算法。短时间内需要同学了解并掌握的知识点相对密集,对教师的专业素养学生的接受能力提出了相当高的要求。第二,外文文献的阅读难度较大。在学习过程中,一部分同学由于英文基础不够扎实,对于外文文献的阅读具有一定的畏难心理,因此在分组报告文献的过程中出现不需要汇报的同学不读文献的"搭便车"现象,导致教学成果大打折扣。鉴于上述课程特点,负责国际税收文献阅读的教师几乎将全部的教学精力集中在专业课程的讲解上,从而忽视了课程中的思政教育。同时对于学生而言,掌握课程的专业知识已经耗费大部分的时间和精力,无暇顾及课程学习中的思政内容。

三、完善思政教育的一般思路和教学设计

(一)完善研究生思政教育的一般思路

首先是在思想上提高教师对思政教育的重视。需要高校组织专门的培训和交流活动,邀请专家学者举办讲座和授课,帮助教师深入了解思政教育的重要性和意义。加强教师的宣传教育工作,通过教育教学文件、内部会议等形式,向教师宣传思政教育的政策要求和实施措施。同时开展集体备课和教学观摩活动,鼓励教师相互学习交流,提高对思政教育的认识和理解。还要建立定期评估和反馈机制,及时了解教师在思政教育工作中的需求和

问题,提供必要的支持和帮助。最后制定相关的考核机制,将教师对思政教育的重视纳入工作评价体系中,并给予相应的奖励和激励。

(二)倾听"00后"的需求,提供个性化的思政教育

首先,要注重实践教学。"00后"研究生更倾向于通过实际操作来学习和探索知识,而非死记硬背。因此,可以将思政教育融入到实践教学中,让学生在实践中感受到思想道德的重要性和作用。其次,要注重问题导向学习。传统的思政教育更加强调灌输和单一观念,而"00后"研究生更喜欢通过独立思考和讨论来解决问题。因此,可以将思政教育与专业知识结合起来,以问题为导向,让学生通过分析问题、讨论解决方案来学习思政知识。再者,要注重开放式的课堂讨论。"00后"研究生喜欢通过与教师和同学之间的互动、讨论来学习和思考问题。因此,可以设计开放式的课堂讨论环节,让学生在交流中感受到思政教育的魅力。最后,要注重个性化辅导。每个学生都有自己的特点和需求,传统的思政教育往往是一刀切的模式,无法满足"00后"研究生的个性化需求。因此,可以通过个性化辅导的方式,针对学生的不同需求和兴趣,为他们提供量身定制的思政教育服务。

(二)国际税收文献阅读思政课程的教学设计

根据国际税收文献阅读的专业课程内容,本文设计出以下专业知识和思政教育结合的案例。

案例1:海尔集团——从品牌出海到全球创牌的传奇之路

1.案例设计:介绍海尔集团发展历史和背景,介绍不同时期海尔集团进行跨国贸易的策略与成就,介绍海尔集团的"三个引领"对企业决策产生的深远影响。

2.思政知识点:社会主义核心价值观。

3.教学方法:(1)引导学生从案例中了解开展跨国贸易对国家经济和社会的影响。(2)分组讨论,让学生思考海尔跨境业务对国家税收的影响,提出建设性意见和解决方案。(3)运用实例分析,让学生思考跨国公司可能面临的道德问题,引导他们从多个角度思考税收道德伦理。

4.互动思考题:(1)你认为案例企业出于什么样的目的进行跨国贸易?

（2）跨国贸易对社会经济发展有什么影响？你认为政府应该如何加强监管？

案例 2：企业避税中的道德观念

1.案例设计：小明是一家跨国公司的税务部门负责人，他发现公司在国际贸易过程中遇到了国际重复征税的问题，导致公司利润受到影响。小明决定通过合理规划和合法手段来解决这些问题，确保公司税务活动合规。

2.思政知识点：法治理念和原则

3.教学方法：通过案例分析引入知识点，让学生了解跨国公司面临的税务挑战以及解决方法，同时引导学生思考税务合规对跨国公司的重要性。

4.互动思考题：（1）跨国公司在遇到国际重复征税时应该如何处理？（2）你认为当企业利益和国家利益产生矛盾时，企业家应该如何选择？

案例 3：揭秘苹果爱尔兰税单案

1.案例设计：苹果公司是世界知名的科技跨国企业，其在欧洲地区通过利用国际税收协定，进行税收避税行为，令其在欧洲地区所应缴纳的税款大幅减少，引起了广泛的社会争议和质疑。

2.思政知识点：马克思主义基本观点

3.以案例为基础，让学生分组讨论苹果公司的税收避税行为，并结合相关知识点进行分析和探讨如何加强税收监管来防止企业违法避税的行为。

4.互动思考题：（1）苹果公司为什么选择在欧洲地区进行税收避税行为？（2）企业在跨国经营中如何平衡税收优惠和税收合规的关系？

案例 4：我国在防止协定滥用方面的工作和成果

1.案例设计：梳理我国在防止滥用税收协定方面做出的探索。

2.思政知识点：税收道德伦理、企业的社会责任感和品牌形象。

3.教学方法：请同学分组分享一些自己寻找的案例并讨论其合法性。

4.思考题：（1）什么是税收道德伦理的内涵？（2）作为一名企业经理，你将如何在跨国经营中遵守税法规定，同时履行企业的社会责任？

四、结语

本文通过分析研究生阶段课程思政教育存在的问题,特别是在专业课程中思政教育被忽视的现象,提出了完善思政教育的一般思路和教学设计。重点在于加强教师对思政教育的认识和重视,引导思政教育与专业知识结合,倾听"00后"研究生的需求,提供个性化的教育。在国际税收文献阅读课程的教学设计中,通过案例和思政知识的结合,引导学生思考和讨论跨国企业税收筹划中的道德问题。这种方式可以使学生在专业知识学习的同时,更好地理解并内化思政教育的理念,从而更好地成长为具有社会责任感和道德品质的人才。思政教育是高校教育的重要组成部分,特别是在研究生阶段,更应该注重学生综合素养的培养。希望未来在研究生教育中,思政教育能够得到更多的重视和实践,为培养德才兼备的高素质人才提供更好的支持和引导。

参考文献

[1]刘行.对提高会计学术硕士经典文献选读课程教学效果的思考[J].中国管理信息化,2016,19(21):212-214.

[2]赵响,孙晋永,陈宏滨,等.科技文献阅读与写作课程思政建设[J].教育教学论坛,2020(37):58-59.

[3]姜海燕.研究生文献阅读与论文写作课程思政建设实践与思考[J].对外经贸,2023(9):99-102.

产教融合视域下会计专业人才培养研究

袁美琪[①]

摘　要：产教融合作为一种将产业与教学融为一体的创新型人才培养模式，能够有效的缓解当下劳动力市场需求侧与供给侧之间不平衡的情况。会计专业作为实操性较强的专业，产教融合的培养方式不仅能够丰富会计理论知识，而且能够有效的提升会计人才专业技能。本文结合当下会计人才培养的不足之处和产教的基本内涵，探究了产教融合视角下会计专业人才培养，针对当前产教融合过程中所面临企业参与形式单一、"双师"资源不足、企业参与热情不足以及评价体系不完备等问题，高校应通过建立双导师制、构建实习平台、完善评价体系，提升课程建设以及增强企业参与积极性等几类方式进一步完善产教融合体系，从而进一步加强会计专业人才培养。

关键词：产教融合；会计专业；人才培养

作为高校热门专业，每年有大量的会计专业毕业生进入劳动市场，虽然目前各行业对会计专业人才的需求较大，但仍然存在着大量毕业生无法找到工作的情况。导致这一现象的主要原因是由于大数据时代，财会核算工作逐渐被财务机器人所替代，企业更加需要复合型的财会人员，其应具备熟练的数据分析技能，能够对企业财务数据进行深入挖掘并据此为企业提供

---

①　袁美琪，天津商业大学会计学院教师，管理学博士。

战略决策支持[1]。然而目前高校对于会计专业学生的培养着重于理论层面，尽管开设了部分会计电算化类相关实践课程，但课时量比重较低，无法满足企业对会计人员实操能力的要求，上述情况导致学生所具备的能力与社会需求相脱节，致使大量的会计专业毕业生面临着“就业难”的情形。党的二十大报告中提到“统筹职业教育、高等教育、继续教育协同创新，推进职普融通、产教融合、科教融汇，优化职业教育类型定位”，其中产教融合是指将产业与教育深度融合，通过校企合作、协同育人的方式来培养高素质应用型技术人才[2]，并促进高校与企业之间的协同创新。而会计专业作为实操性强的应用型专业，每年会有大量的会计专业毕业生从事实务类工作。因此，深入探究产教融合下会计人才培养的新模式对于培养应用型高技术财会人才，改善会计人才供给与产业需求之间的结构性矛盾具有重要的作用。

一、会计专业人才培养过程中存在不足

(一)课程体系与实践脱钩

目前我国高校在培养会计专业人才过程中，存在着理论与实务之间脱钩的情况，高校对于会计人才的培养更加注重理论层面的学习，学生对会计知识理解与掌握主要源于课本中的相关知识，而关于实务层面的练习相对较少[3]。企业对于会计人才能力的需求则不仅局限于了解会计相关基础知识，同时也应具备解决不同业务中所涉财务问题的能力，并需要了解企业的运行流程和模式，能够基于企业的财务数据进行数据分析，为企业未来的发展建言献策。而上述能力需要通过在实践的过程逐渐积累获取，仅通过课本无法满足企业对会计人员技能的需求，从而造成了企业对会计人才的需求侧和高校会计专业毕业生供给侧之间不平衡。

(二)学生创新能力不足

在大数据时代，简单的记账依靠智能化的财务软件便可以完成，企业更加需要创新型的会计人才，能够通过人工智能等技术创新性地实现企业财务流程全自动化[4]，通过数据挖掘、可视化分析等方式更加清晰展现企业总体的财务情况以便于企业决策和风险管理,并基于"云计算""区块链"等技术来提高会计信息质量[5],为企业制定更为完善的内控体系等,而这些能力不仅需要其掌握扎实的理论知识,而且需要丰富的实践经验和实务人士的指导,将所学内容和实务工作紧密地结合,并带领学生参与到实务项目中,了解财务工作整体流程以及财务决策制定过程。而现有培养模式下,高校的课程设置对于创新性思维训练的内容较少,进而限制财会专业学生创新能力的提高。

(三)学生实务经验较少

高校教师往往从高校进行丰富的学术训练和财会知识积累后直接进入到教师行业中从事教学工作,因此相较于实务工作者而言,其实务经验较少,在教学过程中,对于实操层面的内容涉及较浅,学生若想提高自身的实践能力则需要其在完成课业之后参与企业的实习项目。但由于结课后学生还需要充足时间来高质量地完成毕业论文,仅能够参与短期的实习项目。而财务周期往往以年为单位,短期的实习并不能使学生经历企业完整的财务流程,了解各类经济活动的记账过程、企业如何进行财务预算的编制和年报的出具等,学生虽然具有一定实习经历,但对财会实务能力的掌握并不能满足于企业当下对于财会人员的需求,导致学生在求职过程中面临着尴尬的境地。

二、产教融合的目标和基本要求

所谓的产教融合,目前学术界对其并未存在一个统一的定义,依据其主要的内容,本文将其定义为将产业与教育之间深度融合,增加校企之间联系的紧密度,从而实现信息与资源共享,协同育人、协同创新、共同搭建创新平台以进一步提升高校人才的综合素养和培养质量。我国为深化高校产教融合,相应出台了一系列的政策,其中,2017年出台了《国务院办公厅关于深化产教融合的若干意见》,该文件明确了产教融合的主要目标为"逐步提高行业企业参与办学程度,健全多元化办学体制,全面推行校企协同育人,用10年左右时间,教育和产业统筹融合、良性互动的发展格局总体形成,需求导向的人才培养模式健全完善,人才教育供给与产业需求重大结构性矛盾基本解决,职业教育、高等教育对经济发展和产业升级的贡献显著增强",这要求充分发挥企业在教学过程中的重要作用[6],将校企合作贯穿于人才培养的全过程中,且该过程需要政府、高校、企业、行业等共同推进,企业在其中发挥着主体作用,通过和高校之间建立长期合作关系,结合产业需求参与优化高校人才培养结构和教学改革。

三、会计专业人才产教融合培养面临的问题

(一)企业参与形式单一

高校虽与企业之间进行合作,但存在合作不够紧密、企业参与形式单一的情况。财会类学生想要深入地了解企业总体运营方式,充分地锻炼会计实操能力,需要长期投入到企业的项目中,深入地参与财务的各流程环节。由于高校实践类课程在总体课程体系设置中占比较低,企业往往仅提供短期的实训项目,虽该方式在一定程度上能够提升财会类学生的实操能力,但结合当下产业对于财会人才在数据分析、创新思维、沟通协作等各方面的需求,单一的培养方式并未达到产教融合的最终目标,使得学生会计实操方面的能力仍然较弱。另外,校企合作的不紧密,过于单一参与形式也会导致高校在教学中无法充分利用企业的人力、数据、技术等资源,无法达到预期的培养效果,企业还应参与到高校的课程建设、实训基地的建设以及与高校之间的进行项目合作等方面,全方位地培养财会类人才。

(二)企业参与热情不足

随着产教融合的逐步推进,虽然大量的企业参与到财会人才培养工作中,但由于部分规模较小的企业涉及的经济活动较少,对于财会类创新型人才的需求不强,且本身对于创新的重视度不足,因此不愿花费大量的金钱和时间与学校之间进行合作创新,在与高校之间进行合作时积极性也不高。其次,企业与高校之间存在着信息不对称的情况,企业对于创新型人才的需求强烈,希望得到高校人才和技术的输送,但缺少沟通媒介,使其无法与高校之间建立长期的合作。最后,由于产教融合的人才培养方式需要企业花

费人力与物力来支持参与到财会人才培养的过程中,但高校在该方面并未建立完善的保障制度,导致企业无法获取大量的经济效益,这也在一定程度上降低了企业参与的积极性。

(三)"双师"资源不足

高校中教师更多具备理论层面财会知识的储备,而关于实务经验方面则相较于企业中人员相对不足,因此在教学过程中仅依靠课本知识进行财会方面理论知识的教学,而具体实务中所面临的各类问题则需要聘用校外实务专家人员作为学生的导师,给予实践层面的指导。但目前高校中对于本科生培养方面所聘用的校外导师的数量相对较少,往往一个校外导师分配许多的在校生,实务导师本身事务繁忙,无法将足够的精力放在每一位学生身上,对学生实务方面的疑惑进行一对一的答疑解惑,不合理的学生配置数量下会导致导师无法真正发挥实质性的指导作用,上述情况会导致高校难以实现所制定的会计人才培养目标。此外,高校与企业之间缺乏深入的合作与交流以及媒介来进行相互联系、学校的激励机制也不够健全,使高校难以吸引校外专家来校授课或开展实务讲座。

(四)评价体系不完备

目前大部分高校对于学生能力的评价,多基于课程成绩,而对于学生实践和创新能力的评分在总体评分中占比较低,这会影响学生对于该方面能力的重视程度。在数字经济时代下企业对于财会人才的要求不单单是简单地记录发生的业务,其更应具备发现问题、解决问题的能力,能够根据企业财务情况对未来发展提出建议,而这些能力需要结合实际项目进行综合评估,仅依靠卷面成绩无法客观地衡量。虽然学校人才培养中增加了实习的学时和学分,但由于占比过低,无法有效的激励学生积极参与到实践项目中,另外实习过程中缺少实务导师的参与也会导致对于学生在实习过程中的具体表现缺少客观的评分。

四、产教融合视域下会计专业人才培养的实现路径

(一)建立双导师制

首先,学校可雇佣企业中具有丰富实务经验专家作为学生的校外导师,校内导师主要负责理论知识的学习,实操方面的指导则由校外导师来完成,学生能够在校外导师的指导下参与到企业的项目中,了解财会工作的全流程,增强解决问题的能力并丰富实践经验。其次,校内外导师可以共同带领学生参与到创新创业大赛中,在比赛的过程中给予理论和实务两方面的指导,培养学生的创新思维。最后,在毕业论文写作过程中也应邀请校外导师共同参与,促进学生从理论层面和实践层面两个维度思考问题,将企业案例融入到所研究的问题中,提升所研究内容的应用价值。

(二)构建实习平台

校企合作不单是学校通过与企业实务专家进行简单交流,或仅通过举办专家讲座的方式进行合作,学校也可以通过与政府、企业等产业组织之间签署实习合作协议,共同搭建实习平台来丰富学生实践能力。此外,创新创业能力作为当下激烈的就业市场中大学生所应具备的强势竞争力,高校可借助实习平台来带领学生了解企业目前发展过程中所面临的难点,据此开展创新项目计划,并在项目开展的过程中引入专业人士参与交流和指导,借此进一步提升学生的创新能力。

(三)完善评价体系

传统的教学模式对于学生能力的评价更多基于卷面成绩,而校企合作的产教融合方式则要求高校全方位、多元化的方式进行评价。主要从学生对于会计知识的掌握程度,面临问题时的解决能力、团队协作能力、创新能力等多个方面对学生进行评价,并提高实践项目在综合能力评价方面的占比,在评价方式上,由于产教融合下学生不单单依靠课堂听讲的方式来获取知识,而会花费更多的时间参与到实际的项目中,因此在对学生进行打分时增加项目导师对于项目成果、研究报告进行评价的环节或采用邀请其他同行业的专家旁听并现场打分的方式来对学生实践能力进行评价,进而激励

学生积极参与其中,并认真完成实践项目。

(四)提升课程建设

在进行课程建设时围绕专业建设、人才培养和教学改革等方面与企业进行交流合作,以当下产业需求为导向,共同讨论修改教学目标、课程设计和教学内容,并邀请校外实务专家参与到教学讨论中。同时在课程中穿插实务环节并邀请校外专家参与到该部分授课,帮助学生在夯实财会基础理论的同时有效的掌握财会实务技能。在教学方式上,不再拘泥于传统的板书讲解方式,可以结合实务案例,带领学生进行案例分析,实践调研等并定期邀请政府、企业中的专家人士举办讲座,使学生能够和实务专家进行一对一的交流,了解前沿财会技术知识,激发学生的学习兴趣。

(五)增强企业参与积极性

由于信息不对称的问题,导致部分中小企业虽有需求但并不具备相应的能力与高校之间交流合作。政府作为媒介,一方面可为高校与企业之间的牵线搭桥,通过打造产业园区这一平台载体并提供教育教学功能,为高校与中小企业提供产教融合服务,借助此平台帮助提升学生的财会实操能力,更多的高校人员也借此与企业进行合作,有效的提升企业的技术创新水平。另一方面,校企合作的人才培养模式同时也需要大量的经费支持,当地政府部门可为参与产教融合的企业给予一定的补贴,从而提高企业参与的热情。

参考文献

[1]马靖杰,陈园,李燕.大数据时代数智化财会人才的培养[J].山西财经大学学报,2023,45(S2):237-239.

[2]赵天阳,沈彬,李君婷,等.产教融合视域下粤港澳大湾区高校学生创意园建设路径探索[J].科技管理研究,2023,43(19):89-96.

[3]张丹.会计专业教学中的若干问题分析——评《会计学》[J].中国教育学刊,2017(11):147.

[4]温素彬,李慧.渊思寂虑:智能会计"热"的"冷"思考[J].财会月刊,2022(21):62-70.

[5]习成龙,刘焕峰.数字化转型与企业会计信息质量[J].会计之友,2024(06):82-89.

[6]江春华.如何发挥企业重要办学主体作用?——新《职业教育法》的规制与行动方略[J].中国职业技术教育,2022(34):22-26.

财务会计领域新设专业培育成长的经验研究

——对创办智能财务专业方向的启示①

胡　阳　肖德蓉　公　倩　张玉萌②

摘　要:随着财会领域高等教育的发展,如何培育一个新设专业成为一项重要的任务。高校的新设专业作为科研新起点,最重要的是聚集一批骨干教师作为专业团队来辅助其成长,这就要求教师从合作高校或企业高强度地学习大量知识,因此相应的人力资源与合作机构尤为重要,在此基础上才能做好教学、科研和社会服务工作,同时高校也要处理好新设专业的风险控制问题。本文总结了天津商业大学相关新设专业的发展历程,希望能为智能财务等新设专业的发展提供经验启示。

关键词:新设专业;财务会计领域;融资租赁;智能财务;国际合作办学

①　基金项目:国家级首批新文科研究与改革实践项目:"财务+智能"深度融合的新文科人才培养探索与实践(以"智能财务"专业方向为例),项目编号:2021050018。
②　胡阳,天津商业大学会计学院,管理学博士;肖德蓉,天津商业大学会计学院,在读研究生;公婧,山东省威海市环翠区人才创新发展中心科员,会计硕士;张玉萌,天津市商业大学会计学院,会计硕士。

一、引言

2021 年 4 月,习近平总书记在清华大学考察时指出,高校是基础研究的主力军和重大科技突破的策源地。随着国家大力号召开展人工智能方面的科技创新,财经高校中以智能财务为代表的新设立专业如雨后春笋般成长起来。目前新设专业确如蹒跚学步的婴儿,与成熟专业相比,它需要更多的扶持与呵护。本文基于天津商业大学(以下简称天商)财务会计领域的以往两个新设专业的建设来做一项总结性的研究,它们分别是财务管理(国际合作)和融资租赁专业,之所以选取这两个专业作为总结研究对象,是因为这两个专业有其各自的成功优点,前者被评为国家级特色专业,后者成为学校办学的重要亮点,并且普遍受到校外专家的一致好评。本研究首先指出人力资源是新设专业发展的前提,并以高校的三大职能(教学、科研和社会服务)为思路,来总结这两个专业的培养经历,从中提取出了一些经验并指出新设专业务必要做好风险控制,期望给将来包括智能财务专业在内的新设专业一些启示。

二、新设专业的人力资源与合作机构

大学重在有大师而不是有大楼,如何拥有强大的师资力量对高校的新设专业来讲是一场考验。财经领域新设专业的人力资源建设,不可能采用从零开始的闭门造车式人才储备,必须要求助于合作机构。首先,新设专业的设立意味着学校目前暂无相关专业的教师,对于专业知识存在空白的这部分现有人力资源来说,如果不能从外界大量招聘这种专家,那么就必须从校内挑选一批教师,通过向合作机构(包括合作企业和合作院校)学习来汲取专业知识、科研思路与经验以及相关数据。其次,人力资源是发展新设专业的基础,合作机构是实现丰富人力资源的途径,二者是相辅相成的。

天商过往在新设专业的培育上有自己的经验,也取得了不错的成果。对于财务管理(国际合作)专业,首先在设立之初时,其骨干教师都有去澳大利亚的合作办学高校学习半年的经历,这在提升本校老师教学水平的同时也拉近了合作双方的关系。其次,该专业每年的重要课程都有外教与本校教师就学术和教学两方面进行密切交流,对本校老师来说,留学和与外籍教师的沟通都是一种高强度的学习,尤其是派遣教师外出学习来增进教学水平这一做法并不是天商所特有的,很多高校在进行新设专业建设时通常都会采取这样的措施。而天商的融资租赁专业主要是与行业协会进行合作,一方面,协会中的专家能够到学校来开办讲座,辅以日常课程的教授;另一方面,本校的教师能够带领学生去参加协会举办的实习与实践活动,从中开展教学。从这两个专业的培育经历中可以得出,新设专业的教师在自有知识储备不足的情况下,要么向合作院校学习,要么向合作企业学习,但若只向高校学习有些脱离实际,只向企业学习有些脱离同行、缺失理论支持,所以最好的状态是二者兼有。考虑到目前将天商智能财务此类新设专业的老师派出留学存在困难,可以选择邀请合作机构与外校专家前来,从而弥补这一缺憾,并且在大数据时代下尤其可以考虑与会计师事务所达成合作。相反,如果没有合作机构的支持,单纯凭原有教师的自身进行深入研究,很可能会陷入闭门造车的困境,研究成果和培养的人才无法被其他高校和人才市场所接受,而天商财会专业建设历史中也确有过类似失败的教训。

对于新设专业的教师、科研成果与教学成果给予足够激励,是国内外许多高校的普遍做法。事实上,多数学校在建立新设专业的过程中都会出台激励制度,一方面,通过相应措施来调动教师的积极性,有利于师资队伍的扩充;另一方面,激励制度的良好运行能促进该新设专业的建设尽快步入正轨。天商的财务管理(国际合作)专业和融资租赁专业在设立之初,学校不仅出台了相应的文件,对该新设专业相关的教学与科研成果给予相对优厚的奖励,以此吸引相关教师加入到新设专业的建设中;而且为了能够吸引骨干教师成为新设专业教学与科研团队中的一员,行业专家或学校领导会从关怀职业生涯的角度,对学校骨干教师进行激励谈话,邀请他们加入到新设专业的科研教学中来。总之,如果希望教师参与学科建设,那么就要求学校务必重视教师的激励制度,因为这些骨干教师往往不仅具有较高的学历,并且拥有自己比较熟悉的原有研究方向,若是没有上述激励措施,在目前高校普遍存在巨大考核与升职压力的状况下,新设专业往往很难吸引到骨干教师的加入。

三、新设专业的教学、科研与社会服务

(一)新设专业的教学

人工智能时代的来临对财务会计专业提出巨大挑战,但是目前高校中的会计专业过分强调稳定性,这限制了智能财务专业的教学发展,必须要采取创新的教学方式[1]。首先,新设专业的课程设置要与合作机构密切配合。新设专业和成熟专业一样,往往都需要把专业知识和实践结合起来,但是与成熟专业的最大区别在于新设专业在课程设置方面并没有很成熟的方案,所以特别需要听取合作高校与合作企业的建议。其次,新设专业的相关课程要涉及不同学院,不同课程之间要相互融合,既要强调课程的专业性又要注重学科体系的多元化[2],并且课程的设置要符合社会需求;最后,在建立有效的教学激励制度的基础上,将新设专业教师的积极性与合作高校和企业密切结合,很快就能从这些合作机构取得相关经验来更好地进行教学。

以天商的融资租赁专业为例,学校在成立租赁学院的同时,抽取一部分研究生进行专业知识的培养,校内有专业的教师进行教学,校外有行业专家(聘请为校外导师)进行辅导,十分注重理论与实践的结合。不论是在教材方面还是课程设置方面,校内教师都会与合作机构的专家进行沟通交流,使教学计划更加适用于融资租赁专业,另外融资租赁新设专业组织校内教师与校外专家合编的融资租赁系列教材,不仅在校外取得良好的社会效果,而且准备在校内参评教学成果奖。

(二)新设专业的科研

在高校的三项重要任务中,科研占据至关重要的地位。一方面,科研是提升教学水平的保障;另一方面,科研是使人才服务于社会的基础;更为重要的是,高质量的科研成果是教师评职称的最基本条件,也是高校之间进行排名的重要评价指标。新设专业的教师要想做好科研任务必须处理好与合作机构的关系,从合作高校或合作企业那里取得科研思路、科研经验与数

据,但这并不能只停留在听课学习的层面,要达到向合作机构专家进行"一对一、面对面、手把手"学习的强度。

天商的两个新设专业在发展过程中尤为重视教师的科研学习,一方面,通过校外专家分享专业数据和相关案例,新设专业的教师们获得了科研内容;另一方面,合作机构提供的实地考察项目,为教师们提供了实践学习的宝贵机会。本研究期望未来像智能财务这样的新设专业能够学习先前专业的培育经验,对于科研领域,最理想的状态就是首先进行实地研究、案例研究,然后再做大数据的实证研究,所以才要强调与行业中技术骨干密切合作的重要性。

(三)新设专业的社会服务

首先,高校培养出来的毕业生要符合社会的需要,能受到社会的一致好评,且毕业生可以找到合适的工作,能给社会带来价值。天商融资租赁专业的毕业生在学习期间有大量的机会接触行业中的实际操作,这提升了他们的专业实践能力,并且对未来工作一定是有所裨益的。但较多的外出实践学习可能使学生们放松对基础知识的学习,因此要在两者之间找到一个平衡点。

其次,高校新设专业的老师要能给企业解决具体的问题。财务专业的大部分学生会进入企业工作,这就要求新设专业的教师了解企业的实际操作,所传授的知识能真正为企业解决具体的问题。

教学要培养人才,为社会供给人才,但如何供给是务必要做好调查的一个问题。随着教育教学水平的不断提高,大学每年为社会输送的毕业生愈来愈多,很难保证每个专业的学生都能找到心仪的工作,这就凸显了市场调查的重要性,对专业进行社会适用性和需要程度的调查不仅能够为新设专业的设立奠定基础,也能为其未来发展指明方向。所以,智能财务等新设专业的设立要搞好市场调查,按照企业和社会的需求来设置专业招生名额,制定教学方案。

四、新设专业的风险控制

与企业管理一样,高校的管理工作也要注意风险控制。新设专业有其自身的独特性,与成熟专业相比可能更具风险性,所以风险控制问题就显得尤为重要,并且新设专业可能会遇到成熟专业不曾涉及的风险,因此风险控制的难度可能会加大。天商的财务管理(国际合作)和融资租赁专业在设立过程中都进行过不错的风险控制,从中提取出的经验十分值得借鉴,而且本研究认为风险管理也应该长久地伴随着专业的成长。

(一)市场需求与就业率风险

有市场需求、拥有较高的就业率是一个专业能够存续下去的重要前提,所以无论是成熟专业还是新设专业,就业率都是十分重要的,新设专业因其"新",并不能与社会工作岗位很好的衔接,导致其在这方面会面临更大的考验。[3]即使新专业在设立之初就考虑了就业方面的问题,但是市场对该专业实际需要的人才数目和质量都是难以确定的,那么新设专业的就业率一定会备受关注。

新设专业的毕业生在就业时,往往会遇到用人单位需要查看学生成绩单的情况。如果新设专业在课程设置上存在缺陷,那么用人单位会因学生专业知识不足而拒绝录用,就会导致就业率下降,这是新设专业面临的一个巨大风险。

要想控制好这一风险,就要求学校与合作机构(高校)密切配合,进行反复的市场调查,因为市场需求是影响该专业毕业生就业率的重要因素。另外要严谨地制定教学计划安排,确保学生顺利通过学校与社会的质量审核。就天商的融资租赁专业来讲,因为有行业协会的合作,所以大批毕业生获得了便捷的工作机会,并且学生的专业素质广受好评,整个专业达到了较高的就业率。

(二)师资缺乏风险

如果高校未找到合适的合作机构,并且对现有教师队伍缺乏激励,那么会导致高校在无法聘请到资深校外专家的同时又缺少合适的校内老师。缺乏师资不仅会阻碍教学科研的进步,也会使新设专业丧失最重要的发展资本。师资力量不足意味着教学质量不能得到保证,学生无法从课程中获取足够的专业知识,这种状况下学生的专业素质发展会受到限制,甚至还会影响学生在择业方面的自主权。而匮乏的专业知识还可能会使学生的专业水平无法通过国家教育部门的评估,学生或许会面临触及法律法规的风险。

(三)法律法规与专业评估的风险

新设专业面临着许多法律法规的要求,例如该专业师生数量的比例要求、必须有一定数量的高水平教师的要求以及该专业的就业率要符合国家法律规定的要求等。教育部等相关部门每年都会根据规定评估各高校专业的开设情况,而新设专业更是国家进行教学评估的重中之重。2021 年,根据高校专业评估结果,教育部共撤销 804 个专业点,主要原因是评估结果显示这些专业无法较好地适应现代社会的发展变化,造成就业率低下、工作与专业不符等问题。如果新设专业不能达到上述关于就业率、师资等方面的要求,就会面临评估成绩不理想的风险,一旦发生专业撤销的状况,学校、学生以及老师都会受到巨大负面影响。

天商的财务管理(国际合作)和融资租赁专业都进行过十分恰当的风险控制,但是依然需要长久地坚持,上述有关风险控制的经验可以给未来新设专业的建设以启示。

五、对智能财务等新设专业的启示与建议

本研究总结了天商财务管理(国际合作)和融资租赁专业的经验,也分析了新设专业面临的风险,在"大智移云物区"的时代下,会催生出很多的新设专业,其中智能财务专业代表了一个时代教学的起点和人才培养的方向,所以笔者根据天商过去新设专业的培育经历,为智能财务等新设专业的建立与发展提出如下建议。

首先,合作机构对新设专业的建设来说是十分重要的,智能财务的专业性很强,目前来看,多数会计师事务所都在逐步推进智能财务的相关建设,并且有许多企业对于智能财务专业人才的需求十分迫切,[4] 所以本研究认为在合作机构方面可以考虑与会计师事务所建立合作关系,这样不仅达到理论与实践相结合的目标,还加深了教学与就业之间的联系,使学生提前接触实际工作。其次,在人力资源方面,要挖掘现有师资队伍的潜力,建立合

适的激励机制,调动教师参与新设专业的积极性,使其更好地加入到智能财务的专业建设中来。同时要加快师资引进步伐,注重聘请具有实务经验的专家参与教师的培训和学生的教学。再者,在教学和科研方面,智能财务因其特殊性需要实验场地,这就可以选择与企业共建实验室,这也是引入外部力量来建设新兴专业的重要一环。最后,在社会服务方面,天商要组织相关专业的人员在行业中积极开展市场调查,全面把握智能财务专业的发展现状和趋势,预测未来就业形势,以此为基础,设置教学课程计划。此外,在新设专业的建设过程中,风险控制是要长久坚持的一项重要任务,智能财务要吸取之前的经验,注重风险控制的每个环节,不断发展成学生专业素质高、社会认可度高的新设专业。

六、结语

财会专业(尤其是会计)是否能在信息化时代的挑战中取得胜利,很大程度上依赖于财会领域高等教育自身是否做好了充分的应对准备。[5]通过经验分析来建设符合时代发展的新设专业,使高校的财会专业教育更具有前瞻性和实用性。新设专业教育体系的完善需要学校、社会各方面的共同努力,需着重考虑毕业生就业等现实问题,本文以智能财务专业为例分析新设专业的设立过程及风险,就是期望财会领域的专业建设能不断推陈出新,为社会培养更多可用的优秀人才。

参考文献

[1]古华,刘子美.人工智能条件下高校会计人才培养改革探讨[J].教育现代化,2020,7(19):1-3.

[2]宫义飞,李佳玲,李沛樾,等.智能财务时代下管理型会计人才培养路径选择[J].会计之友,2020(16):44-50.

[3]杨蕊.高校新设专业毕业生就业促进研究[J].就业与保障,2021(17):90-91.

[4]胡阳,李能飞,张萍萍.高校发展智能财务专业的战略研究[J].时

代经贸,2020(20):15-16.

[5]谢诗蕾.探索信息化时代会计人才培养的转型之路[J].财会月刊,
2020(01):81-85.

案例教学法在成本管理会计课程中的
应用研究

周丽丽①

摘　要：本文探讨了在成本管理会计学课程中案例教学法的应用。本文首先研究了案例教学法的意义。相较于传统课堂教学法，案例教学法提升了课堂的灵活性，激发了学生自主学习的热情，提高了学生分析和解决问题的能力。此外，它以较低的成本让学生接触实际企业运营，有助于学生在将来就业时快速适应商业环境。其次，本文认为，作为一门应用性强的学科，成本管理会计课程更有必要且具有应用案例教学法的可行性。因此，应积极探索案例教学模式，规范课程设置，并完善各种教学评估手段，以更好地发挥案例教学法的作用。接着，本文以目标成本法等8个重要的管理会计工具为例，以实际企业为背景详细介绍了每种工具的案例教学特点。最后，本文还分析了案例教学法的局限性，强调了其并非万能之法，应与传统教学法结合使用，以取得更好的效果。

关键词：案例教学法；传统教学法；成本管理会计；管理会计工具

一、案例教学法的意义

案例教学法，其根源可追溯至古希腊时期，并在后来得到了美国哈佛商

---

①　周丽丽，天津商业大学会计学院教师，管理学硕士。

学院的进一步推广与发展,从而形成了一种与传统教学方式截然不同的新颖教学模式。这种教学方法最显著的特点在于它强调学生的主动参与和深入互动。在案例教学法的框架下,所使用的案例通常是基于真实的企业环境和事件而精心挑选的。学生们通过对这些实际发生事件进行深入探索与研究,不仅能够加深对教师所传授理论知识的理解,还能够进一步挖掘理论的深度与广度,通过实践来检验理论知识,从中发现规律,提炼理论,并将这些理论重新应用于现实世界,指导实践活动。这个过程充满了启发、探索与挑战,它促使学生们积极投入思考,从而显著提升他们的智力活动水平,增强他们发现、分析和解决问题的综合能力。

相对而言,传统的教学方法往往是单向的信息传递,教师告诉学生应该怎么做,学生则处于被动接受的状态,这种模式容易导致学生主动性的缺失,进而影响他们对学习的兴趣和热情。在案例教学法中,教师不会直接告诉学生应该怎么去做,因为案例本身并没有固定的答案。学生需要带着问题去思考,可能会引发激烈的辩论,各自坚持己见,但这种争论正是激发学生强烈学习欲望、创新思维和积极进取精神的关键所在。

在传统的教学模式中,知识传递是单向的,教师传授给学生后,学生掌握的程度通常只能通过考试等方式来衡量,而案例教学法则是一种双向的互动过程。在实施案例教学之前,教师会提前将案例材料发放给学生,要求他们进行预习和深入理解,同时查阅相关的理论知识和文献资料。在此基础上,学生需要通过独立思考或与同伴的交流探讨,尝试找到解决问题的途径。即便没有找到明确的解决方案,学生也可以在教师的引导下,与拥有不同年龄、生活背景和经验的同学进行深入的讨论。这种多样性使得同一个问题能够从多个角度进行分析,产生不同的理解,从而全面提升学生的知识视野。最终,通过教师的总结,学生能够对案例有更深刻的认识,同时,教师自身也能在这一过程中获得宝贵的经验和见解。

二、成本管理会计应用案例教学法的必要性及可行性

党的十九大提出"我国经济已由高速增长阶段转向高质量发展阶段"。

在这一转变中,企业的高质量经营成为关键,而评估企业高质量经营的一个重要指标就是其持续的价值创造能力。成本管理会计作为企业价值创造的核心信息系统,其在企业管理中的作用和潜力无疑是巨大的。随着外部环境的日益规范,企业家的关注点也逐渐从税收和批文等外部事务转向内部管理。内部管理的核心在于实现"节流增效",即加强成本控制、提高运营效率和预算管理,实现资源的最优配置。因此,成本管理会计课程的重要性显而易见。

案例教学法的优势充分表明,在成本管理会计课程中运用案例教学法能够有效提升教学质量,促进管理会计职业发展的步伐。在案例教学中,学生通过分析企业现实生活中的真实案例,涉及企业面临的关键问题和重大决策,能够深入体验企业实际运营,与企业共同经历挑战。这与传统的课堂教学模式形成鲜明对比,后者中学生参与讨论的机会较少,讨论也往往是理论上的空谈,难以深入掌握管理会计的精髓,也无法有效解决企业实际问题。

实践证明,成本管理课程中的传统教学方法亟须改革。企业管理并非一道有标准答案的数学题,而是一种权衡和利弊分析的过程。案例研究法正是具备这种优势,它提供的案例是一个没有唯一正确答案的问题。决策者在案例研究的情境下,通常需要在多个备选决策中做出选择,而这些决策都有其合理性和依据。案例研究能够提供详尽而有趣的信息,增强学生对企业实际问题的理解,激发解决实际问题的热情。此外,通过案例学习,学生能够显著提升分析方法和演示方法的技能,这对于他们未来作为商业企业管理者至关重要。

案例研究方法能够增强学生解决实际问题的能力,反映出管理决策在现实生活中的复杂性,这些决策往往是基于不充分的信息做出的。案例研究法向学生展示了管理决策所伴随的不确定性、复杂性和模糊性。它帮助学生获得企业管理工作的全局视角,通过整合管理决策所需的各种信息和理论,以做出更为准确的决策。而这些全方位的信息不仅来源于财务领域,还包括制造、营销等多个职能部门。

成本管理会计案例教学法的应用是构建成本管理会计体系的关键环节之一。管理会计案例是对国内外优秀管理会计实践的总结和提炼，也是对管理会计应用指南的具体示范。因此，加速建设成本管理会计案例库对于提高管理会计教学水平至关重要。中国的管理会计理论虽然起源于西方，但随着中国市场经济的发展，理论和实践都取得了显著进步，尤其是在企业管理中决策的重要性日益增强，对成本管理信息的需求也日益扩大，这使得成本管理会计变得尤为重要。

三、成本管理会计课程中案例教学法的应用

笔者在成本管理会计课程的教学过程中，一直在努力探索和改进教学方法和教育理念。其中，案例教学法越来越受到学生的欢迎，他们的学习兴趣也得到了显著提升。在成本管理会计课程中，笔者特别挑选了以下八个案例，涵盖了八个管理会计工具方法。

第一，以邯郸钢铁为例，介绍了目标成本法。在面对材料成本大幅上升和钢铁市场疲软的挑战时，邯郸钢铁积极应对，主动走向市场，实行成本否决，迅速扭转了被动局面，走上了持续、健康、快速发展的道路。目标成本法以市场为导向，以市场决定的价格为基础，反向挖掘降低成本的潜能，制定具有一定利润加成的目标成本，从而有计划地实现利润，并能够顺应市场的发展，实施改进自己的成本管理。

第二，以海尔为例，介绍了战略成本管理。从创业至今，海尔集团在公司战略的制定上充分体现了管理层卓越的眼光。从开始就明确实施的名牌战略，到多元化战略，再到后来的国际化战略和全球品牌战略，海尔的每一步都走在国内家电企业的前列。战略成本管理强调企业的长期成功，仅关注短期财务成果是不全面的，还要获得诸如产品开发、产品质量、顾客满意度等关键成功因素。只有在这些关键因素上取得了成功，企业才能实现长期的发展。

第三，以丰田汽车为例，介绍了质量成本管理。质量成本对于企业的利润影响重大。质量、成本、效益之间的关系是企业永远面临的三角关系。丰

田公司爆发过多起召回门事件,丰田公司一直注重产品的成本降低策略,在一定程度上取得了利润的大幅提升,也成功地创造了汽车行业的神话。但是随着成本的降低,却忽略了质量的发展,在产品设计、制造、监控等方面出现了漏洞,致使"召回门"事件发生。通过这一案例,让学生理解成本与质量的关系,认识到质量管理的重要性。

第四,以上海电气为例,介绍了平衡计分卡。平衡计分卡是一套以战略管理为指导的绩效评价体系。在平衡计分卡实施过程中,首先要明确公司的战略目标,弄清楚自己要做什么、为什么做、怎么做,分析内外部环境,总结自己的优势及劣势。然后绘制战略地图,通过一张纸,直观地反映出各战略维度之间的要点和战略框架,继而从财务维度、客户维度、内部运营维度及学习维度四个角度出发,全方面设计平衡计分卡。

第五,以京东集团为例,介绍了价值链成本管理。京东集团致力于价值链成本的精细管理与优化,探索出了一条独特的成本管理模式。价值链是指企业在产品或服务的创造过程中所穿过的所有环节和活动,它从供应商到制造、分销、销售和售后,实现全过程的价值创造。京东集团基于价值链的全方位成本管理具有下面几个特点:一是与供应商的深度合作,二是增强客户黏性,三是强大的物流成本管理。通过以上三点,京东集团成功地降低了成本,提高了竞争力和核心价值。

第六,以长江电工为例,介绍了标准成本管理。标准成本运营的关键是科学地编制标准成本,编制是运用的起点,也是最关键的一步。在近几年的实践中,长江电工集团不断探索总结标准成本"五因素"编制法,创新使用工艺定额,逐步修正各项定额指标,编制先进、科学,合理的标准成本,同时找准五个切入点,将标准成本应用到生产经营实践中,为公司全面预算,成本领先,价格管理等提供了坚实的数据基础和参照标准。

第七,以重庆长安工业集团为例,介绍了变动成本法。该集团是一家国家重点军工企业。其生产经营的特点是固定成本高,二公司产品的边际贡献又较低,无法完全弥补高额的固定费用,因此集团效益低,运营压力很大。传统的完全成本管理模式将固定成本包含在成本中,如果公司以完全成本作为产品的定价及市场竞争成本核算模式,一方面不能体现产品本身的真实成本,另一方面也不能完全适应公司决策的需求。变动成本法为公司产品定价提供了新的思路,也促进了公司对成本的管控,提高了利润空间。

第八,以长安汽车为例,介绍了作业成本法。长安汽车以江北工厂的冲压车间为例,试运行作业成本法。之所以选定冲压车间,是因为其业务层面基础管理相对完善,工艺简单,作业标准明确,七道生产线之间业务明晰,行业标杆信息易于采集。通过作业成本计算,公司能够将资源准确地分配到作业,促使管理人员改进生产管理,通过对作业的确认,揭示了资源、作业和成本之间的因果关系,改进了作业与流程,提高了作业的效率和效果,合理地进行资源配置。

四、案例教学法应用的局限性

案例教学法的优势显而易见,特别是在经济、管理等实践性较强的学科中,它能够让学生置身于相对真实的商业环境中,不仅有助于加深对理论知识的理解,更重要的是,它能够提高学生分析和解决复杂商业情况的能力。然而,案例研究法也存在一定的局限性,实施过程中也存在一定的困难。

首先,准备案例需要投入大量的时间和精力,这对授课老师来说是一个巨大的挑战。设计一个优秀的案例需要老师付出大量的时间和精力,如果授课老师的时间精力不足,那么案例教学的效果将大打折扣。

其次,案例教学法不仅对授课老师的时间投入有要求,对他们的经验、能力水平也是一个巨大的挑战。通常情况下,只有具备丰富教学经验并具有一定实践基础的老师才能灵活运用案例教学法。

再次,案例教学法要求授课老师对学生的讨论和能力进行评估,而评价往往具有一定的主观性和片面性,有时候可能会出现判断错误,从而影响学生的积极性,降低案例教学法的实施效果。

最后,案例教学法对学生的知识背景、能力水平、综合素质等方面有较高要求,因此并不是所有学生都适合案例教学,部分学生可能会对这种教学方法产生抵触情绪,认为这是在浪费时间。

因此,对于实施案例教学法的高校来说,教学管理者需要从授课老师和参与学生两个方面进行考虑。首先,要积极培训授课老师,鼓励他们参与更多的商业实践活动,以确保他们有足够的时间和精力投入到案例教学中。此外,还需要为实施案例教学法的授课老师提供充足的时间和财力支持,以激励他们投入更多的时间和精力。同时,要组织编写教学案例教材,并对开展案例教学法的老师实施必要的激励机制,以创造良好的实践氛围。

在学生层面,可以让学生自由选择是否参加案例教学法,并让他们自由选择不同的授课教师。在课程设置、课程学时、学分等方面要给予灵活的制度安排,并完善对学生成绩的评价办法,合理分配案例教学和传统教学的评分比例。通过这些措施,既能确保案例教学法的有效实施,又能兼顾不同学生的需求和兴趣。

五、结论

案例教学法虽然具有很多优点,但并非适用于所有情况。在实际应用中,我们需要充分考虑其适用条件。案例的选择、案例教材的编写以及教师的积极性等因素都会对案例教学法的实际应用效果产生影响。因此,在成本管理会计案例教学中,我们需要师生共同努力,形成良好的合作关系,营造积极的课堂氛围,共同创造一个有利于学习的教学环境。

参考文献

[1]李艺玮,高利芳.基于管理能力培养的线上线下全案例教学模式研究——以成本会计学课程为例[J].安徽工业大学学报(社会科学版),2022,39(06):57-60+64.

[2]李延莉,卜晗.基于企业实践的成本会计课程教学关键点研究[J].商业会计,2021(16):121-123.

[3]田谧,刘世铎,凌静.案例教学模式在成本会计课程中的运用[J].新西部,2017(25):138+137.

PBL 教学模式在中级财务会计中的应用与创新研究

赵　慧①

摘　要:为培育符合"大智移云"时代发展需要的会计专业新人,高校必须协调推进课程教学模式改革。本文以中级财务会计课程为例,采用PBL教学模式,以问题为导向,以学生为中心,通过剖析当前中级财务会计课程教学中的突出矛盾,从课前预习、课中教学、课后巩固与拓展三个环节入手进行教学设计,同时注重融入课程思政与加强理实融合来强化学习效果,助力于培养高素质复合型会计人才。

关键词:PBL 教学模式;中级财务会计;课程思政;理实融合

一、引言

"经济越发展,会计越重要",2021 年财政部制定了《会计改革与发展"十四五"规划纲要》,对新形势下提升会计人才素质提出更高要求。受当前"大智移云"趋势影响,大数据、人工智能、云计算等新兴技术的迅猛发展已然导致现行就业市场对会计人员素质要求的改变。在此背景下,高校应对财会类课程教学以及培养应用型会计人才的教学模式进行改革创新,以课程改革推动高质量人才的培养。作为会计学专业必修的主干核心课程,

---

① 赵慧,天津商业大学会计学院教师,管理学博士。

又与会计实务紧密关联,中级财务会计课程教学工作应顺应新时代发展要求,积极探索以问题为导向、以学生为中心的新型教学模式。

相较于传统的"填鸭式"课堂教学,基于"问题的学习"(Problem-Based Learning,以下简称 PBL)教学模式是以问题为导向,通过创设情境化的问题,提倡以学生为中心的教学模式,推动学生由被动的"要我学"转变为主动的"我要学",从而提高学习效果。鉴于此,本文通过剖析现今中级财务会计课程教学中尚存的突出矛盾,创建强调学生个性化问题导向的 PBL 教学模式,在中级财务会计课程中加以应用,旨在达成课程目标,实现会计人才的培养育成。

二、当前中级财务会计课程教学中的突出矛盾

中级财务会计课程一般开设于大学二年级,该阶段学生一方面呈现出对专业课的强烈求知欲与探索欲,另一方面又因课程知识的抽象性与晦涩性产生一定的畏难情绪。加之,受传统"填鸭式"教学模式影响,学生的"我要学"意识薄弱,因此,有必要对该课程当前教学过程中主要存在的四大矛盾点进行充分分析,以此为基础优化 PBL 教学模式提升教学效果。

首先,传统"填鸭式"的教学模式与高素质复合型会计人才培养目标之间的矛盾。现今,中级财务会计课程教学过程中仍主要采用以授课教师为中心,以多媒体为主要教学手段,侧重以讲解理论与做练习相结合的教学方法,重点在于讲解会计分录的编制,这容易固化学生认知,认为编制出会计分录就实现了学习目标。此外,中级财务会计教学内容具有较强的纯理论特性,学生也容易出现对理论理解不足、实践应用困难等问题,其结果导致课堂上师生互动少、学生参与度与学习热情低,不利于培养学生实际应用能力。因此,课程教学改革要解决如何充分调动学生学习积极性与主动性,由以往的以教师为主导转变为以学生为核心,实现为社会培养出高素质复合型会计人才的目标。

其次,较多的课程内容与有限的课时之间的矛盾。根据本校最新修订的培养方案,中级财务会计课程总课时为 64 学时,而本校选择的教材中该

课程总共有 14 章。为在有限的课时内完成教学任务,课堂上侧重于资产的讲授,而对于负债中的借款费用以及可转换债券、新准则下的收入以及现金流量表的编制等难点则进行简单化讲解,这种授课状况只能使得学生对中级财务会计的认识停留在浅层学习层面。因此,课程教学改革要解决如何在有限的课时中尽可能地丰富学生的专业知识,增强学生的专业技能的问题。

再次,单一的课程考核评价方式与学习目标之间的矛盾。本校中级财务会计课程采用闭卷考试方式,总成绩由平时成绩与期末成绩组成,组成比例为 3∶7。但这种过于看重期末卷面成绩的考核评价方式不利于调动学生主动性与积极性,学生寄希望于期末考试前的复习提纲,认为只需学会老师教的重点知识即可,只要期末考试过关便达到了学习目标。因此,课程教学改革要解决如何设置更为科学的考核评价方式,提升学生课程参与感。

最后,传统的教学内容与"大智移云"时代人才新需求之间的矛盾。中级财务会计课程内容往往以讲授传统的会计处理方式为主,而"大智移云"时代对会计人所储备的专业知识与所具备的知识技能提出了新要求。因此,课程教学改革应将传统的会计处理方式与智能财务深度融合,提高学生就业适应性。

三、构建 PBL 教学模式下的中级财务会计课程

根据现行中级财务会计课程教学中存在的主要矛盾,本文引进基于 PBL 的教学模式,将直观形象的线下教学与拓展时空的线上教学相结合,通过创设情境化问题,提升学生学习效果。

(一)课前预习环节

课前预习环节以线上学习为主。首先,授课教师通过雨课堂上传章节讲义、视频以及案例等相关资料,并向学生发送教学目标与要求,创设教师角度的问题情境。其次,学生根据教师上传的学习资料,通过网络途径回答教师创设的问题,教师查看学生答案并点评,而后学生将自己的答卷分享到学习小组中,以学习小组为单位进行协作学习,结合教师点评与所查找资料

在小组内讨论,通过学习小组讨论,进而形成小组意见,并可在讨论过程中根据自身对知识的掌握与理解情况,创设自身个性化问题。学生们可将个性化问题发送到学习小组中,小组成员互相探索,授课教师也可根据这些问题信息为课中教学做好准备与知识延展。

以无形资产为例,授课教师提前通过雨课堂将无形资产相关课件与讲义、拓展资料如《企业会计准则——基本准则》《企业会计准则第 6 号——无形资产》《企业会计准则第 8 号——资产减值》《企业会计准则第 28号——会计政策、会计估计变更和差错更正》等推送给学生自学。随后,提供给学生部分案例资料,某家上市公司 2022 年 12 月 31 日将专利权 60 万元以无形资产列示于资产负债表中,该公司没有其他无形资产。创设教师角度问题,要求学生在自学了无形资产相关课件与讲义后,根据提供的案例资料回答:专利权是否属于无形资产?并在答案中援引我国企业会计准则的有关段落。学生根据教师问题做出解答,并进行小组讨论,也可提出个性化问题。比如,在无形资产课前预习环节中,有的学生就提出"商誉是否属于无形资产"的问题,教师根据这些问题信息拓展授课知识。

接着,教师提供如下补充资料,该公司专利权于 2018 年 1 月以 100 万元从外部购买取得,专利权使用年限为 10 年,没有残值,采用年限平均法进行摊销,该公司于 2022 年 12 月 31 日进行了专利权减值测试,该专利权预计未来现金流量现值为 55 万元,公允价值减去处置费用后的净额为 52 万元。基于上述资料,创设教师角度问题,向学生提出如下问题:外购专利权如何进行初始确认?使用寿命确定的无形资产如何进行摊销?如何进行无形资产减值测试?如何在资产负债表上列示无形资产的金额?该上市公司无形资产在资产负债表上列示的金额是否正确?若不正确,如何处理?并在答案中援引我国企业会计准则的有关段落。

(二)课中教学环节

根据课前预习环节提供的案例资料,对于教师提出的问题,教师利用雨课堂抢答功能,对案例问题的解答方式采用"小组抢答,未参与回答的小组可在弹幕上自由发表见解"的方式。针对案例问题学生的回答,教师对重难知识点进行讲解。而后,再通过"雨课堂"发布讨论问题等课中问题情境来提高学生学习积极性。针对课中问题情境,学生可先自行解决,后通过课堂小组讨论。教师在课中需要充分利用雨课堂中的随机点名、弹幕、投稿、抢答以及随堂测验等功能,发挥线上线下相结合的教学优势,提升教学效果。

在无形资产知识点学习过程中,针对课前预习案例资料中提出的问题,教师在利用雨课堂抢答功能听取学生答案后进行点评、归纳与总结。根据《企业会计准则第 6 号——无形资产》,专利权符合无形资产确认条件,应该按照无形资产准则规定进行核算,而商誉不能独立核算,不符合无形资产确认条件,故不属于无形资产;作为外购的无形资产,专利权应该按照成本列示于资产负债表;专利权摊销年限为 10 年,属于使用寿命确定的无形资产,采用年限平均法进行摊销,因此,年摊销额为 10 万元,2022 年 12 月 31 日该专利权账面价值为 50 万元。根据《企业会计准则第 8 号——资产减值》基于预计未来现金流量现值与公允价值减去处置费用后的净额来确定可收回金额,2022 年 12 月 31 日,该专利权账面价值 50 万元低于可收回金额 55 万元,没有发生减值,因此应在 2022 年资产负债表中列示无形资产 50 万元。而该公司 2022 年资产负债表中无形资产金额列示错误,属于会计差错,根据《企业会计准则第 28 号——会计政策、会计估计变更和差错更正》应该对其差错进行调整。

接着,教师根据推送的"华为自主创新之路"的案例资料,创设课中随堂练习情境,向学生提出问题:上市公司自行研究开发无形资产需要经历哪两个阶段?在这两个阶段中发生的相关支出如何进行会计确认与计量?学生可先自我解决而后进行小组讨论。若遇到小组不能解决的问题可以开展跨组讨论。教师采用雨课堂随机点名功能抽取学生回答问题。随后,应用雨课堂向学生推送相关知识点练习题,根据学生作答情况了解学生知识点掌握情况以及存在的知识盲区。而后,教师重点讲授外购与自行研究开发无形资产在会计初始确认方面的不同,使用寿命有限与使用寿命不确定的无形资产在后续计量方面的不同,无形资产减值以及无形资产报废与出售过程中的难点问题。

在此基础上,教师精讲重难知识点。首先,公司若想自行研究开发无形资产,则必经历研究与开发这两个阶段,重点讲解这两个阶段会计处理的不同之处,即研究阶段支出计入当期损益,而开发阶段支出中符合资本化条件计入无形资产,不符合资本化条件计入当期损益的原因。紧接着,重点讲授"研发支出"这个账户的应用。最后,教师再次梳理知识点,帮助学生厘清知识点脉络。

(三)课后巩固与拓展环节

课后巩固环节,经过课前预习和课中教学环节的学习,学生应该对知识有了比较深入的掌握。课程结束之后,教师采用课后作业的情境方式,通过在雨课堂发布单元测试,检验学生对知识的掌握情况,从而帮助学生巩固和提升学习效果。

依照 PBL 教学模式,中级财务会计课程采用"学生自评、小组互评与教师评价相结合,线上评价与线下评价相结合"的多种方式通过雨课堂形成最终成绩,并且在课程教学改革过程中逐步优化各组成部分的权重,课程考核评价方式与标准详见表1。

表 1 课程考核评价方式与标准

考核类型	考核内容	考核指标	评价方式	权重
过程性考核 (50%)	线上评价	视频、课件学习时长	雨课堂	5%
		课堂出勤	雨课堂	5%
		课程讨论	雨课堂	5%
		单元测试	雨课堂	10%
	线下评价	小组作业	学生自评、小组互评与 教师评价	15%
		课堂表现	教师评价	10%
期末考核 (50%)	线下评价	期末考试	教师评价	50%

此外,课后拓展环节,教师可以向学生提出拓展要求。在讲授无形资产的过程中,教师发布课后测试,由学生自主完成,教师评阅。在这个过程中,

学生可以通过雨课堂、QQ、微信与教师交流,便于教师及时进行答疑。此外,教师要进行教学反思,"学生在学习无形资产的过程中,绝大多数学生能够按照教学目标的要求,掌握重要关键知识点,并充分发挥积极性与主动性以及小组协作性。部分同学能够将所学知识运用到具体案例当中,学习效果显著提升。但仍存在个别同学个别知识点学习不透彻等问题,下节课将对相关同学就相关知识点进行课前提问,帮助该部分同学加深理解"。同时,也要引导学生进行学习反思。课后拓展环节,教师可以引导学生进行知识拓展,例如,查找国家为进一步鼓励企业加大自主研发创新而出台的优惠政策。

四、PBL 教学模式在中级财务会计中的教学创新研究

(一)融入课程思政

新形势下,高校落实立德树人的有效途径之一是将思政元素融入专业课程。会计岗位本身具有的高度敏感性,要求从业人员应树立正确的金钱观。而思政元素几乎覆盖中级财务会计的每一章节,但目前尚未形成系统的思政教育体系。因此,教师在采用 PBL 教学模式讲授中级财务会计时,需要广泛融入思政元素,通过课前推送相关案例或在专业知识中引入当下的新闻热点等方式,创建思政问题,将思政元素融入到专业中,引导学生从思政的角度审视专业知识,既增加了课程的人文性,又塑造了学生的优良品格。

在无形资产授课过程中,课前推送中美贸易战中华为被美国商务部列入管制"实体名单",而华为较早做出了极限生存假设,突破技术封锁,实现科技自立的案例资料,让学生体会自主创新的重要性,鼓励当代大学生踏踏实实搞研发,勇于承担创新发展的重任。

(二)加强理实融合

基于 PBL 教学模式,在课前预习环节中,将"比亚迪公司自行研发刀片电池"的实操业务题通过雨课堂推送给学生,学生自主操作,而后可进行小组讨论,在课中教学环节中,现场随机抽取学生的实操结果进行点评,从而

实现理实融合。

五、结语

中级财务会计是会计学专业本科生必修的专业课程,教学内容既囊括了企业常见的经营活动中常规交易的会计处理,又为高级财务会计中特殊交易的会计处理做了铺垫,具有承上启下的专业地位。在具体教学过程中,应用PBL教学模式,从课前预习环节、课中教学环节、课后巩固与拓展环节三个维度进行设计,构建"以问题为核心"的教学方法,通过创设问题情境,引导学生回答与提问,强调学生的主观能动性与学习小组的协作性,既与中级财务会计学科特点相吻合,又能弥补传统中级财务会计教学模式的不足。新形势下,在课程内容中融入思政元素以及加强理实融合,更有助于提升PBL教学模式在中级财务会计课程中的教学效果。

参考文献

[1]高新阳,史琳,马春燕.教学目标引领下的会计学专业课程教学改革研究——以"中级财务会计"课程为例[J].商业会计,2022(09):126-129.

[2]刘晓玲.基于PBL的中级财务会计教学[J].商业会计,2015(18):118-120.

[3]马艳梅,段彬.大学物理学PBL混合式教学模式探索[J].大学物理实验,2021,34(04):113-115.

[4]王燕红.PBL混合式教学模式在《经济法》课程中的应用[J].经济师,2021(03):226-227.

[5]吴铖铖,谭庆.基于BOPPPS与4C/ID-PBL教学模式的"中级财务会计学"混合式教学改革探索[J].黑龙江生态工程职业学院学报,2023,36(06):137-143.

[6]吴晓芬,黄雅宁.智能财务背景下管理会计课程教学创新研究[J].财务管理研究,2022(07):105-109.

[7]杨瑞平,王晓亮."中级财务会计"Moocs建设与混合式教学创新

[J].山西财经大学学报,2022,44(S2):146-148.

[8]叶巧艳,郑理惠.基于学习痛点谈中级财务会计课程教学改革[J].财务管理研究,2023(09):130-134.

[9]张笑.基于 OBE 理念的中级财务会计课程混合式教学探索与实践[J].中国乡镇企业会计,2022(11):180-183.

数字经济背景下非财会专业会计学课程教学改革研究

裴红梅[①]

摘　要:在数字经济时代,高校对于学生的培养进行了调整和改革。会计学课程是经济、管理、法律等专业的基础课程,本文对于这些非财会专业会计学课程的教学目标、考核方式等进行探究,提出应该结合专业特色开展相应的教学活动等。

关键词:数字经济;会计学课程;非财会专业

随着全球经济的发展,国际上的商业合作越来越频繁,我国也积极实施"引进来,走出去"的国家经济发展战略。同时,会计作为一门商业语言,也积极向国际会计趋同。一方面,我国的高等院校作为专业人才培养的主要场所,在与社会经济、企业管理等相关的专业培养方案中,"会计学"通常作为基础课程。另一方面,会计专业本身的普适性、广泛性和基础性也是高校非财会专业开设"会计学"课程的主要原因。教育部 2018 年发布的《普通高等学校本科专业类教学质量国家标准》提出,会计学是经管类非会计专业学生的专业基础课。在当前的会计学教学当中,大多数院校中无论是否财会专业的学生,只要开展该课程,均按照相似的方法和内容进行教学活动,均需要学习基本的会计理论和会计实务流程(包括设立账户、复式记账

---

①　裴红梅,天津商业大学会计学院教师,管理学博士。

法、实务操作、财产清查和报表编制）。然而，数字经济时代的到来，社会分工越来越专业，对于人才的要求也在发生着变化，即知识的获取相对方便容易，但是对于发现问题、运用知识分析问题、解决问题的能力要求越来越高。作为非财会专业的经济和管理相关的学生，对于会计这个商业语言的学习，我们是否还能像以往的一样，按照财会专业同样的要求去进行教学安排呢？

一、数字经济对于高校人才培养的影响

近年来，随着"大智移云物区（大数据、人工智能、移动互联网、物联网和区块链）"等相关科学技术的发展，出现了新的社会经济发展引擎，人们提出数字经济时代开始了。在我国，2017 年"数字经济"第一次出现在政府工作报告中，2021 年《中华人民共和国国民经济和社会发展第十四个五年规划和 2035 年远景目标纲要》中用独立篇幅阐述要"加快数字化发展，建设数字中国"。周文和叶蕾认为数字经济是一种新型的生产方式，是指物质生产力正在信息化、智能化，包括数字产业化、数据价值化和治理数字化等多维内容，具有高创新性、强渗透性、广覆盖性等特征[1]。《全球数字经济白皮书（2023）》的统计数据显示，中国数字经济飞速发展，甚至超过美国、德国等发达国家。在高校的人才培养方案的设计中，越来越多的专业结合"大智移云物区"的技术开展新的专业方向，如智能会计、智能营销、智能人力资源、智能机械等，以智能会计为例，财政部 2021 年发布了《会计改革与发展"十四五"规划纲要》中提出要加快推动会计专业数字化转型，所以近两年来，各大高等教育院校在会计专业的培养中，提出智能会计（智能财务）发展方向，教授学生会计专业知识的同时，开展大数据分析、信息技术、云计算理论和实践课程，进行新时代复合型人才的培养。许汉友等提出在数字化转型时代，会计实务工作的工作流程、方式方法、技术手段和外部环境都发生了巨大的变化[2]，高校会计教学的教学理念、教学平台和师资团队等也应随之进行创新改革，如进行"理论+实践"双线教学，积极开展财务软件、虚拟仿真实验等方面的教学实践，对会计专业进行数字赋能。袁红等对2022 年 10 月在厦门大学举办的"数字化与会计：重构未来"国际学术研讨

会的内容进行了综述,提出由于会计本身是一种定义、确认、计量和报告的数字信息,随着相关科学技术的发展,数字化对于会计的影响是彻底的、全面的,包括会计的对象、会计信息的传递及会计信息的社会作用。[3]

何玉润和李晓慧在对美国十所高校会计教育实地调研的基础上,对比我国高校会计教育现状,提出我们在大学里传授给学生专业知识和技能的同时,应该更加注重学生独立思考和批判的能力,解决问题的能力和个人综合素质的提升等[4]。该文章还指出这些国际名校往往更注重学生的通识教育,开展古今中外文化研究、艺术和人文、大学写作及体育锻炼等方面的课程,学生一旦选定相关课程之后,必须按照相关标准高质量完成课上与课下任务,否则将不能获得成绩(学分),在学生社会实践活动和个人校园生活等方面也给予学生很大选择权(但是一旦选择之后,必须认真完成不能轻易放弃或退出)。相比较而言,中国高校对于大学生的教育更注重专业知识的传授,使得个别学生认为学习成绩高于一切,学生只管学习,将其他事情交给老师,所以很难在大学期间培养到学生的自我管理能力,虽然我们已经意识到学生能力的培养更重要,在进行逐步的改革,如加入思想政治教育、军事文化教育等,但是由于传统的教学惯性,当前的高校教育还没有彻底改变。本文认为,在数字经济的时代,知识和信息的获取将更加方便快捷,大学教育对于学生的培养目标应该进行相应的改革,在培养个人价值观和能力的基础上,培养高质量复合型人才。

二、对于当前会计学教学的认识

多年以来,我国高校的经管类专业的学生培养方案中,"会计学"就作为一门基础课程,在教学中占据重要位置。所以,在教师在教学过程中不可避免地对财会专业的学生和非财会专业的学生学习"会计学"的过程进行比较和研究。黎明梅通过对广西财经学院的国际经济与贸易、工商管理、税务和会计专业的培养目标和就业方向进行对比分析,认为由于不同专业的培养目标和就业方向等有所不同[5],在会计学的课程教学过程中,对于财会专业和非财会专业的应采取不同的教学安排。王翊覃提到在会计学的教学过程中,虽然教师和学生都意识到财会专业和非财会专业的学生对于"会计学"的教学和学习应该有所差异,但是并没有找到具体、明确、合适的方向和方法,依然使用相同的教材,只是在有限的课时内,对教学内容进行一定的简化[6]。陈敏等在对湖南大学的会计学课程教学的调查分析中提到,湖南大学的非财会专业,包括金融、经济、法律、财政、信息管理、土木工程和行政管理等,会计学课程通常在大二或者大三开设[7]。通过对学生的问卷调查分析,发现非财会专业的学生学习了会计学课程之后,认为"了解财会知识,能够从事会计工作"是其学习的主要目标,显然,这与我们的教育目标是不相符的。另外,该文章还提到,教师在进行会计学课程的教学过程中,教学方法过于单一,缺少一些案例教学,没有针对不同专业的需求设置不同的教学目标等。张健探讨了针对应用型本科人才的培养,非会计专业的会计学教学差异化问题[8]。该文章认为,随着社会经济的发展,任何一个经济组织的管理层都需要掌握必要的财会知识,越来越多院校根据自身特点开设财会专业,以重庆交通大学为例,该校虽然是传统的工科专业背景的学校也开设了众多经管类的专业,如工商管理、市场营销、国际经济与贸易,并且一些工科专业的培养方案中也设立了会计学课程。但是,与之前文章提到的问题类似,该校的教师在对会计学课程的教学过程和内容进行设计时,没有针对不同专业进行差异化教学,仍然是采用相同的教材和教学组织活动,或者是非财会专业的会计学教学内容进行一定程度的删减,从而完成会计学课程的教学;该文章通过对学生的问卷调查,发现工科类专业学生虽然按照学校的要求学习了会计学课程,但是并没有发现该课程对于本专业知识及未来工作中的成长和发展有哪些必要性,因此学习动力相对不足。张静等基于业财融合的理念,研究了数字转型背景下,经管类专业会计学课程的教学设计[9]。李延莉提出对于非财会专业会计学课程的教学,应该明确教学目标,应用多样化的教学手段和方式,提高教学的有效性[10]。宫祥龙等提出在新文科背景下,新经济、新技术和新形势的社会发展,对于人才提出了新的要求,"跨界融合"是主要的培养方向,所以在对非会计专业的会计学教学中,应当根据不同学科的特点,设置不同的教学目标,评价体系和教学方式等[11]。

从以上的研究中,我们可以看出,虽然大家对于非财会专业会计学课程的教学,应当与财会专业有一定的差异性,达成了共识;但是在当前大部分高等院校教师具体在实践教学操作中,并没有实施起来。具体而言,就是并没有针对不同专业的教学目标和培养目标设计相应的教学方法和教学内容等。

三、结合数字经济,对于非财会专业会计学课程的改革措施

数字经济时代,某些非财会专业开展会计学课程教学的必要性是毋庸置疑的,但是基于自身专业本身的教学目标和方向,会计学课程的教学应当进行一定的差异化。会计是一门商业语言,社会经济生活中各行各业的参与者在自身的工作生活中或多或少都需要用到一定的财会知识,作为非财会行业的通常需要读懂、理解相关的财会信息。所以,本文认为在今后的非财会专业会计学课程的教学过程当中,可以采取以下几个改革措施:

第一,重新定义会计学课程教学目标。在非财会专业的会计学课程的教学中,我们首先应该结合相关专业本身重新定义教学目标。例如,经济学、财政学等专业本身属于宏观经济方面的学习和研究,会计学课程的主要教学目标可以定义为能够读懂理解会计信息,以及理解掌握微观会计信息与宏观经济之间的关系等;再如,人力资源、市场营销等这些微观经济主体活动,其会计学课程的主要教学目标可以定义为能够读懂理解基本会计信息,理解掌握本专业经济活动如何影响会计信息,怎样使用会计信息对专业活动进一步决策提供帮助;再比如法学专业的经济法、税法、民商法、公司法等都与微观个体的经济活动密切相关,这些专业学生的会计学课程教学目标主要是怎样从会计信息中判断相关经济活动主体是否遵守法律法规;再比如行政管理和公共管理的一些专业,在会计学课程的教学过程中主要目标应该是这些专业活动的发生怎样形成会计信息,这些专业不只需要学习企业会计,还需要学习一定的政府与非营利组织会计等知识。

第二,加强案例教学。在当前的各大高校中,承担会计学课程教学的教师通常是会计专业的专业教师,该教师有可能并没有其他专业的学习背景和工作经历,所以建议承担非财会专业的会计学课程教学的会计专业教师与这些非财会专业的教师多沟通交流,甚至组织教研活动,从而在教学过程当中融入与本专业相关的案例教学,培养学生结合专业本身和会计知识在案例当中发现问题、分析问题和解决问题的能力。

第三,结合现代化的教学手段。在传统的教学活动中,通常是教师在一个线下的教室讲课、学生在教室听课,课下布置习题作业以便掌握和巩固相关知识点,对于知识的应用场景介绍和练习的较少。随着"互联网+教育"方向的提出,我国相关平台先后提出了 MOOC、SPOC 线上线下混合式等新的教学模式。当前短视频平台的繁荣发展,互联网内容日渐丰富,学生在网络平台获取和学习具体知识变得方便和快捷,高校教育应当专注于学生运用知识解决问题的能力,把一些知识点的学习和理解交由学生自主学习,在有限的课堂时间,多进行场景化教学。

第四,改革考核方式方法。在以往的会计学课程当中,无论财会专业还是非财会专业,均进行期末闭卷考试,考核学生对于知识点的掌握和会计核算的专业技能的掌握。本文认为对于非财会专业的会计学考核应当采用不同的方式,例如让学生结合本专业一些特点,通过网络信息的检索或实地走访调查,完成一篇案例分析报告或者调查研究报告,在这些报告中应当明确会计信息的相关问题。

总而言之,由于会计本身的特征,即会计在处理数据又在形成数据,在数据经济时代,非财会专业的会计学课程教学,我们应当围绕主要教学目标——让学生理解会计信息的"前世今生"以及会计信息的形成过程,最终能够读懂理解及使用会计信息。

参考文献

[1]周文,叶蕾.新质生产力与数字经济[J].浙江工商大学学报,2024(02):17-28.

[2]许汉友,刘国城,李莹.数字化转型时代会计学基层教学组织研究[J].财会通讯,2022(16):40-45.

[3]袁红,陈雪颖,熊枫,等.数字化与会计学研究:新理论、新问题与新方法[J].会计研究,2022(11):183-189.

[4]何玉润,李晓慧.我国高校会计人才培养模式研究——基于美国十所高校会计教育的实地调研[J].会计研究,2013(04):26-31.

[5]黎明梅.非会计专业"会计学"实践教学的若干思考[J].广西财经学院学报,2006(S1):169-170.

[6]王翊覃.浅谈非会计专业《会计学原理》课程的教学改革[J].湖南环境生物职业技术学报,2007(04):84-86.

[7]陈敏,徐梅,颜刘瑶.非会计学专业会计教学体系改革——基于湖南大学非会计学专业的实践调查分析[J].财会通讯,2009(06):48-50+99.

[8]张健.应用型本科人才培养模式下非会计专业会计学差异化教学改革探讨[J].财会通讯,2010(10):149-151.

[9]张静,刘丽娜,郑路航,等.数字化转型背景下专创融合混合式课程教学设计——以经管类专业"会计学"课程为例[J].教育教学论坛,2023(51):141-144.

[10]李延莉.提高非会计专业会计学课程教学有效性的研究[J].商业会计,2023(16):119-121.

[11]宫祥龙,王金龙,蔡树龙.新文科背景下非会计学专业会计学课程教学改革研究[J].对外经贸,2023(6):147-150.

[12]韩真真,张灿灿.数字经济时代会计人才培养研究[J].合作经济与科技,2022(01):114-115.

[13]潘晓玲.网络教学团队建设背景下基层开放大学教学模式改革——以中山开放大学会计专业为例[J].科教文汇,2023(16):162-165.

[14]蒋旭涵,章丽萍,蒋尧明.会计学专业"跨界融合"创新人才培养探析[J].财会月刊,2024,45(02):43-47.

会计专硕研究生实践教学存在的问题及优化路径研究

孙志佳[①]

摘　要:随着数字化技术和经济发展相互融合,对于人才的需求日益突出,高校作为人才供给单位承担着非常重要的责任。根据全国会计专业学位研究生教育指导委员会发布的关于《会计硕士专业学位研究生参考性培养总体方案》中指出,会计专硕研究生培养应加强实践环节,了解会计实务,培养实践应用能力。实践教学作为会计专硕研究生在校学习期间一个重要环节,很多高校均高度重视。本文通过总结实践教学中发现的问题,进一步探讨提升实践教学质量的路径,加强和落实实践环节,逐步提高学生实践能力,目标达到与企事业人才需求的无缝对接。

关键词:会计专硕;实践教学;双导师制

随着数字经济飞速发展和互联网社会的高速运作,使得企业竞争日益激烈,也对会计专业型人才提出了更高的要求。高校在制定会计专硕研究生的培养方案过程中也逐步深入课程改革理念,增加实践教学比重,从而使得会计专硕研究生能够具备更好的实践能力,符合社会发展和企业的用人需要,更好的发挥专业技术。

培养学生的学术创新能力和实践能力是高校培养目标的重要部分。通

---

①　孙志佳,天津商业大学会计学院教师,理学硕士,研究方向教育管理。

常高校制定会计专硕研究生培养方案会将职业需求作为导向,通过实践基地等产学结合的方式达到提高学生综合能力的目标。为了更好地提升学生的综合能力,高校很大程度上给予学生更多的实习实践的机会,为了培养具备专业知识和实践能力的高级会计人才,会计硕士专业学位研究生实践教学发挥了重要作用。

一、会计硕士专业学位研究生实践教学现状分析

实践教学是指通过实践活动提高学生实际操作能力和应对问题能力,主要目标是培养学生解决问题能力和创新思维,落脚点是增加学生的应用能力从而更快速的投入工作。全国会计专业学位研究生教育指导委员会发布的关于《会计硕士专业学位研究生参考性培养总体方案》中指出实践课必须修满7学分,其中包括5个学分的行业实践和2个学分的案例研究与开发。

案例研究与开发这门课程,学生在学期间必须参与案例研究与开发活动,主要课程目标是使得学生掌握案例分析方法,有能力参与到案例研究与开发中来,通过实际参与进而提升发现问题、分析问题、解决问题、归纳总结解决方案的能力。课程形式除了课堂讲授还包括参加学生案例大赛、参与企业管理咨询活动并形成管理咨询报告、独立或者协助指导教师通过实地调研形成教学案例、发表案例研究方面的学术著作或者论文等,以此课程为基础,学院以第二课堂形式有计划地组织学生参加案例大赛、鼓励学生参与实务专家讲座行业实践要求会计专业硕士研究生在读期间必须保证不少于半年的实习实践,接受与职业发展相匹配的实践训练。实践教学过程中为双导师制,双导师制是指会计专硕研究生在校学习期间,由两名导师共同负责指导和管理的一种制度。一名校内导师负责学生的学业指导和论文指导,另一名企业导师主要由实务专家担任,企业导师一般是实务界具有高级职称且具有丰富工作经验的导师,主要负责学生的实践教学部分。实践教学的形式主要为集中实践,通过岗位实操试练培养学生理论联系实际的能力和应用能力。在完成实践后,学生需要撰写实践总结报告对为期半年的

实践工作进行总结,并由企业导师进行审核。

二、实践教学中存在的问题

通过对会计专业硕士研究生实践教学体系进行研究,目前高校已经充分重视实践教学部分,并且已经普遍采用"双导师制",然而实践教学的效果与我们所预期想要达到的目标仍然存在一定的差距,最直观的反映就是学生参与实践热情不高、企业导师反馈实践效果不好、学生就业率不理想和就业单位反馈学生实际工作能力不足等信息。通过对 2021 级和 2020 级会计专硕研究生及导师进行调研发现,目前会计专硕研究生的实践教学存在如下问题:

(一)双导师制尚未发挥应有作用

根据教指委要求在会计专硕研究生培养过程中须采取双导师模式,即学生进入学校后由校内具有招生资格的导师根据培养方案和学生学习背景指导学生学习专业课程,待课程修满后进入实习基地开展实践教学,实践教学部分由企业导师作为指导教师,因而双导师制度能够更大程度发挥各自学术领域优势,给予学生更好的指导。但在实际教学过程中我们发现,企业导师参与度极低,校内导师与企业导师极少沟通交流,并且对于企业导师也没有统一的规范要求文件,会计专硕培养计划中也并没有明确企业导师的责任范围和教学目标等,而且对于企业导师履职情况没有有效的监督和考核,很多企业导师培养学生的积极性,更多地将学生视为完成企业工作的劳动力,很多学生只将实践教学视为一种在校兼职,从而淡化了实践教学的意义,双导师制度没有很好的发挥作用。

(二)实践教学缺乏连续性

实践教学不应单单指的是学生参与实习实践的半年时间,更应该包括在校期间的实习实践类课程,比如案例研究与开发等课程,还应该包括实务专家的一系列讲座,还有参加互联网大赛、案例评选等一系列实践的机会。实际上,实践教学的定义应是广泛的,伴随学生整个在读期间的,然而大多数高校实践教学却是分散的,相互不关联的,并没有一位专任教师是专门负责会计专硕研究生的实践教学安排的,并不能够在相应的时间节点提醒并督促学生进行相应部分的实践教学,而企业导师也只是仅负责学生为期半年的实习实践教学,因此学生的实践教学缺乏系统型连续性的有效指导。

(三)实践过程中缺乏对学生监管和评价

在现有教学模式影响下,很多高校中的研究生课程任课教师和学生的校内导师都存在一定的惯性思维认为学生的实践教学部分应由企业导师来负责,而忽略了学生在校期间的实践教学引导,而企业导师通常是企业的财务高管或者资深的财务人员,专业素质水平相对较高,但是平时工作相对繁忙,对教育的规律和对学生的管理规范等涉及较少,而且由于不同企业给予学生提供实习实践岗位不同。实践的条件差异较大,企业导师的责任心和认知水平也存在差异。因此有些学生可以保质保量完成实践要求,更有优秀者可以以此为案例完成毕业论文,但是也有部分学生则是在荒废时间、敷衍交差。虽然学校会对最终的实践结果进行审核,并要求学生提交实践总结,但是却不能真正地起到监管的作用,使得实践效果大打折扣。

(四)实践基地发挥作用不足

实践基地是在校学生进行实践的最主要途径,很大程度为学生实践提供了必要的条件。然而学生自愿选择学校提供的实习基地岗位比例较低。出现此种情况主要源于以下三个方面:第一,实践基地的连贯性不足,很多实践基地都是学校与企业共同合作而签订的校企合作协议,但是由于经济形势和后疫情时期影响,很多企业出现一定程度危机,部分实践基地存在减少提供实践岗位甚至无法提供实践岗位现象。第二,实践基地宣传不到位,很多实践基地只觉得签订校企合作协议就完事大吉了,并没有进一步将企业文化和优秀的经验带入到学校教育中来,很多学生并不知道学校还存在这样的实践基地,更何况是到该基地参与实习实践了。第三,很多合作企业只是将学生视为廉价劳动力,很多学生无法适应高强度的工作环境而选择放弃,高校导师也只重视教学过程,没有很好的给予引导。导致部分学生畏苦畏难,无法保质保量完成实践教学。

三、加强校企合作充分发挥实习基地作用

通过分析现阶段实践教学存在的问题,我们发现最根本之处在于对实习基地的管理和应用,更好地发挥实习基地的作用促进校企合作是实践教学发展的重要方向。

(一)深化双导师培养模式

双导师教学模式是会计专硕研究生培养过程中最为重要的培养模式,在现阶段校企合作的长效机制的基础上,高校致力于如何明确校内导师、企业导师和学生的固定对应关系,共同制定学生的个性化培养方案,明确学生培养目标、培养内容和实施进度,保证双导师人才培养模式的顺利实施。校内导师应根据学生生源情况、学习背景、本科背景等合理订制实践教学计划,企业导师对会计专硕专业实践教学、案例分析等方面的培养和指导。在研究生培养方案中或实习基地协议中明确划分校内导师和企业导师各自的职责范围和工作内容,明确约定企业导师的指导时间和指导方式,第一年校内学习为学生配备校内导师,第二年校外实践为学生配备企业导师。在此基础上,建立横向科研合作机制和案例开发的全新管理制度,增加校内导师与企业导师的合作共创机会,校外导师与校内导师合作开发案例或横向科研项目,建立校内企业导师合作共赢的联动机制,更好的将高校的知识能力代入企业,也将企业的先进经验带入学校,鼓励校内导师与实践教学基地企业导师合作共创,并科学定制企业导师与校内导师工作业绩考核、教学评价反馈方案。形成良好的运行闭环和激励机制,整合双方人才资源推进资源共享,共同为研究生的发展提供平台。

(二)建立稳定有效的实践教学基地

实践教学基地作为学校和社会联系的有效桥梁,是学校培育学生运用知识能力解决问题的重要途径,更是学生锻炼自我提高自身动手能力以及创新意识重要机会。针对目前高校中实践基地存在短效甚至挂名的现象,如何与企业建立长期有效的合作机制成为高校发展实践教学的关键之处,很多高校采取"保稳促新"的合作方式,首先是抓住几个核心合作单位,以

国企、事业单位和政府机关为主要目标,保证这一部分企业长期稳定合作,其次是充分发挥校友力量和导师影响力引入更多的研究机构和会计师事务所等对口单位,最后是新型中小型企业等。通过分层合作保证长效的同时也保障实习基地质量。

(三)细化管理职责

高校作为管理单位需要切实做到整合更多的实习实践、相关教学资源,督促各方积极探索实践教学基地运行模式,多形式、多途径地建立实践教学基地,更加规范细化管理模式和运行模式,加深学生和基地之间的信息互通。

在学生层面,具体可通过实践教学基地,进一步完善实践教学体系,开展学生深入到企业顶岗实习工作,引进行业和科研院所外聘导师,切实将校内导师学术理论优势与企业导师丰富的专业实践经验相结合,提高校内外导师和学生面对面沟通交流的频率,深化产学研相融合,并开展企业运营、金融、财务管理和审计等业务的综合实训,运用虚拟仿真平台和企业顶岗实习经验,系统拉练学生实务操作技能,强化课程学习和获取执业资格相结合,增强学生综合能力和就业核心竞争力,确实提高学生在实际生产环境中运用理论知识解决实际问题的能力

在高校层面,高校应该注重区域高校之间交流协作,通过共享教学案例、大纲和实践框架实现教育经验共享。校企合作中的实践教学需要在原有的教学模式基础上推陈出新,除了需要由企业导师组织学生进行为期六个月的实践教学外,还可以考虑组织学生参加认识实习活动,组织学生参与企业导师讲座更好地了解现阶段市场对人才的需求,组织学生参与案例大赛更好地检验实践教学成果。

(四)完善考核机制

考核作为实践教学中的重要一环,对学生实践教学的成果起到非常重要的影响,但是由于高校和企业双方对于监督考核机制存在设计盲区导致很多企业导师并不了解相关规则和工作,因而一定程度影响了学生实践能力和创新能力的培养的效果。学生在实践过程中企业导师对学生具有很重

要的指导作用,因此更好的建立实践基地的管理制度完善考核制度,在校企合作发展的过程中增加评价反馈机制,督促实践教学基地工作人员按固定周期反馈学生实践情况并给予评价,校内导师则至少每月深入企业了解学生实际的工作情况,将评价反馈贯穿整个实践过程,使得实践报告更具有客观真实性。

四、全方位加强实践环节教学。

会计专硕作为直面企业人才需求的实用性专业,学校应该紧跟市场发展需要,学生的实践能力是对标企业最重要的一个衡量指标。实践教学对高校培育学生的创新能力以及实践能力有着重要的意义,高校想要培育出更多的高质量人才,就需要针对当前的实际情况展开分析,并结合实际情况提出当前实践教学中存在的不足,从而构建合理的实践教学管理模式,制定相应的管理制度细化管理。实践出真知,合理运用实践基地并加强管理,充分发挥双导师制的优势,将会计专硕实践教学能力训练落实到教学工作的全过程。着力培养满足企业需求的高层次人才,加强实践教学可以更好给予学生锻炼自身综合能力的机会,促进会计专硕学生综合素质的提升。

参考文献

[1]徐凯,江宇,李东阳.基于产学研深度融合的会计专硕培养路径探索[J].商业会计,2021(14):121-123.

[2]邓正华,黄佳乐,余亚桢.财务共享背景下会计专业硕士实践教学存在的问题及优化路径研究[J].会计师,2022(09):120-121.

[3]赵丹卉.高校实习实践教学管理模式创新研究[J].创新创业理论研究与实践2020,3(14):125-126.

[4]鲁清仿,邵彦彦.会计专业硕士案例学位论文的思考[J].北方经贸,2020(12):150-152.

基于 Stata 应用的审计理论与方法
教学改革研究

张　莉　郭彩霞①

摘　要:在培养应用型人才的时代背景下,高校承担着向社会提供高端人才的重任,因而教学改革是高校教育的重点。本文基于大数据及审计相关理论,结合我国审计课程教学现状,将 Stata 应用引入审计理论与方法教学改革中,对审计课程的教学方式进行分析,探究审计课程教学的改革路径,以培养高素质审计人才,充分发挥高校教育在人才培养中基础作用,加强教育强国建设,服务于我国的高质量发展。

关键词:教学改革;Stata 应用;审计理论;审计方法

一、引言

健全党的统一领导、全面覆盖、权威高效的监督体系,是实现国家治理体系和治理能力现代化的重要标志,审计监督是监督体系建设的重要内容之一。随着经济的不断发展,国家和社会对于人才提出了更高的标准和要求。审计是一门重实践的课程,但目前的审计人才往往在实务层面难以达到用人单位的需求[1]。高校以培养高专业素质、高级技能和高水平审计职

---

① 张莉,天津商业大学会计学院教师,管理学博士。郭彩霞,天津商业大学会计学院2022级会计学学术型硕士。

业的、能满足审计部门需要的专业人才为主要目标,高等教育承担着培养专业人才的重要任务[2],其对于审计人才培养应当紧跟行业发展和社会需要进行必要的创新和改革[3]。审计课程作为集理论性、实践性、技术性于一体的综合性课程[4],其教学改革的改革有助于学生理解审计理论知识,形成高质量的研究成果,为实务应用奠定良好基础。因此,推动审计理论与方法教学改革研究对高校人才培养工作至关重要。

为解决审计教学中遇到的问题,促进高质量审计的发展,在高校专业课程设计上,必须改变传统的教学方法和授课方式。本文从 Stata 应用入手,革新审计教学方式,设定新的教学计划,将统计分析软件与审计课程结合,引导学生主动学习,帮助学生掌握专业知识,提高数据分析能力。

二、审计课程教学现状以及存在的问题

(一)审计课程教学现状

审计课程作为会计领域的核心课程之一,教学中存在重理论轻实践、讲授内容滞后、课程体系不完善等问题。学生在接受知识的过程中存在重考试轻理论、忽视实践应用、被动学习等问题,这就导致其缺乏思考能力和动手问题,难以解决未来工作中面临的问题。因此,亟须通过课程改革解决现有问题,培养既有理论又有操作与应用能力、知行合一的审计人才。审计理论与方法是一门应用性较强的专业必修课。目前,我校会计学院有 100 多名研究生进行学习,作为专业核心课程之一,当前的审计理论与方法在教学过程中主要采用理论教学与经典文献阅读,并要求学生在分析理解现有文献的基础上能够掌握作者所应用的方法。然而,伴随研究生阶段论文发表难度的提升及毕业论文对于实证方法的要求,导致当前的教学计划很难达到较好的学习效果。因此,必须不断丰富教学内容、引入新的方法,提高学生的实证研究水平和实际应用能力。

(二)审计课程存在的问题

1. 理论内容繁杂枯燥,理解难度大

审计学是一门专业性较强的课程,理论的学习是必不可少。然而,现实

教学中,老师为强化学生的理论知识,多以课堂讲解为主,"重理论、轻实践"[5],被动地接受知识使学生的学习兴致大大降低,消极参与课堂讨论或案例分析[6]。教学过程中还存在课程时长有限的问题,这就增加了教师授课难度,有可能出现为完成教学任务只讲授基础理论的问题[7]。审计课程内容主要是审计准则和各种理论性内容,学生的被动学习使其难以理解准则制定的依据和逻辑[8],这就直接导致学生难以应用所学知识的问题。此外,由于审计准则的制定和修改是依据实务中遇到的问题,传统的教学内容主要包括经典案例,如果老师讲授过程中课本式的教学或者学生在学习过程中只重视课本知识,教学目标就很难达成,学习成果也不尽如人意。

在高校教学改革的背景下,必须重视教学内容的设计,采用前沿理论内容和教学经验,为学生搭建完整的知识体系,以实现教学改革的初衷。

2. 案例内容讲解少,难以联系实际

审计内容的分章节式设计能够帮助教师分配课程时长,合理分配教学计划,学生在预习、学习和复习中也能够把握学习进度,解决学习过程中自己遇到的难点问题。但是,作为一门应用性极强的学科,实务中需要将理论知识进行融会贯通,这需要的是学生的综合应用能力和数据分析能力。根据实际情况,不仅仅是本科生,研究生也缺乏会计和审计的实务经验,因而难以将理论知识联系到实际应用[9]。不同的高校教学条件参差不齐,师资力量也存在显著差异,这增加了审计的教学难度。很多院校以传统审计为主,培养的学生在工作中面临的无法胜任审计工作的问题,这不利于学生发展,也不能满足新时代上对于审计专业人才的需求。所以,审计课程教学的重点不仅要关注学生对于理论知识的掌握,还要重点培养学生的实践能力。

3. 考核方式单一,学生应试型学习

大多数高等院校对于课程的考核方式单一,为"平时成绩+期末考试成绩"的方式[10],两者分配不同的比例,最后得到一个综合得分。很多院校比较重视学生理论知识的掌握,因此将期末考试成绩设定的比例较高,学生也随之重视理论知识的学习和复习,不重视平时成绩,直接导致教学过程中学生对理论知识死记硬背,而以及格为目标的学生则会在考前采用突击式的方式学习课程。这种"阶段性"学习方式完全违背了审计课程的教学目标，导致学生基础知识掌握不牢固，更难以使用所学内容解决实际问题[11]。因而高校也更难以向政府审计机关、会计师事务所和企事业单位以及高校、科研院所输送高质量的审计专业人才。

上述弊端迫切需要教学改革来纠正，不同科目应按照各自的特色设定考核方式，就审计课程而言，应重视学生实践应用能力的培养，具体体现为平时成绩的占比和平时成绩的具体构成。

三、基于 Stata 应用的审计理论与方法教学改革路径

（一）Stata 应用

在数字经济的时代背景下，我国信息化程度有了显著的发展和进步[12]，数据成为各个领域的重要组成部分。审计教学必须适应新形势，将数字融入审计课程中，并关注数字技术发展中的控制环境变化和控制有效性问题[13]，着重培养审计人才的实践能力、理论分析能力和数据分析能力[14]。在审计研究领域，模型的应用需要大量数据作业支撑，从而验证假设成立与否。在审计工作中，审计人员进行风险评估、内部控制评价等方面需要有效利用数据进行分析并得出结论。具体来说，在学术研究上，现有文献研究多采用实证研究方法。实证研究方法是通过观察和试验取得大量数据，利用统计推断的理论和技术，并且引进数量模型，对社会现象进行量化分析的方法，能够揭示社会现象之间的本质联系，因此无论是会计研究领域，还是审计研究领域，学者们大多数采用此方法进行理论研究，很多院校也将实证研究方法作为毕业论文的要求之一。Stata 是一款强大的统计分析软件，同时具有数据管理软件、统计分析软件、绘图软件和程序语言等特点，操作简单，灵活性强。因此，在文献写作中，便于学者们进行数据处理、模型设计，以验证研究假设，得出研究结论等。而在审计实务中，审计人员需要处理大量数据，需要具备熟练的数据处理能力和分析能力，从而提升审计效率。因此，在人才招聘过程中也偏爱熟练掌握编程语言或者数据处理软件的人才。

（二）教学改革路径

1.整合学习资源，合理安排教学内容

在教学过程中，力求理论与实务结合，改变以往以教材为主、教师主讲的授课模式，应用最新高频被引论文、教学案例库、与实践基地企业共同开发教学课程及真实案例，在课程中引导学生主动阅读及思考。在授课过程中，为使学生接触到更多实际案例，学习体验更深刻，指导教师应时刻关注中国证监会、中国注册会计师协会以及证券交易所发布的新闻动态，将其融入理论讲解过程中。与此同时，对于经典案例或者重大事件，指导教师应搜寻审计领域学者是否有相关学术成果。如果有，则与学生共同探讨学者写作思路、创新点；如果没有，则引导学生输出自己对事件的看法，借此培养学生的发散思维和思考能力。

将 Stata 应用于审计理论与方法中，必须重视课时分配，合理安排教学计划，除了安排整体教学计划，教师还应该布置每节课的课前、课中和课后的任务。为了能够将审计理论不脱离实务、Stata 应用不脱离论文写作，课前一周左右将案例、论文发送给学生，让其做好预习工作。课中，加入回答问题、课堂讨论等互动环节，便于及时接收学生反馈。而 Stata 的教学则应安排在课堂最后，原因在于 Stata 软件的学习是一个长期过程，教师起到的是"领进门"作用，对于"修行"的学生而言，课后的 Stata 小作业和小论文是学习重点。这能够锻炼学生的动手能力，让学生真正会用该软件处理数据、进行统计分析等。

2.改变教学手段，激发学生兴趣

在教学手段上，改变单一的授课方式，基于 Stata 应用的审计理论与方法教学，需要建立整合课堂、情境案例课堂和翻转课堂，让学生实现灵活的课前学习、快捷的课上测试、创新的师生互动，以数据驱动课堂。整合课堂是将不同专业背景教师同堂授课，为讲解一定难度的审计理论或实务问题而进行合作，让学生体验和学习多视角观察和思考。情景案例课堂是选择典型案例，请学生参与案例过程的角色工作，恢复案例情景，配以不同难度的条件设置，运用课程知识解决问题的能力。翻转课堂是要求学生在文献研读基础上进行现场讲解,分析各项审计实务背后的理论、知识,以及所采用的模型和方法,这种角色转换便于师生双向学习,能够拓展研究视角。而学生对于 Stata 的学习则会从初步的数据导入、数据清洗、变量设定,到掌握多元回归模型、固定效应模型、随机效应模型等多种模型的命令和操作。具体来说,Stata 具有参数估计、方差分析、正态性检验、缺项数据处理等统计分析能力。学生的学习过程也会从高质量论文学习到利用 Stata 重现论文,最后的学习成果则为小论文。

教学方式的改变除了让学生熟练掌握审计理论知识和 Stata 软件外,更重要的是能激发学生的兴趣,培养其实际应用能力,使其具有自我规划、自我学习能力,能够根据所学的专业知识与储备,进而成长为审计行业需要的复合型人才[15]。

3. 完善成绩评价机制

学院或老师应结合实际情况,对审计课时安排进行科学规划,并根据具体执行情况不断调整。在对学生考核时,要合理分配平时成绩的占比,丰富平时成绩的构成。整个审计理论的学习过程主要分为课前、课中、课后三个阶段,应对这三个阶段的学习成果设置不同的比例,比如课前预习和准备占40%,课中学习和互动占30%;课后作业完成情况占30%。同时,结合我国应用型院校审计专业学科发展的现实状况和形势,审计专业老师和教务管理人员需要积极思考和探讨学生的期末成绩权重。在期末测评的出题设置上,可降低理论知识的占比,提高开放性题目、案例分析题目的占比。尤其是对于 Stata 应用情况的测评,需要结合具体的研究课题情况设定模型,进行统计分析等,很难通过单一的评价体系评价学生的数据处理和分析能力。

此外,多维度的成绩评价体系,能激发学生学习动力,发掘不同学生的优势,加快学生由理论到实践的转化进程,也能够帮助学生树立良好的学习习惯,消除"临时抱佛脚"的学习心态。

(三)以审计质量为主题的教学改革案例

本示例选取审计质量为主题,从课前准备、课堂讲授、课后复习任务展开详细描述。首先,课前准备工作,教师提前备课,准备好授课所需的资料和发送给学生的资料。发送给学生的资料包括:审计质量的相关论文,主要是国内外顶刊中相关论文;教学案例,主要来自证监会官网或者网上相关新闻报道。同时,也可能让学生自己准备额外案例或论文,以提高学生的自主学习能力。

其次,课堂讲授,利用多媒体、雨课堂教学,主要从审计质量的双维研究范式、需求驱动因素、供给驱动因素三个部分进行审计质量理论讲解,为学生搭建理论框架,构建知识体系。在每部分中加入相关案例引导学生思考问题,如国际四大会计师事务所都有过被处罚经历,那么上市公司由其审计是否能说明审计质量高,从问题出发与学生进行互动讨论。并且,与学生讨论审计质量相关论文。让学生担任老师的角色,主要从学者的写作思路、创新点、理论框架、模型构建等方面展开讨论,以了解当前学术动态和未来研究方向。之后,进入讨论或答疑环节,学生与老师共同探讨文章的优点和不足,以及其他的关于审计质量的研究角度。

作为一门基于 Stata 应用的审计课程,教师应与学生讨论文献中变量设定的合理性和一致性,引导学生思考、鼓励学生提问。同样是对"审计质量"进行变量定义,学者们也会有不同的定义方式,如是否被出具标准审计意见、是否由"四大"审计、操控性应计利润绝对值的高低等。此外,准备示例数据或可以从数据库下载的数据,进行现场演示,即在 Stata 中复现作者采用的模型,并进行统计分析、结果解读。

最后,课后复习任务。在每节课接近尾声时,安排课后练习和预习任务。课后练习,主要是让学生下载数据,练习一些模型的 Stata 命令,从而发现实际操作中的问题,然后进行线上或线下解答。预习任务则主要是针对下节课程学习任务的安排。

四、结语

审计教学改革是一个长期探索的过程,需要尝试、创新。并且,需要结合我国审计教学现状,融入新的教学方法和教学模式,以便更好地解决审计课程教学中面临的问题和矛盾,推动审计学科教学及科研水平的快速提升与健康发展。

基于 Stata 应用的审计理论与方法教学改革实践,本着培养高专业素质、高水平执业的、能够满足国家和行业需要人才的主要目标进行探索,有助于提升高校教师的教学能力,提高学生综合素质,从而向社会输送我国现代化建设所需的应用性审计人才。

参考文献

[1]陈维涛,纪元浩.基于 OBE 理念的应用型审计人才课程教学改革思考[J].科技经济市场,2023(11):143-145.

[2]许菡."审计实务"课程思政的教学改革与实践[J].济南职业学院学报,2023(02):76-80.

[3]李莹.应用型本科院校审计类专业课程教学范式改革研究[J].会计师,2022(15):87-89.

[4]王大山,郑水金.订单式培养模式下审计教学改革[J].理财,2022(07):79-81.

[5]彭景颂.审计实务课程思政教学改革的路径与实践研究[J].商业会计,2023(09):122-126.

[6]李翠霞.应用型人才培养的审计教学改革——基于研究性学习与案例教学的契合视角[J].中国乡镇企业会计,2023(12):177-179.

[7]梁霄,孙婷.基于应用型人才培养的审计学课程教学改革思考[J].中国管理信息化,2023,26(04):221-223.

[8]陈彤,张丽.成果导向理念下的高校审计学课程教学改革研究[J].行政事业资产与财务,2023(24):112-114.

[9]倪春来."审计理论与实务"课程联动改革研究[J].老字号品牌营销,2022(14):179-181.

[10]向薇.新文科背景下基于 OBE 理念的审计学教学改革探索[J].中国乡镇企业会计,2023(05):190-192.

[11]孙文.微课视角下翻转课堂教学模式在内部审计学课程中的应用

[J].中国管理信息化,2023,26(11):211-213.

[12]张桃梅.信息化背景下审计学课程教学改革思考[J].中国管理信息化,2022,25(15):236-238.

[13]陈建宇.数字中国建设背景下高校审计教学的理念更新、范式创新和质量提升研究[J].教育观察,2023,12(28):36-39+60.

[14]江月.大数据背景下审计课程教学改革探索[J].行政事业资产与财务,2022(16):124-126.

[15]潘媛."一流课程"与"课程思政"双重建设背景下《审计学》教学改革与实践研究[J].中国内部审计,2024(01):83-88.

数据挖掘在财务管理教学中的应用①

白　默②　王维璇③

摘　要：在"财务+智能"深度融合的"新文科"人才培养探索与实践的背景下，探索数智技术在财务管理教学中的应用，有助于提升培养适应经济社会需求的高素质复合型新商科数字化应用人才的能力。本文通过研究数据挖掘技术在财务管理教学管理中的应用现状和优化路径，剖析数智技术对智能财务人才培养模式的影响，以期为高校财务管理教学管理改革工作提供借鉴。

关键词：数据挖掘；财务管理；"新文科"人才培养

一、引言

数字经济时代，传统产业结构转型升级加快，引发商业模式变革，日益多元化的商业活动驱动高等教育必须随之做出改变。而关注信息技术的发展趋势，培养出满足智能化转型升级需求的高素质复合型数字化应用人才，是高校育人的应有之义。

以人工智能、云计算、物联网为代表的数智技术快速兴起，不仅深刻影

①　本文系天津哲学社科基金项目"计提商誉改善还是恶化了会计信息环境"（TJGL19—029）的阶段性成果。

②　白默，天津商业大学会计学院教授，管理学博士。

③　王维璇，天津商业大学会计学院22级会计学学术型硕士研究生。

响社会各行业管理业态,也为智能财务人才培养带来新的机遇和挑战。数智技术的应用不仅可以有效解决多元协同主体之间的信息互联互通及共享问题,也对智能财务人才培养模式有重要的影响。目前并未有过多学者就高校如何通过应用数智技术,提高教学管理水平、优化教学管理流程进行研究。本文以数智技术与教学管理融合发展为切入点,从教学管理的视角,以数据挖掘技术的发展和应用为契机,探寻数智技术在财务管理教学环节中的应用,剖析数智技术对智能财务人才培养模式的影响。

二、数据挖掘技术的发展及应用

(一)数据挖掘技术的发展

数据挖掘①是指从组织所收集、整理和储存的数据开发情报(可操作的信息或知识)的一种方式。组织正在使用广泛的数据挖掘技术来更好地了解他们的客户和运营情况,并解决复杂的组织问题。在本节中,我们学习将数据挖掘作为业务分析和预测分析的支持技术,了解进行数据挖掘的标准流程,了解并积累主要数据挖掘技术使用方面的专业知识,并介绍与数据挖掘相关的常见误区和陷阱。

托马斯·达文波特(Thomas Davenport)②认为,公司的最新战略武器是分析决策。作者以亚马逊(Amazon. com)、第一资本(Capital One)、万豪国际(Marriott International)等公司为例,指出这些公司利用数据分析更好地了解客户,并优化其扩展的供应链,在提供最佳客户服务的同时实现投资回报的最大化。这种成功在很大程度上取决于这些公司非常了解其客户、供应商、业务流程和扩展的供应链。因此,数据挖掘将变得非常重要,公司不会丢弃客户的任何信息数据,因为它对于了解客户是非常有价值的。

---

① Ramesh Sharda, Dursun Delen, Efraim Turban. Business Intelligence , Analytics, and Data Science: A Management Perspective[M]. 4th edition. New York: Pearson. 2018.

② Thomas Davenport. "Analytics in Sports: The New Science of Winning," International Institute for Analytics White paper, sponsored by SAS, February 2014. On the SAS Web site at: http://www. sas. com/content/dam/SAS/ en _ us/doc/whitepaper2/iia － analytics － in － sports － 106993. pdf.

"了解客户"的很大一部分可能来自于分析一家公司收集的海量数据。由于存储和处理数据的成本大幅降低,以电子形式存储的数据量正在爆炸性地增长。随着大型数据仓库的创建,分析存储在其中的数据成为可能。数据挖掘是使用统计、数学、人工智能和机器学习技术从大型数据库中提取和识别有用信息和知识的过程。它强调的是发现数据中的以前未知模式的过程。

(二)数据挖掘技术的商务应用

数据挖掘已经成为解决许多复杂业务问题和发现机会的工具。事实证明,它在许多商务领域都是非常有帮助的。数据挖掘的应用目标是解决紧迫的问题或探索新的商业机会,以创造可持续的竞争优势。

1. 客户关系管理

客户关系管理(Customer relationship management ,CRM)的目标是通过深入了解客户的需求,与客户建立一对一的关系。随着时间的推移,企业通过各种互动(例如,产品查询、销售、服务请求、保修电话、产品评论、社交媒体连接)与客户建立关系,积累了大量数据。这些数据可以用来:

(1)识别新产品或服务最有可能的买家;

(2)了解客户流失的根本原因(如流失分析);

(3)发现产品和服务之间的随着时间推移的关联度,以实现销售和客户价值的最大化;

(4)确定最有利可图的客户及其偏好需求,以加强关系和实现销售最大化。

2. 银行业

数据挖掘可以在以下方面帮助银行:

(1)通过准确预测最有可能的违约者实现贷款申请过程的自动化;

(2)检测欺诈性信用卡和网上银行交易;

(3)通过向客户出售他们最有可能购买的产品和服务来实现最大化客户价值;

(4)考虑到持有现金的机会成本,通过准确预测银行实体(例如 ATM

机、银行分行)上的现金流来优化现金回报。

3. 零售业和物流业

在零售业中,数据挖掘可以用来:

(1)准确预测特定零售地点的销售量,以确定正确的库存水平;

(2)识别不同产品之间的销售关系,以改进商店布局和优化促销活动;

(3)预测不同产品类型的消费水平(基于季节和环境条件等),以优化物流,从而实现销售最大化。

4. 制造和生产

制造商可以使用数据挖掘来:

(1)通过使用历史数据在机械故障发生之前进行预测;

(2)识别生产系统中的异常和共性,以优化制造能力;

(3)发现新的模式,以识别和改进产品质量。

5. 证券交易

经纪人或交易员使用数据挖掘来:

(1)预测某些债券价格将在何时和有多大程度上变化;

(2)预测股票波动的范围和方向;

(3)评估特定问题和事件对整体市场走势的影响;

(4)识别和防止证券交易中的欺诈活动。

6. 保险

保险业使用数据挖掘技术来:

(1)预测财产和医疗保险成本的索赔额,以便更好地进行业务规划;

(2)基于索赔和客户数据的分析确定最优费率方案;

(3)预测哪些客户更倾向于购买新推出的新保单;

(4)识别和防止不正确的索赔支付和欺诈活动。

7. 旅游业(航空公司、酒店/度假村、汽车租赁公司等)

数据挖掘在旅游业中有多种用途。它被成功地用于:

(1)预测不同服务的销售(飞机的座位类型、酒店的房间类型、汽车租赁公司的汽车类型)，以便根据不同时点对服务进行最佳定价，以使收入最大化；

（2）预测不同地点的需求，以便更好地分配有限的组织资源；

（3）识别利润最高的客户，并为他们提供个性化服务，以争取他们成为回头客；

（4）通过找出员工流失的根本原因并采取行动，留住有价值的员工。

8. 娱乐业

数据挖掘被娱乐业成功地用来：

（1）分析观众数据，以决定在黄金时段放映什么节目，以及如何通过知道在哪里插入广告来实现最大化回报；

（2）在进行电影投资制作之前预测电影的票房成功率；

（3）预测不同地点和不同时间的需求，以便更好地安排娱乐活动并优化资源配置；

（4）制定最优定价政策，以实现收入最大化。

三、数据挖掘和统计的区别

统计学被很多财经类院校列为专业基础课。在统计学领域，探索数据和建立模型的各种技术由来已久，例如线性回归、逻辑回归、主成分分析等。所以我们在讨论数据挖掘技术对财务管理教学的影响时，不可避免地涉及统计学知识与数据挖掘的区别是什么？传统的统计学知识难道不同样可以大量应用在财务管理教学内容之中？

传统的统计学可能面临的问题，例如计算困难、数据稀缺等，并不适用于数据和计算能力都很充足的数据挖掘应用程序。而数据挖掘站在统计学和机器学习（也称为人工智能）领域的交汇点上。与统计学相比，数据挖掘以一种开放式的方式处理大数据集，它强调的是发现数据中以前未知的模式，因此不可能对推理所需解决的问题施加严格的限制。当然，数据挖掘的一般方法容易受到过度拟合的危险，在这种情况下，模型与可用的数据样本非常接近，以至于它不仅描述了数据的结构特征，还描述了随机特性。

四、数据挖掘技术在财务管理教学中的应用领域

数据挖掘在财务管理教学方面具有广泛的应用。下面是一些具体的应用领域：

(一)预测和规划：数据挖掘可以帮助财务管理教学中的学生和教师进行预测和规划。通过分析历史数据和趋势，可以预测未来的财务状况和业绩。这有助于学生和教师制定合理的财务计划和决策。

(二)绩效评估：数据挖掘可以用于评估财务管理教学的绩效。通过分析学生的学习数据和成绩，可以评估他们的学习进展和表现。这有助于教师了解学生的学习情况，并采取相应的措施来提高教学质量。

(三)风险管理：数据挖掘可以用于风险管理。通过分析财务数据和市场趋势，可以识别潜在的风险和机会。这有助于学生和教师了解财务管理中的风险，并制定相应的风险管理策略。

(四)决策支持：数据挖掘可以为财务管理教学中的决策提供支持。通过分析各种数据，可以为学生和教师提供有关投资、融资、成本控制等方面的决策建议。这有助于学生和教师做出明智的财务决策。

(五)资金管理：数据挖掘可以用于资金管理。通过分析资金流动和现金流量，可以优化资金的使用和配置。这有助于学生和教师制定有效的资金管理策略，提高财务绩效。

总的来说，数据挖掘在财务管理教学方面的应用可以提供更深入的洞察力和决策支持，帮助学生和教师更好地理解和应用财务管理的概念和技能。

五、数据挖掘技术在财务管理教学中应用的路径优化

在财务管理教学中，数据挖掘可以应用于许多方面，如财务分析、风险管理、预测和决策支持等。以下是数据挖掘在财务管理教学中应用的路径优化：

(一)确定研究目标：首先，需要确定在财务管理教学中实现的目标。

任何数据挖掘研究的关键都是要了解研究的目的。在财务管理教学中融合数据挖掘技术,要明确进行研究的业务目标。目标要具体,比如在业财融合的过程中,财务人员需要"识别不同客户的盈利能力,客户的典型特征是什么,每个客户能为我们提供多少价值"等。然后,在教学中制定寻找此类知识的项目计划,指定负责收集数据、分析数据。

(二)数据收集:收集与财务管理相关的数据,包括财务报表、市场数据、经济指标等。在备课的过程中可以从公开的数据源、公司内部系统或者第三方提供的数据服务中获取数据。

(三)数据清洗和准备:对收集到的数据进行清洗和准备工作,包括去除重复值、处理缺失数据、解决数据不一致性等。确保数据的质量和完整性,以便后续的分析工作。

(四)特征选择和变换:根据教学目标,选择适当的特征进行分析。可以利用统计方法、相关性分析等技术来选择最相关的特征,并进行特征变换,以提高模型的性能。

(五)建立模型:选择合适的数据挖掘算法或模型来分析数据。常用的算法包括决策树、聚类、关联规则等。根据你的目标,选择适当的模型,并进行参数调整和训练。

(六)模型评估和优化:对建立的模型进行评估和优化。使用合适的评估指标来评估模型的性能,并根据评估结果对模型进行调整和优化,以提高模型的准确性和可靠性。

(七)结果解释和应用:对模型的结果进行解释和应用。将数据挖掘的结果与财务管理的实际问题相结合,为学生提供决策支持和实践经验,并帮助他们理解和应用数据挖掘的方法和技术。

(八)持续改进:数据挖掘是一个持续改进的过程。根据实际应用和反馈,不断改进数据挖掘的方法和模型,以适应不断变化的财务管理环境。

通过以上路径优化,数据挖掘可以在财务管理教学中发挥重要作用,提高学生的学习效果和实践能力,同时也为企业和组织的财务决策提供有力支持。

六、结语

在财务管理专业建设中,如何突破传统文科专业原有的知识框架,将跨学科的知识融入已有的知识体系中,以及如何在课程开发中将智能化信息技术与财务应用场景相融合,是教学设计中的重点和难点。本文依托"大智移云物"等信息技术背景下的管理决策特征,探究如何将数据挖掘技术应用于财务管理课程教学体系,以提升学生的财务大数据分析能力和智能化管理决策能力。

参考文献

[1] Ramesh Sharda, Dursun Delen, Efraim Turban. Business Intelligence , Analytics, and Data Science: A Management Perspective [M]. 4th edition. New York: Pearson. 2018.

[2] Thomas Davenport. "Analytics in Sports: The New Science of Winning," International Institute for Analytics White paper, sponsored by SAS, February 2014. On the SAS Web site at: http://www. sas. com/content/dam/SAS/en_us/doc/whitepaper2/iia-analytics-in-sports-106993. pdf.

Python 财务应用课程的改革与实践

程雨奇　　孙金帅[①]

摘　要:Python 语言程序设计课程是各大高校广泛开设的公共通识课程。该文以财会学生需要学习的 Python 财务应用课程为例,介绍了 Python 课程在财务应用领域授课遇到的困难,分析该课程的改革路径,以及教师如何实践,提升该课程的教学效果,传授 Python 语言的同时,把知识点的教学贯穿进财务领域的学科项目和工作内容当中,将理论与实际结合,培养学生解决实际问题的能力。

关键词:Python 财务应用课程;课程改革;教学实践

一、引言

Python 是一门易于学习、功能强大的编程语言。它提供了高效的高级数据结构,还能简单有效地面向对象编程。Python 优雅的语法和动态类型以及解释型语言的本质,使它成为多数平台上写脚本和快速开发应用的理想语言。随着数字化时代的到来,Python 在财务管理领域的应用越来越广泛。为满足市场对高素质财务人才的需求,各大高校纷纷为财务管理、会计

①　程雨奇,天津商业大学会计学院会计学 21 级本科生。孙金帅,天津商业大学会计学院教师,管理学博士。基金项目:2022 年度天津市教委科研计划项目(项目编号:2022SK038)。

学及经济学相关专业开设 Python 财务应用课程,可以培养学生利用 Python 程序语言对企业财务管理中相关的财务数据进行处理、分析和可视化的相关能力,进而辅助企业进行科学的决策。

课程内容包括 Python 基础语法、数据处理库 pandas、数据可视化库 Matplotlib 等模块的学习,同时结合实际财务案例,进行财务数据的收集、整理、分析和可视化。然而,对于经管类学生而言,Python 财务应用课程具有一定的理科思维挑战性,受限于编程思维、计算分析等问题,往往许多文科学生的学习效果不尽如人意。因此,Python 财务应用课程存在以下主要问题:第一,学生学习缺乏主动性,对编程类课程具有畏难心理。第二,教学模式固化老套,无法适应新时代财务工作业财融合的要求。

本文针对 Python 财务应用课程在财务教育面临的问题与挑战,以会计学院学生为施教对象,探讨 Python 财务应用课程的变革策略,设计合理的教学方法,提升学生如何运用财务大数据进行思维的能力,真正理解财务会计信息在商业运营中的底层逻辑,从而培养学生成为具备财务会计、数据思维和数据分析等专业能力的高素质复合型财会人才。

二、Python 财务应用课程改革的思路

随着信息技术的不断发展,Python 作为一种高效、易学的编程语言,在财务领域的应用越来越广泛。Python 财务应用课程作为培养学生财务数据处理和分析能力的重要课程,其改革显得尤为重要。

(一)明确课程目标

Python 财务应用课程是为财务管理、会计学及经济学相关专业开设的一门专业选修的重要的基础课程,施教对象主要是会计学院的学生,因此应该根据该课程的性质,结合财务管理专业的特色,准确定位该课程的内涵与教学目标。

Python 财务应用课程的目标是培养学生具备利用 Python 进行财务数据处理和分析的能力。在课程改革中,应进一步明确课程目标,注重培养学生的实践能力和创新思维。本课程旨在强化学生对相关基础理论知识的理

解和应用能力,结合数字经济时代特点,培育学生数据思维,提高学生实践能力。通过课程学习,学生应能够熟练掌握 Python 的基本语法和常用库,能够独立完成财务数据的采集、处理、分析和可视化工作。

(二)Python 基础知识的整合与优化

在高校 Python 基础课程教学中,学生仍缺乏 Python 在课堂教学和实践中的理解和知识串联能力,教师可以在教授过程中整合和优化 Python 基础知识,打好基础,编写更简洁明晰的代码,以达到后续与财务知识更好地融合与应用。

1. 理解基础语法和数据结构

在整合优化代码前,首先要深入理解 Python 的基础语法和数据结构,包括变量、数据类型、条件语句、循环语句、函数等,熟悉列表、元组、字典、集合等数据结构。

2. 使用内置函数和模块

Python 提供了大量的内置函数和模块,例如,使用 map( )和 filter( )函数可以简化循环结构;使用 os、sys、re 等模块可以处理文件、系统命令和正则表达式等任务。

3. 遵循 Pythonic 编程风格

Pythonic 编程风格是指遵循 Python 社区公认的最佳实践和编程习惯,使代码语句更简洁、地道,让代码更易于阅读和维护。

4. 使用第三方库

Python 拥有庞大的第三方库生态系统,这些库可以帮助我们快速实现各种功能。例如,使用 numpy 和 pandas 进行数据处理,使用 matplotlib 进行可视化,使用 Scikit-learn 进行机器学习等。

5. 代码测试和调整

在整合和优化代码的过程中,代码测试和调试是非常重要的。例如,使用 unittest 或 pytest 等测试框架可以编写测试用例,确保代码的正确性;使用 pdb 或 ipdb 等调试工具可以定位和解决代码中的问题。

6. 代码审查和优化

代码审查是发现代码问题并进行优化的重要手段。通过代码审查,可以发现代码中的冗余、错误和不规范的地方,并进行相应的优化。此外,使用性能分析工具(如 cProfile)可以找到代码中的性能瓶颈,从而进行有针对性的优化。

(三)强化数据科学和数据分析在财务课程中的地位

传统的财务课程通常将大量时间和精力投入讲授财务理论和基础概念上,虽然理论教学在财务管理教育中有其重要性,但在这种模式下,学生只通过书本描述以及教师讲述来获取知识,缺乏实际财务情境的接触和应用。在大数据时代背景下,数字化转型对一个公司来说非常重要,对高校财会专业课程也至关重要。如何强化数据科学和数据分析在财务课程中的地位呢?

首先,更新课程大纲。高校和教育机构应审视并更新财务课程的大纲,确保其中包含了足够的数据科学和数据分析内容,如 Python 在财务管理中的应用,Python 大数据分析处理财务审计等等。

其次,整合实际案例,强化实践技能。教师可以整合改编真实的财务数据分析案例,结合课本的知识点,让学生走进实验室,用理论和实践结合的力量解决实际问题,强化学生的技能培训。

另外,应建立跨学科合作。学校可以建立跨学科的合作项目或选修课程,如计算机经济学、财务统计学等,让学生从多个角度理解和应用课上学到的技能,从而达到融会贯通。

最后,与业界合作。学校与财务领域的公司或机构建立合作关系,不仅可以了解业内对财务人才的多元需求,并根据这些需求调整课程内容和教学方式,还可以通过竞赛等方式让学生提前关注到最新行业动态和技术发展,接触业界前沿的财务机器人等,为学生提供实践经验和潜在的职业机会。

三、Python 财务应用课程改革的实施与挑战

(一)实施步骤与关键环节

1. 需求分析与市场调研

为了深入了解学生对 Python 财务应用课程的需求和期望,我们利用问卷星平台设计了一份问卷,并进行了广泛的调研。以下是问卷结果。

(1)您是否学习过 Python 课程? 您是否有财务相关背景知识?

有了解过 Python 和财务背景的受访者占比都是 88.89%,没有了解的受访者占比 11.11%。

(2)您认为学习 Python 财务应用的目的是什么?

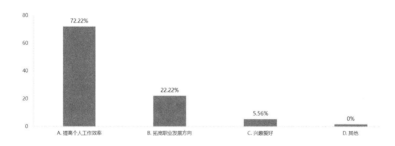

图 1   您认为学习 Python 财务应用的目的是什么?

72.22%的受访者认为学习 Python 财务应用课程可以提高工作效率,22.22%的受访者认为可以拓展职业发展方向,5.56%的受访者认为这是自己的兴趣爱好。

(3)您希望课程中有哪些财务应用场景?

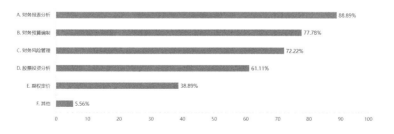

图 2   您希望课程中有哪些财务应用场景

受访者最希望学习到的财务应用场景依次为：财务报表分析、财务预算编制、财务风险管理、股票投资分析和期权定价。其中，88.89%的受访者希望学习到财务报表分析内容。

（4）您希望课程中有哪些实践项目？

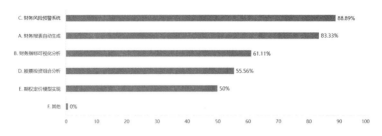

图3　您希望课程中有哪些实践项目？

绝大多数受访者更希望学习财务风险预警系统、财务报表自动生成的实战项目。

（5）您希望课程中有哪些编程技能的讲解？

88.89%的受访者希望讲解数据可视化，77.78%的受访者希望讲解数据清洗和数据分析，55.56%的受访者希望讲解数据库操作，44.44%的受访者希望讲解机器学习。

（6）您希望课程中的案例涵盖哪些难度级别？

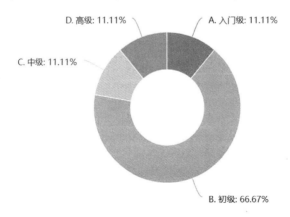

图4　您希望课程中的案例涵盖哪些难度级别

大部分受访者认为涵盖初级难度级别即可。

（7）您希望课程中有哪些互动形式？

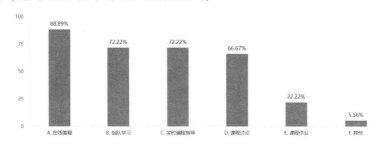

图 5　您希望课程中有哪些互动形式

大部分受访者希望通过在线答疑、组队学习、实施编程指导以及课程讨论的方式进行课堂互动，少部分受访者希望通过课程作业练习。

（8）您希望课程的学习形式是什么？

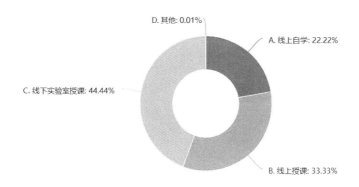

图 6　您希望课程的学习形式是什么？

44.45% 的受访者希望通过线下实验室授课，33.33% 受访者希望线上授课，只有 22.22% 的受访者希望线上自学这门课程。

2. 课程内容规划与课时设计

表 1　实验教学内容与学时分配

序号	实验名称	学时	实验类型
1	Python 平台的搭建与使用	6	设计性实验
2	财务大数据获取方法及清洗策略	8	综合性实验
3	资本结构分析与融资决策	6	综合性实验
4	资产管理能力分析与投资决策	6	综合性实验

续表

序号	实验名称	学时	实验类型
5	营运资金管理与配置	6	综合性实验
6	财务预算编制与财务风险管理	8	综合性实验
7	财务报表自动生成及财务指标可视化分析	8	综合性实验
总计		48	

表 2   Python 财务应用课程教学设计

课程教学章节	Python 教学内容	实验要求
第一章 Python 平台的搭建与使用	Python 平台的搭建,包括 Python 的安装,课程相关第三方库安装及导入,在线 Python 代码编辑界面的应用;Python 平台的使用,包括 Python 的基础语法、numpy 及 pandas 的基本操作	理解:Python 及第三方库的安装环境、安装步骤、导入方法,数据特征提取,数据分析思维 掌握:Python 的基础语法、numpy 及 pandas 的基本操作,读写文件、存储文件
第二章 财务大数据获取方法及清洗策略	财务管理大数据的获取,运用 Python 技术获取相关大数据资料,运用 Python 技术读取和调用大数据中心 API 数据;财务管理大数据的清洗,对采集数据进行筛选、去除异常值、计算、汇总等	理解:Python 技术的基本原理、应用步骤,数据清洗的流程、方法 掌握:运用爬虫技术获取上市公司数据、统计局数据及银行基本利率等信息;运用大数据技术进行数据的清洗

课程教学章节	Python 教学内容	实验要求
第三章 资本结构分析与融资决策	(1)资金需求量预测:利用 Python 技术预测销售增长额,分析敏感性资产及负债;运用销售百分比法、回归直线法测算资金需求量;根据资金需求总量测算外部资金需求量。(2)资金成本测算:利用 Python 技术采集国债利率、贷款基准利率、市场利率等数据资料。根据采集的贷款基准利率,计算银行借款资金成本。根据采集的债券利率,计算债券成本。根据采集的国债利率、市场利率、债券利率和沪深 50 股票收益率,计算企业发行普通股和优先股成本。(3)杠杆系数测算及风险分析:利用企业数据计算经营杠杆系数、财务杠杆系数、总杠杆系数,同时结合大数据中心采集的相关数据,运用 Python 技术,展示财务杠杆与财务风险关系图。(4)资本结构分析:通过大数据中心采集案例企业资产负债率、产权比率、长期资本负债率、股东权益比率和相关信息,分析企业或项目的资产负债水平、资金来源的渠道、自有资金和总资产的水平。运用资本成本比较法和每股收益无差别点法,确定企业或项目最佳资本结构	理解:资金需求量预测的步骤及方法;资金成本计算的关键点;杠杆系数的类型及相互关系;不同行业及企业发展阶段的资本结构特点等 掌握:运用大数据技术采集数据,进行资金需求量预测,资金成本计算,财务杠杆系数计算,展示杠杆与风险关系;运用大数据采集及分析技术,分析资本结构,根据企业发展阶段,优化资本结构决策

续表

课程教学章节	Python 教学内容	实验要求
第四章　资产管理能力分析与投资决策	(1)投资现金流量测算:通过大数据中心采集企业相关资料,运用 Python 技术,编写现金流量测算模型代码,计算企业或项目的建设期和经营期,计算现金流出量、营业现金流量、终结期回收额,根据企业或项目投资总流入量和总流出量,计算净现金流量。(2)投资指标测算:结合税收政策,运用 Python 技术,编写投资指标计算模型代码,测算股权资本成本和税后债务资本成本,运用加权资本成本法测算项目资本成本,计算投资净现值及净现值率,并结合累计净现金流量,计算静态、动态回收期。同时,通过大数据中心,采集货币时间价值系数,计算投资项目内含收益率,并计算总投资收益率。(3)投资方案分析:运用 Python 技术,建立收益法、市场法和成本法测算投资企业或项目价值模型,分析投资方案可行性。运用 Python 技术,分析独立投资方案、多个互斥投资方案,辅助投资决策。(4)债券投资分析:采集并整理债券相关信息,运用 Python 技术建立债券估价模型,进行债券价值对债券期限和市场利率的敏感性分析,并计算债券投资的内部收益率。(5)股票投资分析:采集并分析企业发行股票相关信息,运用 Python 技术,建立股票估价模型,计算股票投资收益率	理解:投资现金流量测算的步骤及方法;投资项目的经济寿命周期,各个投资指标的基本原理及决策规则优缺点等;债券投资、证券投资、基金投资的基本概念、分类、估值方法等 掌握:运用大数据技术采集所需要的数据,进行投资现金流量测算、投资指标的测算、投资方案的分析;证券投资的估值及收益率测算;风险分析及投资决策

课程教学章节	Python 教学内容	实验要求
第五章　营运资金管理与配置	(1)现金管理:运用大数据技术,在三种模型下确定目标现金持有量。成本模型下,通过数据采集来预测机会成本、管理成本和短缺成本,确定现金最佳持有量;存货模型下,通过数据采集来预测机会成本和交易成本,确定现金最佳持有量;随机模型下,通过数据采集来预设最高控制线和最低控制线并计算出回归线,确定最佳现金持有量。(2)应收账款管理:运用大数据技术,通过对客户信用、外部经济环境、企业内部经营状况等数据的采集分析,确定信用期限、折扣期限和现金折扣;应收账款周转天数、账龄分析表、应收账款账户余额的模式;ABC 分析法分角度对应收账款进行监控。(3)存货管理:运用大数据技术,采集企业内外部所需数据以计算确定存货的成本,主要包括取得成本、储存成本和短缺成本;通过经济订货基本模型来确定企业最优存货量。(4)流动负债管理:运用大数据技术采集企业内外部数据,验证负债合理性,考虑影响短期借款的信用条件和短期借款成本;考虑商业信用优缺点	理解:现金管理下目标现金流量确定的主要内容;成本模型中机会成本、管理成本和短缺成本的计算;存货模型中机会成本和交易成本的计算;计算随机模型最高控制线、最低控制线和回归线;分析信用期限、折扣期限和现金折扣的影响因素;应收账款监控方式的主要内容和侧重点;存货成本中取得成本、储存成本和短缺成本的主要内容及影响因素;经济订货基本模型的主要内容和通过数据采集计算确定各项指标;通过数据分析短期借款的信用条件和短期借款的成本、各种形式商业信用的优缺点 掌握:机会成本、管理成本和短缺成本的采集与计算,确定现金最佳持有量;信用期限的影响因素和确定过程;折扣条件的主要内容;应收账款周转天数和账龄分析表配合,以监控应收账款变化趋势;计算存货成本中的取得成本、储存成本和短缺成本;通过经济订货基本模型确定企业最优存货量;短期借款的信用条件和短期借款成本的确定和计算

续表

课程教学章节	Python 教学内容	实验要求
第六章 财务预算编制与财务风险管理	(1)行业分析:通过大数据中心采集行业、企业和标杆企业相关资料,运用 Python 技术,从宏观经济环境角度计算资产总计同比增速、权益总额同比增速、收入总额同比增速,分析上市公司整体业绩水平;运用行业增长率判断法、行业集中度、行业利润率判断法、行业投资增长率判断法来测算分析行业生命周期;分析行业盈利增长变动情况,行业集中度与均衡;运用勒纳指数,分析新进入企业威胁,观察行业结构对盈利能力的影响;计算新能源、节能环保、智能家居三个新兴行业的营业收入利润率、总资产净利率、行业收入增长率,分析行业面临的发展机遇。(2)战略分析:通过大数据中心采集企业相关资料,运用 Python 技术,从资源配置战略、投资扩张战略、资本引入战略角度出发,计算投资资产占比平均值、投资收益率占比平均值、经营资产占比平均值、经营利润率占比平均值,分析企业资源配置战略。测算投资扩张效应、控制性投资增量的盈利效应、控制性投资占用资源,分析企业投资扩张战略特征	理解:如何运用行业分析、战略分析获取财务预算编制所需的信息,进而进行财务风险管理 掌握:运用大数据技术,采集所需要数据,进行行业分析、战略分析,服务商业决策,规避企业未来风险

课程教学章节	Python 教学内容	实验要求
第七章　财务报表自动生成及财务指标可视化分析	（1）会计分析：运用 Python 技术，测算对比行业资产结构、公司资产结构。观察固定资产规模变动，计算固定资产折旧率、固定资产减值率、固定资产周转率、在建工程规模变动、固定资产损毁比，分析各指标变动情况。进行存货分析计算存货规模变动、存货减值率、存货周转率、存货损毁比这几个指标。运用爬虫技术，爬取主要会计政策与关键审计事项，整理对比分析企业与标杆企业的政策区别。（2）财务分析：利用大数据技术收集企业数据，运用 Python 技术分析财务指标，具体包括盈利能力分析、资产质量分析、偿债能力分析、增长能力分析等。计算反映盈利能力和资本保值增值的指标、反映资产负债水平和偿债能力的指标、反映社会贡献水平的指标、综合经济指数评价行业绩效。运用大数据，全面深入了解企业财务状况，深刻理解各个比率形成原因，运用杜邦财务分析体系，分析若干个财务比率之间的相互关系。（3）前景预测：利用大数据技术收集行业、企业、标杆企业的财务报表数据，运用 Python 技术，建立回归分析法模型，进行销售收入预测回归分析以及资产负债分析	理解：会计分析、财务分析以及前景预测的步骤及方法，涉及指标的基本原理、计算方法及决策规则；不同分析角度的规则、运用方法、对比思路，以及如何应用 Python 进行相应的数据获取、数据分析和可视化操作掌握：运用 Python 技术，采集所需数据，自动生成财务报表，并根据各个指标分析展示财务报表可视化及企业财务方面的前景预测

3.教学方法与手段选择

（1）教学方法

①案例分析法：通过分析真实的财务案例，引导学生使用 Python 进行数据处理、模型构建和分析。这种方法能够帮助学生更好地理解 Python 在财务中的应用，并培养解决实际问题的能力。

②项目驱动法：通过设定具体的财务项目任务，让学生在完成项目的过程中学习和应用 Python。这种方法能够激发学生的学习兴趣和动力，同时培养他们的团队协作和问题解决能力。

③翻转课堂法:学生在课前通过观看视频、阅读资料等方式自主学习Python财务知识,课堂上则主要进行问题讨论和实践操作。这种方法能够提高学生的自主学习能力和课堂参与度。

(2)教学手段

①线上教学平台:利用线上教学平台如MOOC、学习通、雨课堂等,提供Python财务应用的在线课程和学习资源。这种手段能够突破时间和空间的限制,方便学生进行自主学习和互动交流。

②实验室和实践基地:建立专门的Python财务应用实验室和实践基地,提供必要的软硬件设施和实践项目。这种手段能够为学生提供更加真实和深入的实践环境,帮助他们更好地掌握Python在财务中的应用技能。

③企业合作与实习:与财务领域的企业建立合作关系,为学生提供实习和就业机会。这种手段能够让学生在实际工作中学习和应用Python财务知识,提高他们的职业竞争力和实践能力。

4.课程实施与管理

(1)建立课程管理体系

制定详细的课程管理计划,明确课程管理职责和任务,确保课程顺利实施。

(2)加强师资队伍建设

选拔同时具备Python和财务知识和教学经验的教师担任课程主讲师,确保课程的质量和效果。

(3)完善评估与反馈机制

建立科学的教学评估体系和学生反馈机制,及时了解学生的学习情况和教学效果,以便对课程内容和教学方法进行持续优化。

(4)持续更新课程内容

在数字化经济时代,财务领域不断更新迭代,新的工具和技术不断涌现。因此,教学组应定期审查和更新课程内容,确保学生接触最新的财务分析工具和技术。

5.评估与反馈

表3 基于教学目标的教学评价量表

课程目标	考核内容及 Python 含量及难度	教学目标达成度
1	Python 平台的搭建与使用:含量 10%,难度 0.6	[Python 平台搭建准确度(%)*0.9+Python 语句流畅度(%)*0.1]
2	财务大数据获取方法及清洗策略:含量 20%,难度 0.7	[Python 语言理解度*0.7+操作完整度*0.6+正确率*0.7]*0.6+[财务知识整理完整度(%)+正确率(%)]*0.4
3	资本结构分析与融资决策:含量 15%,难度 0.7	[Python 语言理解度*0.7+操作完整度*0.6+正确率*0.7]*0.6+[财务知识整理完整度(%)+正确率(%)]*0.4
4	资产管理能力分析与投资决策:含量 15%,难度 0.7	[Python 语言理解度*0.7+操作完整度*0.6+正确率*0.7]*0.6+[财务知识整理完整度(%)+正确率(%)]*0.4
5	营运资金管理与配置:含量 15%,难度 0.6	出勤情况、课堂讨论、课后作业情况、期末考试分数
6	财务预算编制与财务风险管理:含量 10%,难度 0.7	[Python 语言理解度*0.7+操作完整度*0.6+正确率*0.7]*0.6+[财务知识整理完整度(%)+正确率(%)]*0.4
7	财务报表自动生成及财务指标可视化分析:含量 15%,难度 0.8	[Python 语言理解度*0.7+操作完整度*0.6+正确率*0.7]*0.5+[财务知识整理完整度(%)+正确率(%)]*0.5

(二)面临的挑战与问题

1.技术快速更新:Python 和相关财务技术在不断发展,课程内容需要不断更新,以确保教授的内容与时俱进。这要求教师具备持续学习和跟进新技术的能力,同时也需要投入大量的时间和精力来更新课程内容和材料。

2.学生需求和接受能力多样化:学生的接受程度和学习能力各有不同,他们的学习需求和水平各不相同。如何设计适合不同学生的教学内容和方法,以满足他们的个性化需求,是改革过程中需要面对的挑战。

3.实践教学资源有限:实践教学是 Python 财务应用课程的重要组成部分,但实践资源的有限性可能会成为改革的制约因素。如何充分利用现有资源,或者寻找和建立更多的实践合作机会,是改革过程中需要考虑的问题。

(三)解决方案与应对策略

1. 建立技术更新机制:为了应对技术快速更新的挑战,可以建立定期的技术更新机制。比如,定期邀请行业专家或技术领袖进行前沿技术讲座或工作坊,使教师能够及时了解并掌握最新的 Python 和财务技术。同时,鼓励教师参加相关培训和研讨会,提升他们的技术水平和教学能力。

2. 设计差异化教学方案:针对学生背景和需求的多样化,可以设计差异化的教学方案。比如,针对不同专业的学生,可以调整课程内容和难度,以满足他们的学习需求。

3. 拓展实践教学资源:为了丰富实践教学资源,可以积极寻求与企业和机构的合作。比如,与财务相关的企业建立实践基地,为学生提供实习和就业机会;与财务咨询公司合作,引入真实的项目案例供学生分析和实践。此外,还可以利用线上资源,如虚拟实验室、在线课程等,为学生提供更多的实践机会。

五、Python 财务应用课程的前景与展望

(一) Python 在财务领域的未来发展趋势

Python 在未来将会成为财务数据分析的必备工具。随着企业财务共享中心的建立,传统的核算会计将面临转型,财务 BP 岗位成为近期发展的趋势。当财务面对大批量的业务数据时,Python 将发挥重要作用。Python 中的 pandas 库是必备的财务数据分析工具,能够高效处理数据,并生成可视化的报告,帮助决策者更好地理解数据,做出更明智的决策。此外,Python 还可以连接数据库、编制会计凭证及财务报表、做销售收入预算和预测等,成为提升财务工作效率的重要工具。

(二)教育实践的经验观点与展望

在改革 Python 财务应用课程的实践中,笔者积累了一些经验观点,以及对未来的展望:

第一,强化实践与实际。在 Python 财务应用课程中,我们增加实践环节,强调实际的案例和真实的业务场景,让学生亲自动手进行操作,体验 Python 在财务数据处理、分析及预测方面的应用魅力,这种方法不仅可以增强学生对 Python 技能的掌握,还可以极大地提高他们的学习热情。

第二,不断更新教学内容。技术不断更新迭代,教学方法也要不断更新和调整。我们关注最新的技术动态和应用趋势,及时将新的知识和技术注入课程中,确保教学内容的时效性和前瞻性。

第三,个性化学习路径。我们关注学生的个体差异,为他们提供个性化学习路径。我们不仅引入小组在线协作、翻转课堂等非传统教学形式,还通过诊断性评估和反馈机制了解学生对知识的掌握情况,为不同层次的学生制定不同的教学方案,同时也能培养他们在复杂环境中解决实际问题的能力。

六、结论

随着数字化和自动化的不断发展,财务领域对数据分析技能的需求日益增强。改革 Python 财务应用课程能够更好地适应时代的需求,帮助学生掌握前沿的数据分析能力,为未来的企业财务数字化转型以及学生自身的职业生涯做好准备。另外,Python 作为一种强大的数据分析工具,能够帮助财务决策者更好地理解数据、分析数据,从而做出准确的财务预测。改革 Python 财务应用课程将有助于提升学生的财务决策能力,为企业创造更大的价值。改革 Python 财务应用课程将促进财务与计算机及其他学科的交叉融合,培养出既懂财务知识又懂计算机技术的复合型人才。这类人才能更好地适应未来复杂多变的工作环境,为社会带来更多的创新和发展。在实践改革课程的过程中,也将有助于培养更多具备财务数据分析实际能力和创新精神的财务人才,推动财务领域的持续发展和进步。

参考文献

[1]张美玲.大数据技术在企业财务分析中的应用研究——评《大数据

财务分析:基于 Python》[J].中国科技论文,2022,17(10):1181.

[2]陈颢,李惠,门峰.基于 Python 语言的财务评价软件开发与应用[J].建筑经济,2021,42(S1):395-398.

[3]商思争,陈建芸,戴华江,等.会计机器人时代应用型高校会计专业财务会计课程地位探讨[J].财会月刊,2018(05):132-136.

[4]廖俊国,梁伟,韩雪等.学以致用的项目驱动式教学研究——以财务管理专业 Python 语言程序设计课程为例[J].高教学刊,2024,10(04):58-61+66.

[5]李赫美.数字经济时代"智能财务"课程教学改革探索[J].科教导刊,2023(36):100-102.

[6]吴晓霞."课程思政+大数据"视域下的新财会专业课程建设——以Python 在财务中的应用课程为例[J].职业教育,2023,22(03):51-59.

[7]国务院办公厅关于深化高等学校创新创业教育改革的实施意见[J].中国大学生就业,2015(18):4-5.

[8]邱杰.高校管理会计信息化教学探讨[C]//中国会计学会会计信息化专业委员会.中国会计学会第十三届会计信息化年会报告论文集,2014:7.

[9]许燕虹.财务智能化背景下会计信息化课程教学改革研究[J].科学咨询(科技·管理),2022(03):165-167.

[10]周婷婷.财务共享背景下财务人才培养模式变革研究[J].经济研究导刊,2019(01):137-138.

"如春在花，如盐在水"

——以混合式教学推动财务管理原理课程思政建设探索与实践

毛　玥[①]

摘　要：在数字化浪潮的推动下，网络教学平台的兴起对传统教学模式构成了极大挑战，混合式教学应运而生，成为教育信息化背景下高校践行立德树人的关键路径。混合式教学融合了传统线下课堂与线上开放资源的优势，强调了学生作为学习主体地位。在本科财经类院校专业基础课中，采用混合式教学模式，能够有效提高教学成效。本文结合天津商业大学会计学院财务管理原理课程教学改革实践，深入剖析了当前课程思政建设中的挑战，并结合混合式教学优势，从改进教学目标设定、课程教学活动组织形式、课程评价体系优化三方面提出了财务管理课程混合式教学改革中践行课程思政理念的实践思路与方向，以期在财务管理原理课程中实现思政教育元素与专业知识教学的有机结合。

---

①　毛玥，天津商业大学会计学院教师，管理学博士。

一、财务管理原理课程思政建设面临的实践难题与 混合式教学的优势

在传递价值观的过程中深化学科专业基础,在传授知识的过程中突出社会主义核心价值观的导向,是培养人才的基本途径与课程思政核心思想。2020年,教育部印发了《高等学校课程思政建设指导纲要》提出落实立德树人根本任务的战略性举措是全面推进课程思政建设,并将大学生价值塑造立于新时代高校人才培养目标的首要位置。全面推进课程思政建设的本质在于将价值观指引贯穿于学科专业知识讲授与专业技能培养中,帮助学生建立正确世界观、人生观和价值观,为国家培养具有民族复兴担当的合格建设者和接班人。然而,当前部分高校课程思政建设中还存在专业知识传授和思想政治教育"脱节"现象,未能很好发挥专业育人、课程育人的目标与功能。一方面,课程思政建设的效果体现关键在于教师,但目前课程思政建设中还存在优质专业资源欠缺、课程思政建设要求与相关内容培训不足、各高校与校内基层各教学团队合作不足以及课程思政推进过程重难点、前沿性问题探索不足等问题,这都会降低教师教学思政建设能力。另一方面,学生对于思政教学内容特别是在深入理解习近平新时代中国特色社会主义思想理论、社会主义核心价值观的丰富内涵、中华优秀传统文化思想精华和时代价值、中国特色社会主义法治体系、职业理性与职业责任感等五个课程思政主要内容理解不足,更可能对"灌输式"思政教育具有抵触心理,导致纯思政课程难以达到预期教学效果。因此,在专业课程中深入挖掘课程思政元素并结合专业知识对学生进行巧妙传授,就可到达显性教育与隐性教育相统一,既能使专业知识与技能的教学产生"惊涛拍岸"的声势,又能使思政元素"润物无声"地对学生产生影响,并使学生在不知不觉中将主流思想转化为自己的信念和行为,这种潜移默化的教育方式往往比简单"说教式"思政教育方式能取得更好的效果,但实现专业知识传授与思政教育传递效率提高的关键在于有效教学目标的指导,辅之以线上线下相结合的教学组织形式与全流程评价体系跟踪。

目前，天津商业大学财务管理原理的课程思政建设面临如下实践难题。其一，理论与实践脱节。当前，财务管理原理课程教学中往往更强调学生对财务管理理论的掌握，而缺乏将教材中讲授的理论知识与习近平经济思想以及当前我国经济工作中的重点任务与方向进行结合（例如，以科技创新引领现代化产业体系建设、着力扩大国内需求、深化重点领域改革等）。财务管理原理课程混合式教学可以通过学生自身生活和身边的案例融入、企业参观实践项目等方式，将财务管理理论知识与国家政策、社会实际相结合，增强学生的实践能力和责任感。其二，课程专业知识与财务管理学术前沿相比存在滞后。随着经济社会的快速发展，财务管理领域的新理论、新方法、新工具层出不穷。然而，教材和课程内容的更新往往滞后于实际变化，这导致学生学习的知识和技能与市场需求不匹配。混合式教学通过引入财务管理领域最新的研究成果和行业动态，提高学生对学科前沿与企业实际需求的了解。其三，授课教师思政教育能力不足。当前，教师团队中的大部分教师都在专业知识传授方面拥有丰富经验，但在课程思政融入课堂方面缺乏足够的认识和能力。对此，学校与学院多次组织课程思政示范课堂培训与邀请教学改革知名专家指导，这都提高了教师的思政教育意识和能力，使其能够在教学过程中自然融入思政元素。其四，学生参与度较低。在传统的财务管理原理课程教学中，学生更多扮演被动接受知识的角色，缺乏主动参与和深入思考的机会。混合式教学引入的小组课前讨论、课中角色扮演、模拟经营等趣味互动式教学方法，有助于激发学生学习兴趣和参与课堂热情，引导学生主动思考和探索。充分激发学生作为学习过程主体的主动性与创造性，以达到真正掌握知识的目的与育人目标的全过程参与。其五，成绩评价体系较单一。传统财务管理原理对学生是否拥有正确价值观与职业道德等方面的评价较为欠缺。混合式教学的多元化评价体系，有助于将学生思想政治表现、团队协作能力、创新实践能力等纳入评价范围，强化学生综合能力培养。其六，课程资源不足。当前，在课程思政建设中，存在教学资源匮乏的问题，如缺乏最新与教学内容相关的企业实际案例、实践活动等。混合式教学通过依托丰富线上平台资源，拓展线下课堂的教学空间，促使学习资源多样化、学习形式生动化以及现实案例及时化,有效弥补了传统线下课堂学习资源与学习形式单一,实践案例缺乏且与实际经济生活存在时滞的缺点,提高学生利用课堂专业知识解决现实问题的能力。

二、在财务管理原理混合式教学改革中践行课程思政理念的实践

财务管理学以资本结构理论为基础,研究企业筹资、投资、经营和分配四个方面引起的财务活动,教学内容涉及企业财务管理的基本目标与内容、企业财务报表分析、货币时间价值等诸多内容,包含着丰富的思政教育资源。为此,教师们在财务管理学实际教学中依托慕课和雨课堂在线学习平台,从改进教学目标设定、课程教学活动组织形式、课程评价体系优化三方面对财务管理课程混合式教学改革中践行课程思政理念的实践思路与方向进行探索,尝试对财务管理学传统教学模式进行有益推进。

(一)课程教学目标的设定

教师们尝试对课程教学理念进行创新,在以往注重学生专业基础知识的基础上,突出强调学生通过在线学习方式对实践问题与实际问题的关注。对此,教师们从知识传授、能力培养和价值引领三维度上构建了财务管理课程教学体系:在知识传授维度上,增强学生对财务管理知识点的基本概念、代理理论、MM 理论以及财务管理前沿研究与实践的认识,指导学生深入理解资本结构理论和企业财务活动运行机理,提升其对学科价值的认知;在能力培养维度上,通过企业实地走访调研、业界优秀校友课堂和资本市场最新实际案例文献研讨等方式提升课程的实践性,提升学生运用资本结构理论、财务报表分析和解决企业和个人理财和消费中遇到的财务管理相关现实问题的能力,增进理论运用与实际的意识。在价值引领维度上,结合财务管理理论学术前沿与文献成果的学习与课下企业实践,深入第二课堂进行调研,深化学生对习近平经济思想核心要义的把握,促进学生更好树立正确的金钱观、理财观,增进学生以课堂学习的财务管理知识服务企业经营、参与高质量发展的担当意识。

(二)课程教学活动的组织

混合式教学强调线上线下教学内容的合理分配与流畅过渡,通过将学生自主学习、小组团队合作以及教师指导三者相结合,提升学生对课程的参与度、积极性和创新能力。在课程思政建设中,需要采用与互联网背景下成长起来的当代大学生学习与思考方式相适应的方法,开发并激活财务管理知识点中包含的思政元素,达到育知与育德、育才与育人的有机统一。为此,应改革创新教学内容与教学方法,倚靠在线教育平台的丰富资源,深入开展以学生为主体的课堂内容设计。同时采用多种形式的社会实践教学,深入挖掘第二课堂的思政元素。

1.优化课程内容。

教师们从以下三方面进行了财务管理原理的教学内容优化。其一,以导论为基础、财务管理理论为重点,强化导论教学在帮助学生建立对学科的整体认知和学习研究兴趣的重要性,突出习近平经济思想与财务管理理论教学的有机融合结合,帮助学生深入理解经济发展的中国方式。其二,避免课程内容简单重复,在财务管理价值观念、资本结构决策、股利分配等教学中分别引入蚂蚁花呗、防范化解金融风险、稳杠杆等与学生生活紧密相关以及政策热点问题的探讨。其三,增加实验和实践教学,通过第二课堂集体调研引导学生在真实企业经营中感受财务管理知识的应用价值,增进学生对财务管理学科与自身专业、城市、国家的主人翁意识。

表1　财务管理学课程思政教学案例设计

课程内容	课程思政设计	教学目标
财务管理的概念、目标、企业组织形式与财务经理、财务管理的环境	挖掘财务领域的历史名人事迹,如谢霖、葛家澍等会计名家,通过这些人物身上所具备的高尚品质来激励学生刻苦学习	培养学生树立正确的历史责任感和时代使命感
财务管理的价值理念	依托单利和复利知识点,以学生身边的校园贷为切入点,帮助学生树立正确的消费观	提高学生理财意识,并明白风险与报酬对等的概念,谨慎判断身边的投资陷阱

课程内容	课程思政设计	教学目标
长期筹资方式	以"E租宝"等不良P2P事件为例,讲解犯罪分子如何假借虚假融资租赁债权项目进行集资诈骗	帮助学生分辨投资与传销的差别,引导学生提高警惕、重视风险、坚守诚信、积极担当
资本结构决策	以恒大债务危机为切入点,向学生介绍适度杠杆经营的必要性和过度杠杆举债的风险	让学生明白杠杆的两面性
短期筹资管理	介绍我国企业与个人失信黑名单制度	增强学生诚实守信意识,促进道德建设

(2)强化在线教学平台资源获取优势,拓展课程思政教学空间。通过给学生布置课前线上资源获取基本知识点的学习任务与案例作业,有助于教师在线下课堂上充分组织课程思政活动。为帮助学生尽快熟悉在线教学资源使用与学习,教学团队还结合经典文献与前沿文献阅读、其他相关学科阅读、教学团队文献、教材与相关参考书籍等五类拓展内容,指导学生利用在线学习平台进行自主学习与小组团队学习,并邀请学科内的著名教授开展"大咖课堂"帮助学生建立对财务管理学科的总体认识与学习兴趣。

(3)开展"翻转课堂""双创融合"混合教学改革模式,提升课堂思政水平。由于传统课程学生通常仅作为知识接受者的角色,因此对于如何在课堂提问通常无法下手,团队教师以期末考核知识点为入手点,通过引导学生通过绘制每章节的分层知识图谱、专业词汇总结与辩论式小组作业展示的形式发现对自身对知识点的掌握不足,提高学生自主提问意识,提升在线平台资源使用效率。通过线上教学资源,学生可以自主完成初步专业知识了解,带着问题与思考进入实体课堂,并通过实体课堂案例研讨促进专业知识与思政元素有机融合。在课程中我们将"创新创业"进行交叉融合,开展混合式教学。线上部分,学生基于慕课先行完成知识点学习,完成教师在雨课堂智慧教学平台上发布的课前小测验,对教材内容与相关知识点的学术前沿研究进行预习准备。线下部分,这一部分作为知识内化的重要过程,我们尝试开展学生与教师相互提问、合辩论式小组主题汇报以及教师对学生问题的线下指导的综合模式进行实体课堂教学，更好的培养学生利用财务管理专业知识点分析与解决企业实际财务问题的能力。

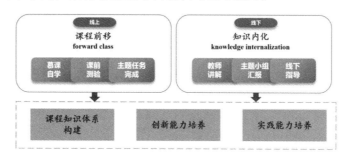

图 1　基于"翻转课堂"和"双创融合"的混合式教学改革模式图

(4)依托企业实习与实践调研，提高课程思政感染力。通过带领学生在用友集团、金蝶集团进行实地观察学习，不仅能使学生亲身感受企业实际日常运营和财务活动，也能体会财务活动以及财务人员在企业经营中扮演的重要角色。在实践活动结束后，通过让学生撰写提交社会调查报告任务了解学生在实习中的时间观察与调研心得任务，提高课程思政有效性与感染力。

(三)课程评价体系的优化

有效的课程评价跟踪体系是度量课程思政目标是否达成以及实现程度的标杆，而这一目标在线上平台与智慧课堂的过程性评价和互动交流得以更好达成。由于财务管理的教学主要涉及到企业投资、融资、运营和分配四项基本财务活动，而企业作为最重要的市场主体，是国家经济力量的载体与经济活动的主要参与者，在国家发展中发挥着十分重要的作用，与高质量发展密切相关。因此，我们在课堂教学环节融入习近平经济思想的学习，特别是围绕企业高质量发展提出的一系列新思想与新论断。在这一基础上，要求学生"结合现实案例谈谈企业财务管理行为对企业价值与高质量发展的影响"。作为一项重要的过程性评价，案例作业不仅能够有效促进学生积极参与线上、线下交流，更有助于学生从更高维度认识企业财务行为的重要性与宏观价值。并且由于学生在案例作业的完成过程中需要广泛收集理论与实践知识，因此也促进了学生搜索、学习理论文献的能力与高年级学生、教师和实务界人士交流学习的能力。其他的过程性作业,也都可以依托线上平台完成。财务管理学全流程过程性课程评价体系展示了混合式教学在多环节和多形式下的成绩考量方式,特别是突出了学生在线上自学、课堂互动讨论、小组合作研究以及实践教学等环节中的表现。这种评价方式克服了传统课程中仅依据期末成绩进行学生成绩评价的匮乏性,有助于提升课程的"两性一度"。

三、结论与启示

天津商业大学财务管理课程的混合式思政课程建设教学改革的实践证明,混合式教学方式能够有效实现知识掌握、技能提升与情感培养的三维教学目标。通过采用多种形式的教学方式和注重学生能力的过程性评价体系,有助于帮助学生在专业知识学习和思想政治素养获得两方面取得均衡成长,对推进数字化背景下商科学校财务管理课程思政建设具有积极意义与价值。

"新文科"背景下经管类专业课程思政建设存在的问题及对策研究

——以天津商业大学为例①

李　芳②

摘　要:新文科建设的提出,为我国高校文科专业改革提供了新的方向。经管类专业作为我国高等教育的重要组成部分,其课程思政建设具有重要意义。本文从新文科背景出发,围绕经管类人才培养目标,结合天津商业大学商科特色,分析了经管类专业课程思政建设的现状与问题,探索并提出了相应的建设路径,旨在为我国经管类专业的课程思政建设提供参考。

关键词:新文科;经管类专业;课程思政;建设路径

一、引言

"新文科"建设的提出,旨在推动我国高等教育内涵式发展,增强高校文科专业服务社会经济发展的能力,提高人才培养质量。经管类专业作为我国高等教育的重要组成部分,肩负着培养具备良好职业道德、专业素养和

①　本文系天津市普通高等学校本科教学质量与教学改革研究计划重点项目"'新文科'建设背景下经管类人才培养模式创新与实践研究"(项目编号:A231006902)的阶段性成果。李芳,天津商业大学教务处,管理学硕士。

②　李芳,天津商业大学教务处综合科副科长,管理学硕士。

社会责任感的高素质管理人才的重任。"新文科"建设背景下实施课程思政,亟须发挥文科本身的价值理性,强化使命意识、注重实践意义、倡导包容开放、落实科技赋能[2]。加强经管类专业课程思政建设,对于落实立德树人根本任务,实现人才培养目标具有重要意义。

二、"新文科"建设背景下经管类专业课程思政建设的价值意蕴

(一)提升人才培养质量

"新文科"背景下,经管类专业课程思政建设的首要价值在于提升人才培养质量。通过将思政元素与专业教育结合,让学生在获取专业知识和相关技能的同时,能够塑造正确的价值观,提升学生的道德素养,增强学生的社会责任感,使学生在未来的职业生涯中能够更好地服务社会、贡献国家。

(二)促进知识与实践的结合

经管类专业课程思政建设强调理论知识与实践应用的结合。"新文科"建设要求经管类专业教育更加注重实践性和应用性,通过课程思政教学改革,可以将理论教学与实际案例相结合,引导学生将所学知识应用于解决实际问题,启发学生创新思维,增强学生的实际操作技能。

(三)强化价值引领与专业教育的融合

"新文科"背景下经管类专业课程思政建设强调价值引领与专业教育的融合。通过深入挖掘专业课程中的思政元素,将思政教育与专业教育有机结合,帮助学生建立正确的世界观、人生观和价值观,唤起学生的学习动力和热情,提高教学效果。

(四)培养学生的社会责任与创新能力

经管类专业课程思政建设旨在培养学生的社会责任感和创新能力。"新文科"建设要求经管类专业教育不仅要注重知识的传授,还要关注学生的全面发展。通过课程思政教学改革,可以引导学生关注社会问题,培养学生的社会责任感,同时鼓励学生勇于创新,提高学生的创新能力。

三、"新文科"背景下经管类专业课程思政建设的现状与问题

(一)高校课程思政建设现状分析

在政策方面,教育部于2020年提出《高等学校课程思政建设指导纲要》,明确提出了加强课程思政建设的要求,为经管类专业课程思政建设提供了政策支持。近年来国家层面出台了有关大思政建设相关指导性意见,教育部等十个部门还印发了《全面推进"大思政课"建设的工作方案》,旨在通过构建"大课程""大平台""大师资",增强思政课的有效性。可以说,高校开始探索构建大思政格局,从思政课程到课程思政,呈现出全员育人的良好氛围,也呈现了几个显著的特点和发展趋势:比如,高校课程思政的建设更加强调时代精神的体现,更加注重与现实结合的情况下推进大思政课建设,更加强调利用数字化赋能思政教育,更加强调教学创新模式的探索。可以说"新文科"背景下高校课程思政建设朝着更深入、更实际、更全面的方向发展。天津商业大学作为地方商科院校,成立课程思政工作领导小组,召开课程思政推动会形成全校共识,印发课程思政建设实施方案,明确学校课程思政的建设目标、重点任务、具体举措,推动全校上下形成共同推动课程思政的良好氛围。

在课程建设方面,大部分高校经管类专业已开始尝试将思政元素融入专业课程,开展课程思政融入教学改革的探索。天津商业大学近几年分阶段逐步推进公共课和专业课教学大纲的修订,推动学院以人才培养方案的修订为抓手深化专业建设内容,涉及教学大纲修订工作中要求课程大纲全面开展课程思政的教学设计,强化课程思政素材的挖掘和融入。学校持续推动各学院做好人才培养方案的修订工作,并在各类课程的评审中注重对课程思政建设成效的评价。此外,学校通过树典型,加强示范引领。近几年学校持续开展市级和校级课程思政示范课程建设项目、校级课程思政优秀教师的遴选,建设课程思政资源库,达到了课程思政示范课覆盖所有专业的良好局面。

在师资方面,大部分高校已组建了一定规模的课程思政教师团队,积极开展课程思政教学与研究。全面推进课程思政建设,教师是关键。《高等学校课程思政建设指导纲要》指出,所有高校、所有教师、所有课程都承担好育人责任。守好一段渠、种好责任田。各大高校如火如荼地开展课程思政建设,课程思政的理念在校内一定程度达成共识。在政策引导下,很多经管类专业课教师积极参加相关培训,探索课程思政融入教学改革的路径和方式。

(二)"新文科"背景下经管类专业课程思政建设中存在的诸多问题

1.课程思政建设缺乏系统性,育人模式单一

课程思政建设是一个系统性的工程,从教学资源的时空维度来看需要不同育人主体的协同联动。新文科理念下催生了新型人才培养模式,为课程思政教学改革新文科背景下推动高校教育变革,为提升育人实质高校需要不断探索新型协调育人模式下课程思政育人的有效路径,汇聚跨界资源和育人模式,将课程思政作为"红线"贯穿其中,提升课程针对性和实效性,从而培养新时代背景下的应用型高素质商科人才。然而,目前很多高校课程思政建设缺乏系统性的设计,各方主体协同育人机制尚未形成。

2.课程内容与思政元素融合度不高

"新文科"建设背景下对人才的培养要求积极主动对接社会,对人才素质的要求除了注重德育以外,还更加注重学科交叉融合、知行合一、服务社会以及新技术的应用,由此才能培养创新性应用型交叉型人才,这给教师开展课程思政建设带来了新的挑战。然而专业课程教学改革中仍然存在专业教育和思政教育"两张皮"、融合度不高的情况。比如,有的专业课程在融入思政元素时,存在生搬硬套、牵强附会等现象。有的专业课教师重理论轻实践、重智育轻德育;有的教师单纯传授理论知识,缺乏对社会发展和产业变革的深刻了解,自身缺乏到企业一线工作的实践经验,教学形式单一,教学内容缺乏应用型知识,思政育人实效不明显;有的教师缺乏协同育人的意识,不能汇聚校内外教学资源,不善于挖掘提炼思政元素,也就不能将思政基因融入到专业课程中;有的教师受自身时间精力和能力的限制,对党的相

关理论和当下时政了解不深刻,专业课程思政建设形式刻板。这些都是教师开展课程思政教学改革的掣肘因素,直接影响教师育人能力。

3. 师资队伍建设不足

教师是课程思政建设的主力军。大多高校专业课教师和企业外聘教师能够具备专业技能知识,但对于思政理论的把握和融入不足,思政元素挖掘不足,思政案例建设不足。另外具备课程思政教学能力的教师数量有限,教师队伍整体素质有待提高。

四、"新文科"背景下经管类专业课程思政建设路径探析

(一)明确经管类专业课程思政建设目标

"新文科"背景下经管类人才的培养更加注重跨界融合与综合素养提升、响应数字经济时代需求、强调"经世济民",经管类专业课程思政建设应紧紧围绕人才培养目标,将思政元素与专业课程有机结合,培养高素质应用型经管类专业人才。

(二)构建政产学研协同育人模式,助力课程思政育人实效

近年来,"新文科"背景下高校开始注重政产学研协同育人模式的构建,这是推进新文科人才培养的有效途径。"新文科"建设背景下经管类人才的培养需要更加注重在实践教学中引导学生增强职业认同感和责任感,达到知行合一、学思结合,鼓励学生在实践环节提高解决问题的能力,增强创新创业的勇气。经管类学院积极探索校企合作育人模式,将政府、企业、科研的特有资源引入教学环节,通过校企合作和校际交流聚合校内外资源,促进专业链产业链人才链与课程体系优化、人才培养模式的有效对接,助力地方经济的发展。

深化校企合作,建立校内外实习实训基地和平台。开展实习实训实践,是提高经管类人才适应市场机制的应用型、创新性、实践能力的路径之一。根据笔者在校内的调研了解,很多学院都建有实习实践基地,但在实际的育人环节中实践基地都未得到充分得到运用,发挥应有的作用,很多学院建立了实习实训基地后并未真正启动、安排学生实习实训。高校可以通过构建

政产学研协同育人模式下课程理论与实践活动融入的模式,搭建产学研一体化实践教学基地,拓宽学生实践路径,在实践中带领学生深化对专业知识的了解,在实践基地中进行现场教学。以天津商业大学为例,学校积极推进校企合作,共建学生实习实训基地两百余个。管理学院与很多校外优质企业建立校企合作实践基地及研究生产教融合工作站,聘用行业导师作为校外导师指导学生,邀请行业企业进校就人才培养方案的修订、学生实践、联合科研与案例开发、学生就业等开展全方位的合作。

(三)结合专业特点推进课程思政建设,强化课程思政针对性

《高等学校课程思政建设指导纲要》中提到,"经济学、管理学、法学类专业课程,要在课程教学中坚持以马克思主义为指导……引导学生深入社会实践、关注现实问题,培育学生经世济民、诚信服务、德法兼修的职业素养"。结合经管类专业特点推进课程思政建设。针对经管类专业,高校可以加强思政课程建设,比如增设马克思主义经济学、中国特色社会主义理论等课程,强化经管类专业学生的思政素养

结合专业特点,深入挖掘课程中蕴含的思政元素,实现专业知识与思政教育的有机结合。经管类专业肩负着培养适应国家战略需求和社会发展需求的卓越管理人才的重大使命,在经管类专业课程思政建设中善于运用中国实际和中国特色引导学生认识经济发展规律,善于发现国内行业企业发展中体现的优秀价值观念引导学生增强对职业素养和职业价值观的认同感。

(四)探索专业优化和体制新思路,提高课程思政建设内涵

课程思政建设追求的是专业教育与思政教育的同频共振,达到润物无声、引人入胜的效果。"新文科"背景下经管类专业课程思政建设要注意结合专业特点,尊重教育规律,讲究教学方法,增强课堂的吸引力,让学生学习专业知识的同时对思政育人方面入脑入心。高校需积极探索教学方式的改革和创新,探索专业优化和体制新思路。以天津商业大学为例,一是采用案例教学法创新课程思政教学方法。挖掘课程思政因素,将课程思政建设与课程建设融入,搭建课程思政案例资源库,采用案例教学方法,引入具有时

代特征、贴近实际的教学案例,激发学生学习兴趣,提高思政教育的实效性。比如,高校可以与企业合作,开展项目式的教学模式,将企业发展中展现的优秀价值观融入教学素材中,同时企业将发展中的难题或者失败的经验作为案例带到课堂中引导学生关注现实,增强经世致用的责任感。二是采用积极开展实践教学,丰富教学环节设置,增加实践教学环节的方式,丰富实践教学内容。比如,通过开展社会调查、志愿服务等活动,让学生在实践活动中强化专业能力。三是信息技术下依托互联网、大数据、云计算等先进技术手段,开发与利用教学资源,智慧赋能,打造优质混合教学资源,鼓励、支持启发式教学案例式教学法或者其他教学方法,促进学科交叉,注重学习体验,提升专业课程思政育人实效。四是更新学科交叉融合的课程体系。新文科背景下要深入理解新时代信息技术和科技发展规律,进而综合掌握并运用经济、管理、财务和法律知识解决现实问题,作为课程建设指导思想。以天津商业大学为例,经管类专业尝试通过学科交叉融合实现专业升级改造,在教学研讨中探索构建跨专业的虚拟教研室作为传统教研室的补充,促进跨学科的交流和协同育人机制的构建。

(五)加强师资队伍建设

新文科建设背景下注重学科交叉融合、跨界思维、融合创新,注重经管类人才服务国家战略需求和地方经济发展需求,这对教师育人能力提出了新的要求。一是高校要加大对教师课程思政教学能力的培训,积极开展校际合作、校企合作。二是积极探索"双师"教学模式,发挥不同主体育人的优势和作用。具体来说,鼓励校内教师通过挂职锻炼、项目合作等方式深入一线了解社会用人需求,体会行业职业素养要求,提升实践育人能力,收集课程思政育人的素材和元素,提升课堂中价值塑造、知识传授、能力培养能力,提升课程实效。在产教融合趋势下,高校可以聘用校外企业、政府等校外专家担任校内导师,政府可以积极搭建高校和企业之间开展思政教育培训的平台,行业企业专家进校讲解行业企业的发展历程、重大国家工程建设过程,提升教师对实践的了解和对理论的理解,提升教师对案例背后的中国力量的认同。三是鼓励学院建立学科交叉的教学团队,建立虚拟教研室,不同专业的教师可以利用教学资源平台或交流会议共享教学资源,通过交流教学经验和观摩课堂教学等方式促进经管类专业专业课与思政资源结合、加强学科融合。

五、结语

"新文科"背景下,经管类专业课程思政建设的推进是满足新形势下经管类专业升级改造的需要,是培养应用型复合型创新型经管专业人才的有效路径,经管类专业课程思政建设任重道远。高校应紧紧围绕"新文科"建设背景下人才培养目标,立足高校自身特色,积极探索课程思政建设的有效路径,将课程思政建设作为底线贯穿于经管类人才培养中,探索课程教学方式的创新、师资队伍建设的搭建、多主体协同育人体系的构建等路径,构建有特色、体系化的育人模式,为培养高素质经管类人才提供有力保障。

参考文献

[1]肖蓉.新文科视域下经管类专业课程思政建设路径研究[J].林区教学,2024(03):36-40.

[2]翟娟娟.新文科背景下的课程思政教学探索与实践——以"初级会计实务"为例[J].林区教学,2024(05):33-36.

[3]吴建武.新文科背景下公共管理类专业实践教学体系改革的探讨[J].中国现代教育装备,2022(23):89-91.

[4]刘培,刘定平,郝爱民,等.新文科背景下跨校虚拟教研室建设问题研究——基于河南高校统计类专业的实践探索[J].统计理论与实践,2023(06):63-67

[5]常会强.政产学研协同培养新文科人才平台建设探究[J].现代商贸工业,2023,44(16):84-86.

[6]万建军.新文科视域下经济学专业交叉融合育人模式构建探究[J].现代商贸工业,2023,44(15):94-96.

"新文科"背景下经管类专业课程思政建设研究[①]

杨 洁[②]

摘 要：在"新文科"背景下，研究课程思政建设对经管类人才培养中的重要意义。围绕"新文科"对经管类人才"强化价值引领、对接国家社会需求、突出学科交叉融合和全面融入信息技术"的培养目标要求，分析当前经管类课程思政建设中存在的问题。探索构建课程思政融入经管类课程改革、实践教学、产教融合和技术创新的有效路径。

关键词：新文科；经管类专业；课程思政；路径研究

"新文科"是我国高等教育改革的重要内容，更是当前高等教育"四新建设"的重中之重。课程思政是高校落实立德树人根本任务的战略举措。二者有着相互支持、共同发展的思想基础。高校需要适应"新文科"背景下给经管类人才培养带来的巨大变化，从知识生产模式、学科综合发展的角度，从模式创新和实践探索的层面，深度挖掘课程中蕴含的思政元素、多学科多主体协同、突破传统教学的思维模式等方式，切实强化课程思政把住经管类人才培养底线要求，提高人才培养质量。

---

① 本文系天津市普通高等学校本科教学质量与教学改革研究计划重点项目"'新文科'建设背景下经管类人才培养模式创新与实践研究"（项目编号：A231006902）的阶段性成果。杨洁，天津商业大学教务处，经济学硕士。
② 杨洁，天津商业大学教务处，经济学硕士。

一、"新文科"背景下对经管类专业人才培养的新要求

（一）"新文科"的发展脉络

2017 年美国希拉姆学院为适应全球科技革命的需要，倡导对传统文科进行学科重组、文理交叉，实现专业融合和综合性的跨学科学习，这为文科专业的发展演进提供了新的发展思路。2018 年 8 月，中共中央正式提出"高等教育要努力发展新工科、新医科、新农科、新文科"的"四新建设"。2018 年 12 月，教育部经济和管理类教指委主任委员联席会议暨工商管理类专业教指委第一次全体会议提出"新时代、新文科、新经管"，对新文科建设和卓越拔尖经管人才培养进行了初步部署。2020 年 11 月，教育部新文科建设工作组发布《新文科建设宣言》，对新文科建设作出了全面部署。党的二十大报告指出"加强基础学科、新兴学科、交叉学科建设，加快建设中国特色、世界一流的大学和优势学科"，为新文科建设指明了方向。

（二）"新文科"对经管类专业人才培养的新要求

1. 强化价值引领

相较于传统文科重育才、轻育人的人才培养模式，"新文科"强调"构建以育人、育才为中心的哲学社会科学发展新格局"，要求"牢牢把握文科教育的价值导向性"，坚持以习近平新时代中国特色社会主义思想为指导，坚持正确政治方向，发挥新文科凝心铸魂功能，以提高学生思想觉悟、道德水准、文明素养，培养具有坚定政治立场、深厚家国情怀、较强职业素养的新时代文科人才。

2. 主动对接国家战略发展需求和社会需要

"新文科"提出的背景是立足新时代改革开放和社会主义现代化建设的伟大实践，强调"坚持立足国情"。在学术研究层面坚持习近平新时代中国特色社会主义思想，讲好中国故事、发出中国声音。实践层面，经管类专业人才培养要以解决国家现代化建设中出现的社会问题、地方区域发展等实际问题为导向，主动对接经济社会发展需求。

3. 强调多学科交叉融合

当前社会亟须跨学科专业的知识整合,推动融合发展成为新文科建设的必然选择。新文科学科交叉融合主要体现在传统文科自身交叉融合,文理、文农、文工的跨学科融合,进一步打破学科专业壁垒,以交叉融合赋能文科自我改革,培养学生跨领域知识融通能力,提升其综合素质和竞争力,更好适应复杂多变的经济社会环境。

4. 全面融入现代信息技术

在新一轮科技和产业融合革命下,人工智能、大数据、云计算、区域链等新技术不断涌现,人类进入"数智化"时代。新文科人才培养也需要以学生为中心,一方面利用新科学技术,创新教学方法,充分调动信息数据、融通教育资源,通过"科技+教学"的模式,提升育人水平;另一方面,通过"专业+大数据/人工智能/计算机"等模式,培养数智时代科技赋能的经管类人才。

二、"新文科"背景下,经管类专业人才培养的课程思政建设意义

(一)落实立德树人根本任务的必然选择

"新文科"背景下对经管类人才培养强化价值引领要求,需要发挥课程思政追求价值塑造功能,帮助学生树立正确的世界观、价值观、人生观,全面落实立德树人根本任务。经管类专业人才往往和资金、资本、资源打交道,更容易在理想信念方面出现偏差或者错误,因此要在专业人才培养中强调思政教育,使学生树立正确的金钱观和职业操守,真正做到有理想、有担当、有情怀的专业人才。

(二)加快构建中国特色哲学社会科学体系、学术体系、话语体系的要求

从历史上看,经管类专业产生于西方学术土壤,经管类专业课程内容、课程体系很大程度上是以西方经管行业理论和实践为范本建立的,不可避免地具有一定西方文化性、政治性。一方面导致在课堂教学、学术观点表达、学术思想呈现中出现西方化趋势;另一方面对于青年学生,很可能因其

自身意志信仰不坚定,而受到西方错误思想干扰。所以在经管类专业加强课程思政建设,加快构建中国特色话语体系、学术体系,形成理论体系,用中国理论解释中国现象、中国问题,帮助学生了解专业、行业领域的国家战略、法律法规和相关政策,引导学生参与社会实践、亲历行业领域实际运作情况,并关注社会热点和民生需求问题,深入了解社会发展规律和人民利益诉求,培育学生经世济民、诚信服务的职业素养。

(三)"新文科"学科交融的客观要求

"新文科"建设强调学科交叉融合,客观上要求思政教育与经管类专业教育相融合。课程思政的产生本身就是建立在多学科交叉融合的基础上,其借助于多学科的有益要素,整合为价值属性的教育。当今社会对于复合型人才培养的需要,要求高校不断完善课程思政与各学科之间的交叉融合,以广博的学术为积累,从而在培养具有复合型素质人才的基础上,对学生进行价值引领和精神塑造,进而为国家培养德智体美劳全面发展的人才。

三、"新文科"背景下经管类课程思政建设存在的误区、困境

(一)课程思政与经管类专业融合度不高,存在"两张皮"现象

"新文科"背景下,对经管类专业课程体系建设提出新要求,开设跨学科跨专业新兴交叉课程、实践教学课程,培养学生的跨领域知识融通能力和实践能力。但是当前课程思政多是从教学论的角度出发,缺乏系统的课程思政重构设计[①]。往往是在原有的专业课程中"+思政",而不是以"新文科"的思维重构专业课程思政。表现为思政元素挖掘"表面化",在教学过程中简单地加入思政教育资源,生搬硬套。还表现为思政元素与专业知识契合度低、思政内容陈旧与时代发展脱节等,夸大或错误理解专业知识中蕴含的思政意蕴,导致望文生义、胡乱解读。这些情形都导致学生对相关知识

---

① 刘翔.浙江大学城市学院.新文科思维与课程思政路径创新[EB/OL].(2021-11-26).https://m.thepaper.cn/baijiahao_15589219.

的思政获得感不高。

(二)实践环节课程思政育人效果滞后

"新文科"背景下,要求经管类人才培养对接社会需求、国家发展,要真正解决社会经济发展中面临的现实问题,这就要求在经管类课程中除了第一课堂理论讲授,还需要开设以解决身边常见的社会问题入手的第二课堂、社会实践等活动。但当前高校对课程思政的关注往往还是在主课堂的"言传",忽略了实践环节的"身教",导致出现了在课堂教育之外的培养环节思政教育空白的现象。另一方面还存在经管类人才培养过程中思政理论教育与实践教育融合性不强的问题,理论课程与实践课程本身结合不紧密,导致专业理论课程思政教育与实践教育脱节。

(三)经管类专业课程思政协同育人合力有待加强

"新文科"背景下呼吁经管类专业人才培养与企业、政府等社会资源相结合,实现跨学科跨专业跨行业共建。但由于不同育人主体对课程思政理念认识不足,导致协同育人的合力难以发挥。笔者在《基于多元主体协同育人的高校课程思政建设路径探索》中指出"行业企业往往主要关注工作技能的训练,而忽视了对学生进行行业法规、职业操守、职业素养等方面的教育引导"。[6]

(四)课程思政建设与现代信息技术融合不足

尽管现代信息技术在各个领域有着广泛的应用,但在经管类专业课程思政建设中融合程度仍有限。一方面是教师本身缺乏利用现代信息技术的能力或优势,如对大数据、人工智能、物联网、新媒体等技术手段掌握不够完善。另一方面虽然经管类专业已经开始探索使用在线课程、虚拟仿真实验等,但这些技术的应用并不广泛,许多教师还是采用传统的授课方式,缺乏与信息技术的有效结合。

四、"新文科"背景下经管类专业课程思政建设路径

(一)深挖课程思政元素,革新思政内容,重构育人目标

"新文科"背景下课程思政建设肩负着在西方经管类专业教学话语体

系下,从推进中国式现代化角度,将党的治国理政方针政策和经济理论讲清楚、讲明白、讲生动,打造饱含中国立场、中国国情、中国实践的话语特色。

第一,从讲好中国发展故事的角度挖掘经管类课程思政元素,这些故事不仅能够丰富课程内容,使其更具吸引力和说服力,还能够帮助学生更好地理解和认识中国的经济发展和社会进步,从而培养他们的爱国情怀和社会责任感。关注中国在全球经济治理中的角色和贡献,讲述中国如何积极参与全球经济治理,推动构建开放型世界经济,维护多边贸易体制,帮助学生认识到中国在全球经济中的重要地位和作用,增强他们的民族自豪感和自信心。通过分析这些案例,引导学生深入思考中国经济面临的挑战和问题,提出自己的见解和解决方案。

第二,从国家战略需求角度挖掘经管类课程思政元素,引导学生加强实践与实际需求结合的意识,培养学生的爱国情怀和社会责任感。引入国家重大战略规划和政策,让学生了解国家的发展方向和目标,从而激发他们为国家发展贡献力量的热情。关注"卡脖子"技术难题,鼓励学生加强对关键核心技术攻坚。

第三,从国家政策实践中挖掘经管类课程思政元素,通过引入这些典型政策案例,经管类课程可以更加贴近实际、生动有趣,并通过现实世界的政策演进激发学生对于政策问题的潜在意识①。例如京津冀协同发展、长江经济带发展等区域发展战略,帮助学生认识到区域协调发展对于提升国家整体竞争力的重要性。再如"一带一路"倡议,帮助学生深刻理解国际贸易与对外开放对于促进国家经济发展和全球合作共赢的重要性。

第四,从社会主义核心价值观中挖掘经管类课程思政元素,将职业精神和职业规范、遵纪守法、诚实守信、团队协作等融入理论和实训教学中,弘扬爱岗敬业精神,强化职业道德。

(二)优化实践育人环节,强化知行合一,创新实施路径

"新文科"背景下,课堂教学作为课程思政建设的主阵地地位依然没有

---

① 陕西科技大学:探索新文科课程思政创新模式[EB/OL].(2023-05-31).https://edu.hsw.cn/system/2023/0531/147533.shtml.

改变,但是作为实践环节的第二课堂,实验实训、社会实践等课程思政建设在经管类专业中扮演着至关重要的角色,它不仅是理论知识的应用和检验,更是培养学生综合素质和思政素养的关键。

第一,构建实践环节思政教学体系。明确实践环节的教学目标、内容和方法,确保思政元素能够自然、有机地融入其中。重视实践环节与理论教学的衔接,形成完整的思政教学链条。

第二,设计具有思政特色的实践项目。注重培养学生的社会责任感、职业道德和创新精神。可以组织学生进行社会调查、企业实习、志愿服务等实践活动,让他们深入了解社会经济发展现状,体验职业角色,培养实践能力和社会责任感。

第三,强化实践环节的思政引导。有意识地引导学生尝试通过大学生创新创业、学科竞赛等形式积极接触社会①,融汇多学科知识,从解决身边常见的社会问题入手,引导学生分析经济现象背后的社会、政治和文化因素,培养他们的批判性思维和创新能力。

(三)构建产教融合协同育人机制,强化主体作用,发挥育人合力

产教融合机制下的课程思政建设,应以政府推动和产业需求为导向,以提升学生综合素质为目标,通过行业企业和教育教学相结合,课堂教学和实践教学相结合,从而培养出具备专业技能和高尚品德的优秀人才。

第一,健全组织运行,发挥多元主体合力。加强政策指引和激励,发挥政府、高校科研院所和行业企业在产教融合项目中进行课程思政建设的动力。

第二,构建政产学研协同育人机制。经管类专业大多涉及金融保险业、出口贸易和跨境电商业、统计和大数据业等,可以从"经世济民"情怀出发,让教学、科研和学生实践都围绕着社会现实问题和行业需要②。也可以通

---

① 董乐贤.北京交通大学语言与传播学院.深植新文科改革 创新课程思政建设[EB/OL].(2022 - 06 - 23). https://baijiahao. baidu. com/s? id = 1736391104222784387&wfr = spider&for = pc.

② 肖蓉.新文科视域下经管类专业课程思政建设路径研究[J].林区教学,2024(03):36-40.

过与企业合作，共同开发课程、设计实践项目等方式，将企业的实际需求和行业标准融入教学中。还可以邀请企业专家参与教学，分享行业经验和思政感悟，为学生提供更加真实、生动的思政教育资源。

第三，创新产学融合实践锻炼项目，探索新的教育形式和学科知识的交叉应用，为学生提供参与企业实习、项目实训的机会，使学生深度融入企业管理和运行中，提升学生的实践能力、创新能力和解决问题的能力，推动思政教育和专业教育"教学相长"，以真实社会体验、参与成就感激发学生学习内驱力。

(四)借助数字技术，创新教学载体，拓宽课程思政建设渠道

新文科改革着力强调与现代信息技术相融合，经管类专业课程思政建设应适当借助数字技术，着力完善教学平台，通过虚实融合、创新载体，拓宽课程思政实施渠道。

第一，着力提高教师"新文科"素养。加强对教师关于"新文科"建设的相关培训，将"新文科"改革要义深植教师教学理念中，自觉加强现代信息技术使用，同时要针对信息化操作开展针对性的培训。

第二，开展互动式教学。利用现代信息技术的互动性，通过在线教学平台，组织学生进行实时讨论、问答、小组合作等活动，强调学生参与和互动，鼓励学生发表自己的观点，促进深入思考和交流，使学习过程更加生动有趣。互动式教学方式有助于激发学生的学习兴趣，同时在互动交往过程中锻炼提升学生的团队协作能力和沟通能力。

第三，借助现代信息技术的资源共享性。利用互联网构建线上课程思政教学资源共建共享平台，这些平台可以集成各种学习资源，如课件、案例、视频等，既可供教师教学观摩学习，又可以使学生能够更加便捷地获取所需的学习资料。

第四，利用大数据和人工智能技术。应通过关注学生在线上学习的内容和规律，利用大数据技术，实现对学生的学习行为、学习成效、关注热点等数据的收集和分析。通过对这些数据的分析，教师可以更准确地把握学生的学习状况，为他们提供个性化的学习支持和反馈，推送针对性的学习材料

和建议,以帮助他们更好地理解和掌握课程内容。

第五,注意适当性问题。现代信息技术只是教学的一种辅助手段,不能替代传统的面对面教学方式。因此,在利用现代信息技术进行课程思政教学时,应注重与传统教学方式的结合,实现线上线下教学的有机融合。

参考文献

[1]马璨婧,马吟秋.新文科学科交叉融合的体系建设与路径探索[J].南京社会科学,2022(09):156-164.

[2]周湘林,张梦瑶.材料·元素·融入:经管类课程思政如何开展?——以新华网课程思政平台经管类课程为例[J].中国人民大学教育学刊,2024(01):1-16.

[3]熊刁婵,孙剑.高校经济管理类专业课程思政教学路径探析[J].科学咨询(教育科研),2022(08):93-95.

[4]王保忠,赵倚林,史官清.高校经管类专业课程思政建设路径研究[J].职业技术,2023,22(11):17-22.

[5]付瑞.新文科建设背景下经管类实训课程思政改革探索[J].兵团教育学院学报,2021,31(06):17-20.

[6]黄凤羽,薛立强,梁学平.政产学研协同培养高水平商科人才研究与探索[M].北京:经济管理出版社,2024.